岳飞传

（清）钱彩 原著

·青少版·

拓展阅读书系

富 强 等改写

中南出版传媒集团

民主与建设出版社

图书在版编目（CIP）数据

岳飞传：青少版 /（清）钱彩原著；富强等改写
. -- 北京：民主与建设出版社，2017.6
ISBN 978-7-5139-1544-1

Ⅰ.①岳… Ⅱ.①钱…②富… Ⅲ.①章回小说—中
国—清代 Ⅳ.①I242.4

中国版本图书馆CIP数据核字（2017）第104602号

©民主与建设出版社，2017

岳飞传：青少版
YUEFEIZHUAN QINGSHAOBAN

出 版 人	许久文
作 者	［清］钱彩原著 富强等改写
责任编辑	王 越
整体设计	高高国际文化传媒
出版发行	民主与建设出版社有限责任公司
电 话	（010）59419778 59417745
社 址	北京市海淀区西三环中路十号望海楼E座7层
邮 编	100142
印 刷	北京文昌阁彩色印刷有限责任公司
开 本	710mm×1000mm 1/16
印 张	18.5
字 数	260千字
版 次	2017年8月第1版 2017年8月第1次印刷
书 号	ISBN 978-7-5139-1544-1
定 价	29.80元

注：如有印、装质量问题，请与出版社联系。

我们也许逃不过这样的荒诞：阅读极其泛滥又极其荒凉，文化极其壅塞又极其贫乏。

　　这里倒有一条安静的自救小路：趁年轻，放松心情读一点经过选择的经典。

　　　　　　　　　　　　余秋雨

多出优良书．让

中国的童年阅读

更优良．

　　　　　　梅子涵

经典

梅子涵

　　成年人文化多，知道得多，上下五千年，心里着急，恨不得把一切有价值的书都搬来给小小的孩子看。

　　成年人关怀多，责任多，总想着未来几千年的事，恨不得小小的孩子们都能阅读着几千年的经典，让未来因为他们的经典记忆风平浪静、盛世不断，给人类一个经久的大指望。

　　我们要说，这简直是一个经典的好心肠、好意愿，唯有称颂。

　　可是一部《资治通鉴》，如何能让青少年阅读？即使是《红楼梦》，那里面也是有多少叙述和细节，是不能让孩子有兴致的，孩子总是孩子，他们不能深，只能浅，恰是他们的可爱；他们不能沉湎厚度，而只可薄薄地一口气读完，也恰是他们蹦蹦跳跳的生命的优点，绝不是缺点！

　　这样，那好心肠、好意愿便又生出了好灵感、好方式，把很长的故事变短，很繁复的叙述变简单，很滔滔的教诲变干脆，很不明白的哲学变明白，于是一本很厚很重的书就变薄变轻了。是的，它们已经不是原来的那一本那一部，不是原来的伟岸和高大，但是它们让孩子们靠近了，捧得起来了，没读几句已经愿意读完了。于是，一种原本是成年后正襟危坐读的书，还在小时候没有学会把玩耍的手洗得干干净净的时候，已经读将起来，知道了大概，知道了有这样的经典和高山，留在他们的记忆里当个

1

"存目"，等他们长大了以后再去正襟危坐地读，探到深度，走到高度，弄出一个变本加厉的新亮度来，当成教授和专家。而如果，长大了，实在忙得不可开交，养家糊口，建设世界，没有机会和情境再阅读，那么那小时候的阅读和记忆也已经为他的生命涂过了颜色，再简单的经典味道总还是经典的味道，你说，一个人在童年时读过经典改写本，还会是一种羞耻吗？还会没有经典的痕迹留给了一生吗？

所以经典缩写本改写本的诞生，的确也是一个经典。

它也许不是在中国发明，但是中国人也想到这样做，是对一种经典做法的经典继承。经典著作的优秀改写，在世界文化先进、关怀儿童阅读的国家，是一个不停止的现代做法，是一个很成熟的出版方式，今天的世界说起这件事，已经绝不只是举英国兰姆姐弟的莎士比亚戏剧的例子了，而是非常多，极为丰盛。

所以，我们也可以很信任地让我们的孩子们来欣赏中国的这一套"新经典"，给他们一个简易走近经典的机会；而出版者，也不要一劳永逸，可以边出版边修订，等到第五版第十版时简直没有缺点，于是这个品种和你的出版，也成长得没有缺点。那时，这一切也就真的经典了。连同我在前面写下的这些叫做"序言"的文字。

为孩子做事，为人生做事，是应该经典的。

　　岳飞在中国是家喻户晓的英雄人物，可谓孺妇皆知。他是南宋初期著名的爱国将领，民族英雄，他坚决抵抗金国入侵，精忠报国，却遭奸人陷害，含冤而死。无论是生前，还是死后，岳飞都深受人们敬重。在他去世后不久，关于他的故事便在民间流传，形式多种多样，有戏曲，也有小说。清初，钱彩、金丰两人将这些故事整理汇编，写成《新增精忠演义说本岳王全传》，简称《说岳全传》，成为"说岳"系列小说中成就最高的一部，深受人们喜爱，流传最广。

　　关于该书作者钱彩和金丰，人们知之甚少，只知道钱彩是浙江仁和县人，即今天杭州人；金丰是广西永福县人。有人猜测，这两人应该是生活在社会底层的知识分子，所以没什么名声。也有人说，两人的祖上曾经在明朝做官，深受明朝皇恩沐浴，因此痛恨清朝统治，借编写《说岳全传》，丑化女真人形象，来表达对清朝统治的厌恶。满族是女真人的后裔，当初努尔哈赤刚刚建立清朝时国号便是大金，后来才改为清。也正是因为对女真人的丑化，乾隆年间《说岳全传》一度成为禁书。

　　《说岳全传》是明清白话小说中的精品。其故事情节跌宕起伏，悬念迭出，充满传奇色彩。该书塑造的人物性格饱满，有血有肉，富于感染力。全部情节和人物以岳飞为主干，枝叶茂密，形成一个丰富有序的整体。从语言风格上看，《说岳全传》带有较明显的说书人口气，通俗、简洁、明快，可读性很强。

　　在思想倾向上，《说岳全传》具有一定的局限性。作者把民族矛盾归结为神秘的宿怨，把岳飞与金兀术的矛盾处理成大鹏鸟与赤须龙的冤冤相报；作品还虚构了一个大快人心的结局，违背了历史的真实，让读者在虚幻中获得满足。

　　读者面前这部《岳飞传》，是以《说岳全传》为底本精缩而成。一方面，我们保持了这部名著的大致面貌，一方面做了适当删减。之所以改名为《岳飞传》，是为了更朗朗上口。

目 录

岳飞传

第一回

岳飞降生

北宋末年，由于政治腐败，统治者穷奢极欲，大肆搜刮民脂民膏①，再加上官僚机构不断扩大，北宋王朝逐渐走向衰落。当时，各地农民起义不断爆发，辽、金两个少数民族政权也对宋朝虎视眈眈②。可即便如此，统治者却依然过着奢侈腐败的生活，朝廷里奸臣当道，忠良之臣不是被残害，就是被迫隐居。北宋王朝已经危如累卵。

不久后，由女真族建立起来的大金政权击败了大辽政权，统治了北方地区。大金政权所统治的地区不利于农业生产，因此，大金的统治者便对富裕的中原地区野心勃勃，多次派士兵进入北宋境内，抢夺北宋百姓的粮食和物资。积贫积弱③的北宋王朝根本无力保证百姓的人身和财产安全。这个时候，北宋百姓都渴望有一位英雄人物挺身而出，带领士兵保卫自己的国家。

就在这样的时代背景下，岳飞出生了。

宋徽宗崇宁二年（1103年），岳飞出生在相州汤阴县（今属河南）永和乡的一座农家庄院里。岳飞的父亲叫岳和，本是一个生意人，在外漂泊多年，赚了一些钱后，就带着对家乡的眷恋，返回故里，购置了几亩田地，建了一座小庄院，过起了悠闲的生活。岳和平时为人善良忠厚，乐善好施，经常帮助遇到困难的乡亲，有极好的口碑。不过，他也有他的烦心事。他已经五十多岁

① [民脂民膏]

比喻用百姓的血汗换来的财物。脂、膏：脂肪。

② [虎视眈眈]

像老虎那样恶狠狠地盯着。形容怀着恶意，乘机掠夺。眈眈：注视的样子。

③ [积贫积弱]

形容非常贫穷、衰弱。

1

岳飞传

　　了，一直想要一个儿子，却始终未能如愿。直到岳飞这一天呱呱坠地①，他才了却了一桩心事。

　　正当岳和为此高兴的时候，突然听到仆人报告，说有一位道士前来拜访。岳和犹豫了一下，才请那位道士进来。看到道士须发皆白，但面色红润，岳和便觉得这个道士很不一般。他连忙把道士请进客厅里，恭恭敬敬地行礼，并十分客气地说："师父，方才无意怠慢，只是我的妻子刚刚产下一子，我担心会玷污了您的圣体，所以才没有马上让仆人请您进来。"

　　道士也十分客气地还礼道："您做善事虽然没有被人看到，但老天自会知晓。请问员外怎么称呼？"

　　岳和答道："我叫岳和，世代居住在本县。由于我有几亩田产，所以人们都把这里称为岳家庄。不知道法师您怎么称呼，在哪里修行？"

　　道士说："我法号希夷，平时云游四海，居无定所。今天我来到这里，正赶上员外您喜得贵子，看来我和这个孩子十分有缘啊！不知道您是否能把他抱出来，让我看一下？"

　　岳和回答说："请师父稍待片刻，我进去与夫人商量一下。"

　　岳和的妻子姚氏听说此事后，思考了一下，便答应了。

　　过了一会儿，丫鬟抱着刚刚出生的孩子来到了客厅。希夷道长走上进来，仔细地端详了一下孩子，便不由自主地说："这个孩子长得好啊！不知道员外给他取名字没有？"

　　岳和笑着答道："孩子刚刚出生不久，还没有来得及给他取名字呢！"

　　希夷道长说："既然如此，那就让我给他取一个名字，您看怎么样？"

　　岳和回答说："那再好不过了！"

　　希夷道长说："我看您的儿子相貌不凡，一表人才，日后定会成就一番大业，远举高飞②，鹏程万里，我看不如就叫他'岳飞'，字'鹏举'吧！"

岳和听后非常高兴，便设宴款待了希夷道长。姚氏听说这个名字后，也很高兴。

岳和老年得子，自然十分开心。他打算在孩子满月时，大摆酒席，邀请亲戚和朋友来庆贺。可是，在岳飞满月的前几天，瓢泼大雨不期而至，而且下了很久，河水泛滥，把庄稼都给淹了。庄上百姓都心急如焚，只能待在家里祈祷暴雨早些结束。

连日的大雨冲淡了岳和老年得子的喜悦。他抱着岳飞，忧虑地对妻子姚氏说："夫人，这雨没完没了地下了好几天了，看这样子，好像一时半会儿还不会停。我担心如果再这样继续下，那么用不了半天，河里的水就会冲破河堤了。去年闹旱灾，我们一家人吃尽了苦头，而今年又要闹水灾，这日子可怎么过啊！"

姚氏劝解道："老爷，您不必太担心，不过在洪水到来之前，我们应该做好准备。现在就麻烦老爷先把屋里的贵重物品收拾一下吧！还有，您最好先做好准备，以防备河堤决口。"

"我们没有什么贵重物品要收拾的。如果洪水真的来了，最要紧的是保住性命。刚才我想了一下，前些天为了给鹏举摆满月酒，我买了两个大酒缸，如果真的发洪水，我们可以躲到酒缸里保命。"

就在此时，巨大的响声突然传来，岳和跑到门口一看，只见洪水浩浩荡荡地漫过来，大半个村子瞬间就被洪水给淹没了，哭喊声和呼救声不断传来。洪水已经冲破了河堤。

岳和家的房子地势相对高一些，洪水暂时还没有涌过来。岳和知道危险马上就会来临，忙用被子把小岳飞裹起来，拉着夫人来到后院，把岳飞母子放进一个大酒缸里，而他则钻进另外一个大酒缸里。不大一会儿，洪水就涌了进来，刹那间就把庄院给淹没了。湍急的洪流，冲着两只大酒缸，向远方漂去。

起初，坐在大酒缸里的岳和还用尽力气，紧紧拉住岳飞母子所在的那个酒缸。不过，很快他就没有力气了，几个浪拍打过来，他就不得不放开了手。随后，两个大酒缸被洪水冲向了不同的方向。

姚氏抱着小岳飞，不断地呼喊着丈夫。可是，无论怎么呼喊，她也没有看到丈夫的身影，听到丈夫的回答。她的身体本来就十分虚弱，又遭受失去丈夫这个打击，所以就晕了过去。洪水把装着岳飞母子的大酒缸一直向前冲去，过了不知道多长时间，姚氏终于醒了过来。

她看了看怀里的小岳飞，见他安然无恙，才放下心来。

后来，她才知道自己和孩子被洪水冲到了河北大名府①内黄县麒麟村。一个叫王明的老员外看到他们母子十分可怜，就把他

①[大名府]

大名历史悠久，文化灿烂，曾三次为都。春秋时代属卫国，名"五鹿"，是历史上著名的"五鹿城"；战国时期属魏国；秦朝为东郡；汉朝为冀州魏郡；唐德宗建中三年（公元782年）改称大名府；宋仁宗庆历二年（1024年）建陪都，史称"北京"。

们接到家里，悉心①照料，还派仆人去汤阴县打听岳和的消息。王家的仆人打听了很久，也没有打听到任何音讯。姚氏想到，自己的丈夫很可能在洪水中丧生了，伤心地好几次都哭得晕了过去。王员外和王夫人不停地劝说她，才终于使她恢复了平静。

此后，姚氏与王夫人成为了无话不谈的好姐妹。听说王夫人一直没有孩子，姚氏就劝王夫人尝试一下自己使用过的偏方。王夫人试过之后，没多久果然怀孕了，第二年就生下了一个儿子。王员外夫妇非常高兴，为儿子取名为王贵，对姚氏千恩万谢，并认为姚氏母子的到来为家里带来了福气，所以对姚氏母子更好了。

后来，姚氏逐渐从丧夫之痛中振作过来，将年幼的岳飞抚养成人成为了她唯一的心愿。

① [悉心]

周到细致。

第二回

拜师学艺

转眼七年时间过去，岳飞已经七岁，王员外的儿子王贵也已经六岁了。王员外觉得，这两个孩子已经到了读书识字的年纪，便重金聘请了一位学识渊博的先生来家里教两个孩子。

王员外所在的村子里，还有一位张员外和一位汤员外。他们都是王员外的好朋友，也都像王员外那样老来得子，所以对孩子十分娇惯。他们的孩子与王贵差不多大，因此也把孩子送到王员外家里读书。

在这四个孩子里，岳飞年龄最大，也最懂事，他能够听从先生的教诲，用心读书，而其他三个孩子都非常顽皮，不但没有心思读书，还整天练拳练棒，根本不听先生的话。先生实在气不过，就批评了他们几句，他们非但不听，还戏弄起先生来，差点儿将先生的胡子拔光。先生气急败坏①，想狠狠地惩罚他们一顿，可是转念一想，他们都是家里的独子，父母极其宠爱，如果自己责罚他们，他们的父母一定不会善罢甘休②，于是只好打消了这个念头。可是，他又实在气愤，便离开了王员外家。

此后，王员外又接连找来好几位先生，但都因为这三个孩子太过顽皮，不服从管教而离开。王员外一点儿办法都没有，就没有再请教书先生。

过了没多久，王员外觉得岳飞已经长大了，继续住在自己家

① [气急败坏]

形容人非常生气的样子。

② [善罢甘休]

指尽早解决纠纷，化解彼此的矛盾。善：好好地；甘：情愿，乐意；罢、休：停止。

里很不方便，就对姚氏说："夫人，您的孩子现在已经长大了，我觉得不方便继续住在这里。我家门外有几间空屋子，那里面日常生活用具一应俱全，不然夫人您就带着孩子去那边住吧！"

姚氏回答说："当初是员外和夫人救了我们母子，还对我们母子悉心照料，你们的大恩大德，我们一时无法报答。现在又劳员外费心，我感到十分过意不去。我们母子搬到外面去住，对大家都有好处。"

于是，岳飞母子便搬到了王员外为他们准备的房子。姚氏每天做一些针线活儿来补贴家用。一天，她对岳飞说："孩子，你今年已经七岁了，不能再整天玩耍。我已经给你准备了砍柴刀和竹筐，你明天就带着它们上山砍柴去吧！"

岳飞虽然年纪不大，却非常懂事。他马上回答说："孩儿明天就上山去砍柴，请母亲放心。"

第二天，姚氏一大早就起床，为岳飞准备了早饭，叫岳飞起来吃。之后，她又看着岳飞瘦小的身躯背着竹筐走出家门。这时，她感到一阵心酸，眼泪忍不住流了下来。她想道："如果我丈夫没有死，那他肯定不会让孩子去砍柴，他一定会请一位先生来教孩子读书。"想到这里，她就更伤心了。

岳飞虽然很想砍很多柴回去让母亲高兴，但他毕竟还太小，根本不知道怎样砍柴。他在山上转了很久，也没有看到一根柴火。正当为此而苦恼时，他突然听到有人在喊他。他转过头来，发现喊他的是邻居家的两个孩子。那两个孩子正在山上玩，看到岳飞后，就叫岳飞陪他们一起玩。可是，岳飞一心想砍柴，没有理会他们。

那两个孩子看到岳飞不理他们，就非常生气，跑到岳飞身边，挥拳向岳飞打去。岳飞十分冷静地躲过了他们的拳头，之后用力推那两个孩子，将他们推倒在地，之后就走开了。

那两个孩子不敢去追岳飞，就跑到岳飞家里向姚氏告状，说岳飞打了他们。姚氏说了几句好话，把他们打发走了。

岳飞摆脱那两个孩子的纠缠后，就去山后捡干枯的树枝。当树枝装满竹筐时，天也快黑了。于是，他背着一筐枯树枝慢慢地返回家中。他刚放下竹筐，就听到母亲在屋里喊自己。他来到母亲屋里，却看到母亲一脸严肃。

姚氏问他为什么要打邻居家的孩子，他就把白天发生的事情详细地讲给母亲听。姚氏认为岳飞并没有错，也就没有责备他。不过，这件事让她意识到，不能再让岳飞去砍柴了，否则不知道会发生什么事。

①［语重心长］

形容话语真诚，含有丰富的感情。

姚氏语重心长①地对岳飞说："孩子，你明天不用再出去砍柴了。我去向王员外借几本书，教你读书识字吧！"

岳飞回答说："孩儿听从母亲的吩咐。"

第二天，姚氏便开始亲自教岳飞读书。岳飞天资聪慧，再加上肯用功，所以学得非常快，没过多久就可以阅读文章了。一天，姚氏突然对他说："孩子，看来我得多干些活了，有了银子才能给你买纸和笔。你应该学习写字了。"

岳飞想了一下，说："母亲，我觉得根本不用买纸和笔，我有上天所赐的纸和笔。"说着，他就拿起簸箕，向河边跑去。过了一会儿，只见他端着满满一簸箕河沙回来了。他还折了几根杨柳枝，做成笔的模样。做完这些事情后，他来到母亲身边，说："这个纸笔不需要花钱去买。"

姚氏很高兴，就把沙子铺到桌子上，手拿柳条教岳飞写字。从此之后，岳飞每天都在家里安心地跟随母亲读书写字。

后来，岳飞突然听到隔壁又来了一位先生在给王贵等三人讲课，他便经常站在凳子上听讲。原来，那位先生名叫周侗（dòng），是一位文武双全的学者，他与王员外是好朋友，受王员外所托，专门来教王贵等三个孩子。他来后，很快就把王贵等三人收拾得服服帖帖②，使他们不敢放肆。

②［服服帖帖］

形容温顺、谦恭的样子。

有一天，周侗外出办事，临走前对王贵等三个孩子说："我给你们每人出一个题目，你们根据题目各写一篇文章，等我回来检查。"

岳飞看到周侗出门后，他就向隔壁走去。

王贵看到岳飞后，对他的同伴说："汤怀、张显，老师留下题目，让我们每人写一篇文章，可是我们根本没有写文章的心情，不如让岳飞代我们写，你们觉得如何？"

汤怀和张显早就想出去玩耍了，于是齐声答道："这个主意不错。"

岳飞说："这样恐怕不好吧？我担心我做的文章无法让先生满意。"

王贵等人说："我不管，这件事就麻烦你了。"

王贵担心岳飞不能安心地写文章，所以在出门前反锁了学堂的门，之后便高高兴兴地出去玩耍了。

岳飞找出他们三个人以前写过的文章，仔细地看了一下，之后又看了看三个人题目，按照每个人的语气，写了三篇文章。写完之后，他觉得意犹未尽①，就走到先生的书桌前，翻阅起周侗的文章来。他只读了几段，就被文章中的才华吸引住了，不禁感慨道："如果我能跟随先生读书该有多好！"可是，他知道母亲根本没有钱给他交学费，心里有些失落。

① [意犹未尽]
指还没有尽兴。

过了一会儿，他拿起笔，在墙壁上写下一首表达自己远大志向的诗。写完之后又题上了自己的名字。就在这时，王贵等人打开学堂的门，闯了进来。王贵慌张地对岳飞说："不好了，先生马上就回来了，你赶紧离开这里！"岳飞听了就匆忙离开了。

周侗回来后，便让王贵等人把文章交上来，读完三篇文章后，他感到相当吃惊。因为他知道他们所写的文章根本达不到这样的水平，尽管从表面上看，这些文章的确很像他们所写。

周侗装出一副若无其事②的样子，问王贵说："我出去时，是不是有人到这里来过？"

② [若无其事]
好像没有那么回事，形容漠不关心或者非常平静。若：好像。

王贵回答说："先生出门后，我们一直在这里专心地写文章，并没有看到过什么人。"

这时，周侗发现墙壁上有几行字，就走过去把岳飞所写的那首诗从头到尾读了一遍，发现这首诗在遣词造句方面做得非常

9

岳飞传

姚氏和王员外夫妇到来后，周侗向姚氏提出认岳飞做干儿子，还说愿意把一身本领全都教给岳飞。姚氏当即答应了。

岳飞看到母亲同意后，就跪到周侗面前，向周侗行礼。

好，并且流露出了作者远大的志向。他看到岳飞的名字，就十分气愤地对王贵说："你这个混账东西，这里有岳飞所作的一首诗，你怎么欺骗我说没人到这里来？原来是他帮你们写的文章呀！你现在就去把他给我请过来。"

王贵不敢违抗先生的命令，只能去请岳飞。

岳飞跟王贵来到学堂，看到周侗后，他非常恭敬地行礼，然后说："不知先生叫我来有什么事？"

周侗看到岳飞虽然年纪不大，却相貌端庄，举止得体，心里十分喜爱。他请岳飞坐下，问道："墙壁上的诗是你写的吗？"

岳飞回答说："我不懂事，随手就写下了这首诗，请先生原谅。"

周侗又问道："你的文章写得不错，是跟哪位先生学的？"

岳飞答道："我家里十分贫穷，根本就没有钱请先生。我的知识全是母亲教的。"

周侗想了一会儿，又让岳飞回家把母亲请来，同时还让王贵把王员外夫妇也请来。

姚氏和王员外夫妇到来后，周侗向姚氏提出认岳飞做干儿子，还说愿意把一身本领全都教给岳飞。姚氏当即答应了。

岳飞看到母亲同意后，就跪到周侗面前，向周侗行礼。王员外夫妇都替岳飞母子感到高兴。

第二天，岳飞便来到学堂，跟随周侗读书识字。周侗知道岳飞家里十分贫穷，又看到他与王贵、张显、汤怀等人关系很好，就让他们四人结为兄弟，希望王贵等人能够帮助岳飞。此后，周侗悉心教导岳飞，将自己的知识和武艺毫无保留地传授给岳飞。

第三回

天赐神兵

转眼间六年过去，岳飞已经十三岁了。经过周侗的教导，岳飞已习得一身武艺，读书也大有长进。此外，他的三个义弟王贵、张显、汤怀也不再贪玩，开始认真读书。周侗看着四个学生都小有所成，感到十分欣慰。

三月里的一天，周侗对岳飞说："沥泉山有一位品德出众的志明长老，是我的好朋友，我很久都没有见过他了，所以想去看看他。你就和你的义弟们在学堂里好好读书吧！"

岳飞说："现在正是春暖花开的季节，况且义父一个人前去，路上连个说话的人都没有，一定会感到寂寞的。我觉得您不如带着我们几个一起去，让我们在路上陪您说说话，并拜访一下那位高僧，您看怎么样？"

周侗说："你说得有道理，那好，你们就跟我一起去吧！"

于是，周侗带着岳飞等四人，一起向沥泉山而去。

快到沥泉山的时候，周侗看到东南方向有一座小山，便停下脚步，仔细观看。

岳飞问道："义父，您在看什么呢？"

周侗回答说："你看，那座小山方位非常好，景色也优美，地势也好，真是一个风水宝地。不知它是谁家的产业？"

王贵说："那座山前后一带，都归我家所有。先生如果觉得这里好，那么死后埋葬在这里也没有关系。"

岳飞听后，大声斥责道："你在胡说什么！"

周侗说："没关系，人总会死的。我只希望，我死之后你们不要把我忘了。"他又转过头对岳飞说："孩子，你一定要记住啊！"

岳飞赶忙答道："义父放心，我一定会牢记在心的。"

说完之后，他们五个人继续向前走，很快就来到了沥泉山下。他们又走了半里路，就隐隐约约地看到茂密的树木中掩藏着两扇柴门。只见一个小和尚打开柴门，问道："请问您是哪位？有何贵干？"

周侗答道："麻烦你向你师父通报一声，就说陕西周侗来探望他。"

小和尚答应了一声，向里面走去。过了一会儿，志明长老拄着拐杖亲自出来迎接，把周侗带到大堂内，请周侗坐下，之后开始叙旧。岳飞等四人站在两旁，默默地听着。

志明长老与周侗聊了很长时间。看到天快黑了，他就吩咐徒弟去准备斋饭，打扫客房，让周侗等人住在寺里，等第二天再走。

第二天天刚亮，周侗就起床了，收拾妥当后，他就向志明长老辞行。志明长老非要留他吃早饭，周侗见推辞不了，就答应下来。在等待早饭时，小和尚端上茶来。

周侗喝过茶后，问道："我听说这里有一眼沥泉，泉水特别适宜煮茶，不知道这是不是真的？"

志明长老回答说："此山名叫沥泉山，山后有个沥泉洞，洞中有一眼泉水，是世间少有的珍品。泉水味道甘甜，如果用来洗眼睛，可使人目明。我原本打算取些泉水来招待你们，可最近那山洞里经常烟雾弥漫，人如果接触了烟雾，就会昏睡过去，因此我才没有派人取水让您品尝。"

周侗说："这真是怪事，看来我没有福分品尝沥泉水啊！"

岳飞听到他们的对话后，认为是志明长老太吝啬^①，不想给周侗喝泉水，所以才编瞎话吓唬人。他想："义父眼睛有些花，

① [吝啬（lìn sè）]
过分爱惜自己的
财物。

走出石洞，岳飞仔细地打量那杆钢枪。只见那枪有三米长，精钢打造，枪杆上还刻有"沥泉神枪"四字。岳飞非常喜欢，便情不自禁地耍了起来。

我去取些泉水来，让义父洗洗眼睛，也算我稍微报答一下他的教导之恩。"

于是，他暗中向小和尚打听了前往沥泉洞的道路，借了一个大茶碗，趁着别人不注意，悄悄向后山走去。岳飞来到半山腰，果然看见一眼清泉，泉水旁边有一块大石头，上面刻着"沥泉奇品"四个大字。

岳飞十分高兴，正打算用茶碗舀一碗泉水，带回去献给义父时，突然看到泉水旁边有一个石洞，一个巨大的蛇头从石洞里伸出来，蛇的眼睛放着寒光，嘴里正喷着毒气。岳飞距离那条蛇很远，闻到毒气之后仍然感到有些头晕目眩①，这时他才明白志明

① [头晕目眩]
头发晕，眼发花，感觉所有东西都在旋转。眩：眼花。

长老并没有说谎。

岳飞想："原来是你这毒物作怪，看我打死你！"于是，他放下茶碗，从地上捡起一块大石头，向蛇头狠狠砸去。那条大蛇被激怒了，瞪着双眼，张着血盆大口向岳飞扑来。岳飞镇定自若，侧身让过蛇头，迅速伸出双手抓住了蛇的尾巴，然后用力一甩，那条蛇全身的骨节就被扯断了。岳飞又把蛇扔到地上，用力踩向蛇头，没几下那蛇就死了。

岳飞打死那条大蛇后，便钻进了石洞里。洞里光线暗淡，他小心翼翼地向前走，只走了几步，就被什么东西绊了一下，他弯下腰在地上摸，却摸到了一把沉重的钢枪。于是，他拿起钢枪，走出了石洞。

走出石洞，岳飞仔细地打量那杆钢枪。只见那枪有一人多长，精钢打造，枪杆上还刻有"沥泉神枪"四字。岳飞非常喜欢，便情不自禁地耍了起来。耍过之后，他觉得这把枪简直就是为自己量身打造的，用起来十分顺手。过了一会儿，他用茶碗盛了一碗泉水，提着枪回到寺中，并将此事讲给周侗和志明长老听。

周侗听后十分高兴。志明长老大声对周侗说道："周施主，这沥泉原本就是神物，你的义子有这番遭遇，将来一定能够成为国家的栋梁之材。不过，这杆枪并不是普通的兵器，我这里有一本兵书，书中有枪法和行军布阵的方法，现在我就赠送给您的义子吧！希望他能够用心学习，将来为国家出力。"

周侗赶紧让岳飞拜谢志明长老，并吩咐他把兵书收好。之后，他就拜别志明长老，带领四个弟子下山去了。

此后，周侗更加严厉地督促岳飞等四个兄弟习文练武。他看到弟子们的基本功已经相当扎实了，就打算传授他们一些兵器之法。他见岳飞拥有了沥泉神枪，就教岳飞枪法，其他三个徒弟没有兵器，就询问他们想练什么兵器。

汤怀看到岳飞舞枪很好，十分羡慕，就说也要学枪法。

张显却说："我在想，那枪法虽然好，倘若一枪刺出去，被敌人躲过了，还得再刺。如果枪头上带有钩子就好了，枪虽然没有刺中，钩子同样可以伤人。"

岳飞传

①［钩镰枪］

钩镰枪是在枪头锋刃上有一个倒钩的长枪。枪头尖锐，下部有侧向突出的倒钩，钩尖内曲。钩镰枪的枪头与普通长枪一样，能起到刺杀的作用，侧面的倒钩既可以用来砍杀敌人，也可以钩住敌人，防止敌人逃跑。

周侗说："你说的那种兵器叫'钩镰枪①'，早就有人用了。我给你画一张图，回头你让你父亲找铁匠打造一把，然后我再教你钩镰枪法。"

王贵生性莽撞，轮到他时，他说："我觉得威力最大的兵器是大刀。一刀砍过去，至少会杀死三四个人。"

周侗笑着说："既然你喜爱大刀，那我就把刀法传给你。"

从此之后，岳飞等人便一边读书，一边练武。周侗人称"陕西大侠铁臂膀"，武艺超群，八十万禁军教头林冲和河北大名府卢俊义都是他的徒弟。如今他年事已高，所以想把自己的武艺全都传给岳飞。而岳飞天资过人，又肯刻苦学习，因此进步飞快。

一天，周侗对岳飞等四个人说："县里马上就要举行武举考试了，时间定在本月十五号。你们几个人的名字已经被报了上去，所以现在就回家去，让你们家人为你们置办一些衣服和马匹，为考试做好准备。"

王贵、汤怀、张显三人向周侗告辞，回家去做准备了，只有岳飞留了下来。

岳飞说："义父，我看我还是等到下次再参加吧。"

"为什么这次不参加呢？"周侗疑惑地问。

岳飞坦诚地说，三个兄弟家里都很富有，置办衣服和马匹不成问题，可是自己家里十分贫困，根本没有钱置办这些东西。

周侗十分可怜岳飞，就把自己早年征战的装备送给岳飞，让岳飞的母亲改小给岳飞用，还把王员外送给他的马让给岳飞骑。有了装备和马匹，岳飞又高兴又感激。

第四回

比武场扬威

  第二天一大早，周侗骑马，岳飞跟在后面，一起向县城的比武场走去。来到县城，县城里人来人往，十分热闹。又走了一会儿，他们来到了比武场附近，坐在一家茶摊前喝茶休息。

  王员外、汤员外和张员外早已带着自己的儿子来到了比武场。他们正坐在教场旁的一个大酒篷内休息。过了一会儿，王贵、汤怀、张显过来请周侗和岳飞过去喝酒吃饭。

  周侗拒绝道："谢谢你们的好意。不过，这里并不是喝酒的地方。"之后，他又说道："你们三个听着，过会儿喊到你们的名字时，你们就去应答，喊到你们的义兄时，你们就说他过会儿才到。"

  王贵不解地问："为什么义兄不和我们一起过去呢？"

  周侗答道："你们有所不知，你们的武功比不上你们的义兄，如果他与你们一起上场，那么就显示不出你们的本领来了。"

  王贵等人这才明白先生的良苦用心。他们回去将此事告诉给自己的父亲。三位员外都称赞周侗想得周全。

  比武考试的时间很快就到了。主持此次考试的是县令李春。他在侍卫的陪同下进入比武场，走进演武厅坐下。他抬头望去，看到各乡镇的考生个个都穿戴整齐，骑着高头大马。随后，一个随从送来了参加此次武举考试的人员名单。李春宣布比武开始，他按照名单上的顺序，一个接一个地叫考生进入演武厅来。考生先表演射术，再表演骑术。

岳飞传

周侗和岳飞坐在茶摊上，听着演武厅里考生们所射的箭发出来的声音。岳飞看到周侗的嘴角挂着笑容，就好奇地问："义父，你为什么笑？"

周侗答道："我只听到弓箭声不断响起，却听不到鼓声响，这说明那些考生都射不中箭垛①，这难道不好笑吗？"

①〔箭垛（duǒ）〕
箭靶子。

岳飞听后，就不像刚才那样紧张了。

过了一会儿，县令点到麒麟村的考生，第一个就是岳飞。李春连叫了数次，台下都没人答应。于是，他叫汤怀、张显、王贵三人一起上来。三人行礼过后，李春问道："你们麒麟村还有一个叫岳飞的，怎么没来？"

汤怀回答说："他还在路上，一会儿就到了。"

县令说："那好吧，先考一下你们的弓箭吧！"

汤怀说："大人，我请求您派人把箭垛放远一点。"

"现在已经六十步远了，再远的话还能射到吗？"

"大人尽管放心。"

"那好，就摆到八十步远吧。"

这时，张显又请求说："大人，距离还是不够远！"

李春又吩咐摆到一百步远。王贵又请求道："大人，请您再吩咐摆远一些。"

李春觉得这三个年轻人太过狂妄，便吩咐随从把箭垛摆到一百二十步远，看他们有什么表现。

箭垛摆好后，汤怀三人搭弓拉箭，每一箭都射中靶心，引得在场的人齐声叫好，连县令都看得目瞪口呆。

过了一会儿，汤怀等人来到县令面前，脸上满是骄傲的神情。

李春非常开心地问："你们三人的射术如此高超，是跟哪位先生学的？"

汤怀回答说："我们的先生是陕西人，名叫周侗。"

"原来你们的师父是周老先生呀！我和他是好朋友，已经多年没有见过面了，现在他在哪里？"

只见他来到指定的位置，稳稳站住，拉弓搭箭，一连射出九枝箭去，每枝箭都命中靶心，而且从一个箭孔里穿出去。

汤怀答道："我们的先生在比武场旁边的茶摊上喝茶呢！"

县令听了立即吩咐他们三人去把周侗请来。

过了一会儿，周侗就带着岳飞来演武厅拜见县令。李春连忙起身相迎。他们聊了很久，李春说，他的妻子已经去世，只留下一个女儿，已经十五岁。之后，他又问起周侗的情况。周侗说，他的妻子也已经去世，现在只有岳飞一个义子陪在身边。说完后，他就招呼岳飞给李春行礼，还让岳飞展示一下射术。

李春说："你教出来的徒弟都这样优秀，你的义子肯定差不了。"

周侗说："现在是在为国家选拔人才，不可顾及私情。"

周侗觉得箭垛对岳飞来说实在太近，就要求李春派人的箭垛摆到二百四十步远的地方。李春根本就不相信岳飞能射那么远，但还是吩咐随从按照周侗的话去做。

岳飞从周侗那里学习的是"神臂弓"，能拉动三百斤的弓，而且左右手都可以。只见他来到指定的位置，稳稳站住，拉弓搭箭，一连射出九支箭去，每枝箭都命中靶心，而且从一个箭孔里穿出去。在场的人都惊讶得瞠目结舌①，过了好一会儿才爆发出热烈的喝彩声。

李春非常高兴，心里有意将自己的女儿许配给岳飞，便向周侗询问岳飞的年龄，以及是否婚配。周侗如实回答，说岳飞十六岁了，尚未定下婚事。于是，李春便把自己的想法说了出来。周侗也很愿意，就做主定下了这门亲事。

岳飞回到家中，把此事告诉了母亲。姚氏看到儿子得到县令的器重，心里十分高兴。

第二天一大早，周侗带着岳飞去县里拜谢李春。吃饭时，李春得知岳飞无马可骑，就提出要送他一匹马。于是，他们一起来到马房内。

周侗对岳飞说："这是你岳父大人送给你的，你一定要仔细挑选。"

岳飞答道："我知道了。"

岳飞接连看了数匹马，都觉得不满意，最后一匹也没有相中。

李春问道："难道这些马都不能让你满意吗？"

岳飞回答说："这些马只能用来代步，而我要的是能骑着上场杀敌、冲锋陷阵的马。"

李春说："我这里只有这几十匹马了，我本意也只是想送给你代步。"

这时突然从隔壁传来一阵马的嘶叫声。

岳飞说："听这叫声，应该是一匹好马。"

李春说："你的确懂马。这匹马是我家人从北方买来的，野性难驯，见人不是乱踢就是乱咬，没有人能驯服得了，所以卖出去之后总是被退回来。我拿它没办法，就把它锁在隔壁院子里

① [瞠目结舌]

　　形容人因为惊吓或吃惊而说不出话的样子。

了，你如果能驯服它，那它就归你所有了。"

之后，李春就让马夫打开了另外一个院子的门，让岳飞进去。岳飞只看了那匹马一眼，就喜欢得不得了。可是，那匹马性情暴躁，看到岳飞后就抬起蹄子乱踢。岳飞一闪身，就躲了过去。那匹马又回过头来对着岳飞乱咬。岳飞向后退了几步，看准时机，一下子抓住了马鬃毛，挥起拳头狠狠地在马的后背上打了几下。那匹马立刻就老老实实地站在原地，再也不敢乱动了。

驯服了这匹马后，岳飞看到它身上沾满了污泥，就把它牵到水池边，亲自为它刷洗。刷洗完毕后，岳飞看到，这匹马浑身雪白，连一根杂毛都没有，便更加喜爱。之后，他便感谢李春的赠马之恩。李春看到那匹马身上还没有鞍辔①，便吩咐家人取来一副上好的鞍辔送给岳飞。

① [鞍辔（ān pèi）]
指戴在牲口身上，用来驾驭的缰绳和嚼子。

岳飞和周侗看时间不早了，就起身告辞。在回家的路上，岳飞骑着新得来的骏马走在前面，周侗骑马走在后面。周侗想看看岳飞的马脚力如何，就让岳飞放马驰骋。岳飞扬起鞭子，催马快跑，那马狂奔起来，如风驰电掣②一般。周侗虽然年事已高，但也来了兴致，就策马跟在岳飞后面。没过多久，他们就一前一后回到家中。

② [风驰电掣]
形容速度非常快。

岳飞把岳父李春赠给他宝马之事讲给母亲听。姚氏听后非常高兴，不停地向周侗道谢。

第五回

与牛皋结义

周侗回家当晚就感觉头疼，身体一会儿冷一会儿热。他吃了几副药，但一点儿也没有好转。岳飞非常担心，但除了悉心照料外，也没有什么好办法。到了第七天，周侗的病情越来越严重了，王贵、汤怀、张显及他们的父亲全都赶来探望。

周侗觉得自己不行了，就向众人交代起自己的后事来。他把自己的财物都送给了岳飞，请求王员外将他埋葬在沥泉山东南小山的一块空地上。此外，他还对三位员外说："你们的孩子只有追随岳飞，将来才会成名。"说完他就咽气了，享年七十九岁。

周侗死后，岳飞痛哭不已。在三位员外的帮助下，岳飞料理了周侗的后事。之后，他在周侗的坟前搭了一个棚子，为周侗守墓。三位员外看到岳飞如此有孝心，便经常让儿子来陪他。

转眼间几个月过去了。王员外看到岳飞一直在为周侗守墓，就劝他说："鹏举，你已经为你义父尽了孝心，你母亲在家也需要人照顾，你就收拾一下，跟我们一起回去吧！"

岳飞说什么也不肯。王贵说："父亲，您不要再劝他了，我现在就把这个棚子给拆了，看他还住在哪里。"

他们三人一起动手，很快就把棚子给拆掉了。岳飞知道三个弟弟这样做是出于一片好心，也就没有责怪他们。他跪到地上，向周侗的坟墓行礼，起来后向三位员外道谢。

正说话间，他们突然听到身后的草丛中有动静。王贵站起身来，将脚伸进草丛里，用力一扫，一个人就从草丛里爬了出来，并大声叫道："大王饶命！"王贵把那个人拎起来，大叫道："赶紧把身上的财物都拿出来！"

岳飞赶紧上前制止道："不要胡说，赶紧把手放开。"

王贵哈哈大笑起来，松开了手。

岳飞对那个人说："我们并不是坏人，你不用怕。我们在这里喝酒，你怎么管我们叫大王呢？"

那人见对方并无恶意，就转过头去，面向草丛说："大家都出来吧！他们并不是坏人。"于是，二十多个人从草丛里走了出来，他们全都背着包，拿着雨伞。

这些人对岳飞四兄弟说："你们不要在这里喝酒了，赶紧走吧！前面不远就是乱草岗，那里最近来了一个强盗，专门抢劫行人的财物，现在正拦住了一群做买卖的人。我们不敢过去，就从后面抄小路来到了这里。我们怀疑你们也是强盗，才藏在草丛里，我们打算去内黄县，麻烦你们告诉我们怎么走好吗？"

岳飞为他们指了路，那些人向岳飞道谢之后就匆忙地离开了。看到他们走后，岳飞对三个弟弟说："我们也收拾一下回家吧！"

王贵一向喜欢招惹是非，就对岳飞说："大哥，不如我们去会会那个强盗吧？"

岳飞说："强盗有什么好看的？而且我们都没有带兵器，如果与他动起手来，肯定会吃亏的。"

张显说："大哥，我们折几棵小树，把树枝弄掉，就可以当兵器了。再说，我们兄弟四个人，难道还怕一个强盗不成？"

岳飞拗不过他，只好答应。他们每个人都折了一棵小树当兵器，向乱草岗走去，隔了很远就看到了那个强盗。他身材魁梧，穿着一副连环铠甲，戴着镔铁①头盔，骑着一匹漆黑的马，手里提着两条铁锏（jiǎn）。他正拦住十几个商人，向他们讨要财

①［镔（bīn）铁］
古代的一种质地坚硬的钢。

物。

岳飞对三个弟弟说："那强盗身型高大，一看就知道不好对付。我先去会会他，你们就留在这里，千万不要过去。"

汤怀担心岳飞打不过那个强盗，就提出陪他一起过去。岳飞说："我看这个强盗有些莽撞，所以只能智斗。"之后，他就走向前去，对着强盗大喊："喂，朋友，这些人没什么钱，你把他们放了吧，我给你银子。"

那个强盗听了岳飞的话，便冲着岳飞过来。

岳飞根本就没有钱，他说道："就算我想给你钱，但是得问问我的两个伙计才行。"

强盗说："你的伙计在哪里？"

岳飞举起两个拳头，在强盗面前挥了挥，说道："这就是我的伙计。"

强盗问："这是什么意思？"

岳飞说："如果你打得过我，我就给你一些钱财；如果打不过，那你就别想得到钱财了。"

强盗非常气愤地说："你有什么本事，竟然说出这样的大话？我用的是铁锏，你只用拳头，我赢了你也算不得英雄。好，我就放下铁锏，用拳头来与你交手。"说着，他把铁锏放到马鞍上，跳下马，挥拳向岳飞的脸上打来。

岳飞只一闪身，就避过了强盗的拳头，还闪到了强盗的身后。强盗转过身，挥拳向岳飞的心口打来。岳飞的身体向左闪，同时向强盗的肋部踢去，一下子就把强盗踢倒在地。王贵等人看到后，一起大喊道："打得好！"

那强盗见岳飞身手非凡，就问："你怎么称呼？是哪里人？"

岳飞答道："我叫岳飞，住在麒麟村。"

强盗又问道："你认不认识周侗师父？"

岳飞回答说："他是我义父。"

强盗听后说："哦，原来你是周先生的义子啊！难怪我会输给你。刚才小弟无礼，多有得罪，请见谅！"说着就跪在地上，向岳飞拜了起来。

岳飞连忙将他扶起来，那强盗说自己名叫牛皋（gāo），祖籍陕西，

强盗听后说："哦，原来你是周先生的义子啊！难怪我会输给你。刚才小弟无礼，多有得罪，请见谅。"一说着就跪在地上，向岳飞拜了起来。

祖先世代当兵。他父亲在临死前对他母亲说，他若想成名，必须要跟随周侗学艺。他听说周侗住在麒麟村，就和他母亲一起来寻找。经过这里时，正赶上一伙强盗在抢劫，他杀死了强盗首领，抢了马匹和盔甲，还把其他强盗都赶跑了。他想要带些东西去拜见周侗，但身上没钱，所以只好抢劫路过此地的商人的钱财。

讲到这里，他对岳飞说："我现在就带你去见我的母亲，然后你就带着我们去见周侗师父。"

岳飞说："先不急，我有几个兄弟，我把他们叫过来与你认识一下吧！"

说着，他招手让王贵等人过来，与牛皋相见。之后，牛皋带着岳飞等人去找他的母亲。牛母把丈夫临死前让她带着儿子去找周侗师父的话又讲了一遍。岳飞听后，非常伤心地说："义父去年九月份就已经去世了。"牛母听后，遗憾地说："先夫临死前，让我一定要找到周侗师父，所以我才带着儿子千里迢迢①来到这里。可没想到，他已经去世了。看来我的儿子一定没有出头之日了！"

① [千里迢迢]
形容路远。迢迢：
遥远。

岳飞说："伯母您也不用太悲伤，我的本领虽然没有义父高强，但也跟随他老人家学了一些皮毛。你们既然来到了这里，干脆就跟我们回去，我们几个兄弟一起习武，你觉得怎么样？"

牛母这才开心起来，跟随岳飞等人去了麒麟村。岳飞安排他与母亲住在一起。由于牛皋与岳飞等人意气相投，所以就与他们结拜为兄弟。此后，岳飞就教授牛皋武艺，兄弟五人一起习文练武，其乐融融。

第六回

大战洪先

一天，岳飞正带领着四个兄弟在麦场上练习武艺，突然发现对面树林有个人正在向他们这边张望。王贵看到大叫道："你是什么人？为什么在这里偷看我们练武？"

那人走出树林，从容地说："我是这个村子的里正①，相州节度使②刘光世大人给县里发来文书，让上次在县武举考试中表现优异的武童，去州里参加下一轮考试，如果考上的话，就能去京城参加下一轮考试。我来到这里，是特意来通知你们的。看到你们在这里练武，我不想打扰你们，所以就躲在树林里观看。"

岳飞说："多谢里正了！请放心，我们会做好准备的。"

第二天，岳飞骑着马来到县衙，向岳父李春道别，李春对岳飞说："相州汤阴县令徐仁是我的好朋友，我给他写一封信，你带着信去拜见他，可以免去很多麻烦。"

第二天，岳飞就带领着四个结拜兄弟往相州而去，不到一天就赶到了相州。他们从南门进城，住在一家名为"江振子"的客栈。客栈主人叫江振子，他知道岳飞等人是来参加武举考试的，连忙命人准备酒饭为他们接风。

吃过饭后，岳飞打算去县衙找徐仁，又担心时间太晚了，就想第二天再去。江振子知道此事后，就对他们说："徐大人在这里当了九年县令，他是一个清正廉洁、爱民如子的好官，每天直

① [里正]

古代在县级区域下设立乡、里，相当于现在的村镇。负责一里的小吏即为里面。

② [节度使]

古代官名，一个地方的军事统帅，主要掌管军事，防御外敌，没有管理百姓的职责。

到天黑才退堂。你们现在去，一定能够见到他。"

岳飞听后非常高兴，连忙向店主人问了路，就拿着信带着王贵等人一起去了县衙。

就在岳飞等人向县衙赶去的时候，徐仁县令正在升堂处理公事。他在夜里做了一个梦，便询问手下说："我夜里做了一个梦，梦见五只五色老虎向我扑过来，我一害怕，就醒了过来。"

他手下的百晓说："大人，恭喜您了！过去周文王夜里梦见飞熊飞入军帐中，后来就在渭水河边得到了姜子牙。"

百晓的话还没有说完，徐仁就非常愤怒地制止了他，说："混账，不要胡说八道。我只是一个小小县令，怎么能够与圣贤的君主相比呢？"

就在此时，衙役突然上前报告，说有五位来自内黄县的壮士前来求见。徐仁下令请他们进来。

岳飞等人进来后，先叩拜了县令，之后把李春的信呈交给徐仁看。

徐仁接过书信仔细地阅读了一遍，又看到岳飞等五人相貌不凡，气宇轩昂，便暗暗想道："难道我昨晚在梦中见到的五只老虎，就是这五个人吗？"想到这里，他说："鹏举贤侄，你先带着几个兄弟回客栈休息，我与刘节度使的中军官洪先是老相识，等我给他写一封信，让他照应你们一下，你们明天只管去考试就行了。"

岳飞等人谢过徐县令，高兴地回客栈去了。

第二天一大早，岳飞带领四个结拜兄弟前往刘大人军营的辕门①外求见中军官洪先。洪先因为他们没有送上财物，拒绝他们参加考试。

岳飞等人尽管非常气愤，却也无可奈何，只得先回到客栈去，再考虑下一步该怎么做。

一路上，岳飞与四个兄弟商议如何才能参加考试。王贵和牛皋性格暴躁，他们十分厌恶洪先的行为，气冲冲地说，先回客栈

①［辕门］
　古代军营的门或官府的外门。

做好准备，之后闯进军营，抓出洪先，狠狠地教训他一顿。汤怀和张显也都表示支持。岳飞性格沉稳，所以极力劝说兄弟们不要只图一时之快，耽误了大事。

就在他们激烈讨论时，徐县令乘坐轿子来到了他们面前。他们赶紧下马迎接。徐仁对他们说："我正打算去见洪中军，请求他好好地照顾你们一下，却没有想到你们这么快就回来了。"

岳飞便把洪先要他们索要财物，让他们三天之后再去考试的事讲了出来。

徐仁非常气愤地说："实在太过分了！难道说没有他这个中军，别人就不能参加考试了吗？贤侄们，不要担心，现在我就带你们去找刘大人。"

于是，岳飞等人就跟随徐县令去了刘光世大人的军营。

刘大人看到岳飞等人气质非凡十分欣赏，便下令让他们五个人去演武场表演一下武艺。正在这时，洪先走上前来，对刘大人说："大人，我已经考过他们的武艺了，他们的本领非常普通，毫无过人之处，我让他们回去好好练习，等到下次考试再来，没想到他们竟托徐县令来麻烦大人。"

徐仁十分气愤，便上前对刘大人说："禀报大人，洪中军因为岳飞等人没有送给他财物，所以才说出这番话来欺骗大人。这些武生们三年才有一次参加考试的机会，希望大人成全他们！"

洪先又说道："大人，我并没有欺骗您，早上我的确看到他们的武功稀松平常。大人如果不信，可以让他们与我比试一下。"

洪先并不怕与岳飞等人比试武艺，因为他的官职就是凭借他在战场上的出色表现获得的，对付三五个壮汉，对他来说简直就是小菜一碟。虽然他不知道岳飞等人的武艺如何，但他看到岳飞等人年龄太小，就理所当然地认为他们根本不是自己的对手。

岳飞不甘示弱，上前说道："大人，我倒很想领教一下洪大人的武艺，希望大人给我这个机会。"

刘大人说："好吧，既然你们双方都想比试一下，本官就成全你们！"

洪先和岳飞来到开阔的地方，各自摆好姿势。洪先命人将他的武器三股托天叉取来，摆出一个"饿虎擒羊"的架势。

他用足力气，挥舞钢叉，向岳飞的后背叉来。而岳飞突然转过身来，扬起沥泉枪，便把洪先的钢叉拨到一边去了。

　　岳飞非常从容地取出沥泉枪，摆了一个"丹凤朝阳"的架势，说道："恕我无礼了！"

　　洪先二话不说，举起钢叉就向岳飞的头上叉来，架势十分凶狠。岳飞只一闪身，就让过了钢叉。他想到："这人虽然为难过我，但我与他并没有血海深仇，没必要把他置于死地。"

　　洪先收回钢叉，再次向岳飞叉来。岳飞气定神闲，只一低头，就躲过了钢叉。之后，他收回脚步，拖着枪躲避。洪先以为岳飞根本抵挡不住自己的钢叉，所以更加凶狠地向岳飞攻击。他用足力气，挥舞钢叉，向岳飞的后背叉来。而岳飞突然转过身来，扬起沥泉枪，便把洪先的钢叉拨到一边去了，又顺势转动枪杆，轻轻地戳在洪先的后背上。洪先躲避不及，"扑通"一声摔到地上，手中的钢叉也被扔到了一边。

在场众人全都大声赞扬岳飞说："好功夫！"

刘光世此时明白了徐县令所说的话的确是真的，他十分气愤，将洪先叫上前去，呵斥道："你本领不济，还容不下比你武艺高强的人，你有什么资格当中军官？"于是罢免了洪先的官职，并命人将他推出军营。

洪先羞愧得无地自容，灰溜溜地离开了。

第七回

回　乡

　　刘光世看出岳飞武艺高强，又让岳飞等人去箭厅比试箭术。王贵、牛皋、汤怀、张显四人先表演了一番，赢得了众人的喝彩。而岳飞的箭术比他们还要厉害，使得刘大人对他刮目相看。

　　刘大人对岳飞的身世很感兴趣，便询问起岳飞来。岳飞答道："大人，其实我并非内黄县人士，我家世代居住在这汤阴县，在我出生那年，家里被洪水淹了，父亲和其他家人全都死了，只剩下我们母子二人。母亲抱着我坐在大酒缸里，被洪水冲到了内黄县。我们母子孤苦无依，多亏王明王员外照顾，我们才在内黄县麒麟村安顿下来。后来，我遇到了恩师周侗，并认他作义父，我们几兄弟的武艺，都是他传授的。"

　　岳飞坎坷的身世让刘大人叹息不已。他对岳飞说："原来你们都是周师父的徒弟，难怪个个身手不凡！我早就听说周师父文武双全，朝廷曾多次要求他做官，却都被他给拒绝了。没想到他已经去世了，实在可惜！"他想安排岳飞重归家乡，就命令徐仁清点一下岳家过去的产业，并由官府出资修造房屋。之后，他让岳飞等人回家收拾行李，做好进京参加考试的准备。

　　岳飞非常感激刘大人。他们几人向刘大人辞别后，徐县令带着他们来到自己家中，置办酒席庆贺他们考试成功。徐县令向岳飞保证，一定会帮助他修建房屋，并让他回家接母亲回乡。

　　岳飞谢过徐县令后，与众兄弟回到了麒麟村。他把刘大人和徐大人帮

助他们重归故里一事说给母亲听，姚氏听后非常高兴，迫不及待地收拾起东西来。

王贵等四人回到家后，也把岳飞重归故里之事讲了出来。他们的家人听后，既为岳飞母亲重返故乡感到高兴，又舍不得他们离开。

第二天，王员外、汤员外和张员外正在王员外的庄上商量事情，岳飞走上前来，向王位员外行礼，把认祖归宗之事讲了出来。

王员外情不自禁地流下泪来，说："鹏举，你在这里有几个好兄弟，离开后你们就无法再像过去那样一起读书练武了。况且，你义父在临死前说，我们的孩子只有跟随你才能取得功名。现在你就要重返故乡去了，我们怎么舍得你离开呢？"

另外两位员外也都不舍得岳飞离开。张员外说："我们都算得上富有了，除了这一个孩子外，再没有其他追求了。如果我们的孩子能够取得功名，那也算是光宗耀祖了。不如咱们只留下管家照顾田产，带上牛皋母子一起搬到汤阴县永和乡去住，那里离这里并不算远，来往也很方便，你们觉得怎么样？"

王员外和汤员外听了，都觉得这个办法好。于是，他们对岳飞母子说，他们要一起搬到汤阴县去住。岳飞母子听后也很高兴。

第二天，岳飞骑马进城拜访岳父李春。岳飞把见刘大人的事情从头到尾讲了一遍。讲完后，他说："刘大人命令徐县令将我家过去的基业查清，之后帮助我修建房屋，让我回故乡居住。我能有今天，全靠岳父的帮助，今天特意赶来向您道谢。"

李春听后非常高兴，他说："刘大人和徐兄实在是太仁义了。你母子能够重回故里，我为你们感到高兴。不过，我有一句话，请你回去告诉你母亲。我丧偶多年，一直也没有再娶，女儿在家没人照顾，让她和你母亲做伴倒是很好。你现在就回去告诉你母亲，说明天就是好日子，你们明天把婚礼办了，让她跟你们一起回故乡去吧！"

岳飞听后非常羞愧地说："岳父大人，我家里十分贫穷，根本没钱置办迎亲的彩礼，要不我先进京参加考试，之后再来迎娶小姐，您觉得怎么样？"

岳飞传

几天后，徐仁派人给岳飞送信，说新房已经盖好，请岳飞母子返回故乡。于是，岳飞等主家上百口人一齐向汤阴县进发。

① [斩钉截铁]
　形容说话或做事非常果断。

李春斩钉截铁①地说："贤婿，话不是这么说的。我和女儿看中的是你的人品和武艺，你没钱我们并不在乎。你什么都不要说了，现在就赶紧回家去做准备，我和女儿也都收拾一下，明天我就把她送去。"

岳飞知道李春主意已定，只好答应下来。他辞别李春后，就骑马回家去了。

王员外、汤员外和张员外听说岳飞即将娶亲，都为他感到高兴。可岳飞却愁眉不展，他说："叔叔们都知道，我家里一贫如洗②，再加上时间仓促，怎么能办婚礼呢？"

② [一贫如洗]
　形容非常贫困。

王员外说："贤侄不用为这件事担心。结婚所用的东西，我们家里都有现成的。不过，你家的房屋太狭窄了，我家里有很多空屋子，况且只与你家的屋子隔着一道墙，你回去让你母亲过去挑两间空屋子给你当新房，问题就解决了。"

34

王员外回家吩咐下人张灯结彩，很快就准备好了一切。第二天，李春先派人把嫁妆送到王家庄，之后亲自把女儿送来与岳飞完婚。李春由于公务繁忙，只喝了三杯酒就回县衙去了。其他人全都开怀畅饮，一直喝到醉得不省人事。

几天后，徐仁派人给岳飞送信，说新房已经盖好，请岳飞母子返回故乡。于是，岳飞等五家上百口人一齐向汤阴县进发。

由于带着老人、妇女和孩子，还有上百辆装财物的车子，所以他们走得很慢。两天后，他们来到一个叫野猫村的地方，那里没有人居住，只是一片荒郊野地。眼看着天马上就要黑了，岳飞焦急地对众兄弟说："我们只顾着赶路，却错过了住宿的地方，需要再走三四十里才有客栈，我们人多，而且车子又重，无论如何都无法在天黑之前赶到那里了。"之后，他吩咐汤怀与和张显去前面探路，看是否能找到住宿的地方。

汤怀和张显回来后说，附近十里之内都没有人家，只有在前面三四里处有一座破庙可以休息。岳飞听后，就命令汤怀带领大家向破庙赶去。

到了破庙后，岳飞命令众人把车辆推到庙里去，又吩咐妇女、孩子和老人在大殿上休息，之后与几个兄弟去殿后观察地形。殿后有三四间房屋，屋内有几口旧棺材，房屋连瓦片和窗户都没有。

回到前殿后，王贵和牛皋不停地喊饿，连忙吩咐仆人做饭。看着天马上就要黑了，众人便简单地吃了一些酒饭就去休息了，只有牛皋不停地喝酒。

岳飞看到后，生气地说："不要再喝酒了。这里很荒凉，我们又带着这么多财物，如果有坏人来抢夺财物，我们将无法应付。等到了汤阴县，我让你随便喝。"

牛皋一向对岳飞言听计从①，便说："既然大哥说了，我就不喝了。不过，大哥，你也太小心了吧！"

安顿好众人后，岳飞对张显和汤怀说："两位弟弟，你们带

① [言听计从]

形容非常听话。言：话；计：主意；从：听从。

几个强壮的庄丁，携带着武器，去大殿后面守卫。"

汤怀和张显答道："听从大哥吩咐。"

岳飞又对王贵说："左边的围墙也破损了，你带着几个人去那里守卫，小心盗贼从左边闯进来。"

王贵点头称是，并说道："大哥尽管放心，我一定不会让盗贼从左边闯进来的。"说完后就带人去左边了。

岳飞又叫牛皋去大殿右边守卫。牛皋说："大哥劳累了一整天，赶紧睡吧！根本没必要如此惊慌。你就放心好了，我不会让盗贼从右边闯进来的。"

牛皋虽然嘴上这样说，但他心里却想："这时候能有什么强盗？就算真的有强盗，我们这些兄弟在此，难道还怕他们不成？大哥胆子也太小了吧！"他带着几个人，来到了大殿的右边，靠在栏杆上打起盹儿来。

安排妥当后，岳飞就把庙门关了起来。他看到殿前石阶下有一个香炉，就走了过去，用手摇了几下，发现足有千斤重。他用力把那只香炉抱起来，顶到庙门上，之后将沥泉枪放在身边，坐到门槛上休息，等待天明。

第八回

诛杀强盗

　　半夜时，岳飞听到一阵吵闹声。过了一会儿，就有一群人举着火把来到庙门口。有人大叫道："赶紧把财物都拿出来，否则就杀了你们！"还有人大叫道："千万不要放走了岳飞。"接着就有几个人来推庙门，推了半天都没有推开。

　　岳飞听到有人喊自己的名字，不禁大吃一惊。他寻思道："我并没有什么仇人，强盗里怎么有人知道我的名字呢？"想到这里，他悄悄来到门前，从门缝一看，却看到了相州节度使刘光世手下的原中军官洪先。

　　原来这洪先本就是一个强盗，刘光世看他有些本领，就提拔他为中军官；他因为向岳飞等人索要财物，又败给了岳飞，所以被罢免了官职，心中自然十分怨恨岳飞，便纠集了以前的同伙，带着两个儿子来找岳飞报仇。

　　岳飞心想："这个大门由我把守，四周又有兄弟们把守，他根本就攻不进来。他见无法攻进来，也就会知难而退了。"于是，他提着沥泉枪，站在庙门口守卫。

　　岳飞不想与强盗交手，但牛皋就不同了。牛皋听到呐喊声就醒了过来，看到外面一片火光，便想道："果然有强盗来了，我们要进京去参加武举考试，但还不知道自己的本领如何，现在我就去会会那班强盗，看看自己的铜法究竟如何。"说着他提起双铜，骑上马就向强盗冲了过去，还大喊道："强盗们，让你们尝尝我的双铜的厉害。"他挥出一铜，打在一个强盗的脑袋上，那强盗当场毙命。

王贵在左边听到牛皋的喊声，提着大刀就往前冲，他抡起金背大砍刀，没几下就砍倒好几个强盗。

洪先看到牛皋异常勇猛，便抡起三股托天叉与牛皋交手。洪先的两个儿子洪文和洪武，各拿一柄方天画戟（jǐ），与王贵缠斗起来。

岳飞在里面听到外面的砍杀之声，就想出去劝说一番，让牛皋和王贵饶了洪先等人的性命，便挪开香炉，骑马冲了出去。这时张显和汤怀听到厮杀声，也都提着枪冲出了庙门。

洪武看到父亲抵挡不住牛皋，举起方天画戟，来帮助洪先。洪文失去了帮手，一个人与王贵对抗，被王贵一刀结果了性命。洪武看到哥哥被王贵杀死，大吃一惊，牛皋趁他分心，一铜将他打死。洪先看到两个儿子被杀，气急败坏地说："你们竟敢杀死我两个儿子，我决不会善罢甘休。"说完举起叉来，向牛皋叉去。

岳飞呵斥道："洪先，赶紧住手，我岳飞在此！"

洪先打不过牛皋，他听到岳飞的叫声后，吓了一跳，正打算调转马头逃命，却没想到张显赶到，被钩镰枪钩下马来。汤怀随后赶到，一枪将他捅死。

那些强盗看到自己的头领被杀死，便纷纷逃命去了。牛皋和王贵杀得兴起，又追上去一顿猛杀。岳飞命令他们不要再追了，他们根本不听，仍然狂追不止。

岳飞情急之下，便撒谎道："两位兄弟，赶紧回去，又有强盗来了！"

王贵和牛皋信以为真，便不再追赶，返回庙门口，迫不及待地问道："强盗在哪里？"

岳飞说："你们就放过他们吧！我们杀了这么多人，应该好好商量一下怎么办才好。"

于是众人返回庙里商议。牛皋说："依我看，我们不如把这些尸体堆在庙里，找一些干枯的树枝来，放一把火烧干净，那就没有人会找我们的麻烦了。"

于是，岳飞五兄弟带领胆大的庄丁，把尸体抬到大殿上，之后找到一

些树枝，放一把火把整个破庙都烧了。

此后，岳飞一行人向相州进发，很快就到了汤阴县境内。岳飞五兄弟一起去拜见徐县令，之后安排众人住进了徐县令为岳家修建的房屋内，然后又去拜见刘光世大人。

刘光世对岳飞说："我给宗泽大将军写了一封信，委托他多关照你，他读过信后就会照应你的。"

写好信后，他又送给岳飞等人五十两白银当路费。岳人五兄弟不住地道谢，就回到家中，与家中长辈商议去京城汴梁①参加武举大考的事。

①[汴梁]
今河南开封市，北宋时的国都。

第二天一大早，岳飞与母亲、妻子道别，就带领四个兄弟向汴梁进发。

第九回

将军府大显神威

岳飞一行人没几天就赶到了京城汴梁城下。

看着京城就在眼前，岳飞对兄弟们说："各位贤弟，我们马上就要进入京城了，千万不能像在老家那样为所欲为了。"

牛皋不以为然地说："京城又怎样？"

岳飞说："兄弟，你不知道，这京城与我们老家那种小地方完全不同，这里有很多王公贵族、公卿大臣，倘若还是像在家里那样鲁莽无礼，惹出事来，根本没有人能救得了你。"

兄弟五人有说有笑地进入了城门。走了不到半里路，突然有一个喘着粗气跑过来，拉住岳飞的马缰绳，说："岳大爷，你可把我害惨了，这次一定要照顾我的生意呀！"

岳飞看了那个人一眼，发现他就是在汤阴县开客栈的江振子。岳飞根本没有想到他会在这里，便吃惊地问："怎么是你？你不是在汤阴县开客栈吗？跑到这里来做什么？我又怎么把你给害惨了？"

① [来龙去脉]
比喻事情的前因后果。

江振子便把事情的来龙去脉①说了一遍。原来，岳飞等人离开江振子的客栈后，洪先就带领着一群恶棍来客栈找岳飞，但岳飞他们已经离开了。洪先一怒之下就把客栈给砸了，还不准江振子继续在汤阴县开客栈。江振子被逼无奈，只得带领伙计到京城来开客栈了。

40

岳飞听后，说道："你说的也有几分道理。我们刚来到京城，并不熟悉这里，在这里遇到你也算有缘，那好，就住你的客栈里吧！"

说完后，岳飞等人就跟着江振子去了他的客栈。

安顿好马匹和行李后，岳飞便向江振子打听宗泽衙门的位置。

江振子说，宗泽宗大人是一个非常了不起的人物，被封为护国大元帅、汴梁城留守，既能管军队，也能管百姓。说完后，他给岳飞等人指了路。

岳飞与四个兄弟吃过午饭，就带着刘光世的信赶到留守衙门外求见宗大人。

刘光世在信中写道，岳飞是世间少有的人才，请求宗大人一定要提拔他。宗泽读过信后，以为岳飞其实并没有真才实学，只是家中有钱，贿赂①了刘光世，刘光世才会极力称赞他。因此，他决定单独召见岳飞，仔细盘问一番。

岳飞在等待宗泽召见时，汤怀对他说："大哥，你身上的衣服已经破旧了，我觉得宗大人看到后一定不会重视你的。要不你穿我这身衣服进去吧？"

岳飞觉得汤怀说得有几分道理，而且他们二人身材相差无几，所以就同意了。他脱下自己的旧衣服，换上了汤怀那身华丽的新衣服，之后在传令兵的带领下，进去拜见宗泽大人。

看到岳飞身上所穿的华丽衣服后，宗泽更加确定自己刚才的推测是正确的。他气愤地说："岳飞，你说实话，你花多少钱贿赂刘光世，让他帮你写这封推荐信的？"

岳飞听这话吃了一惊。不过，他依然镇定自若地说："大人，我本是汤阴人士，父亲岳和在我出生三天时就在水灾中去世了。我母亲抱着我坐在大酒缸里，被洪水冲到了河北内黄县的麒麟村。在王明王员外的救援下，我们母子才活了下来。我长大后，得到陕西名士周侗的赏识，他收我做义子，教我武艺。我在

① [贿赂 (huì lù)]
指通过向有关人员赠送财物的方法来谋求不正当利益。

岳飞传

看到岳飞身上所穿的华丽衣服后，宗泽更加确定自己刚才的推测是正确的。他气愤地说："岳飞，你说实话，你花多少钱贿赂刘光世，让他帮你写这封推荐信的？"

相州参加武生考试时，刘大人知道了我的身世，便派汤阴县令徐大人清查我家过去的产业，并出资为我母子修建房屋，让我们母子返回故乡。在来京城前，刘大人又送给我五十两银子当路费，让我考取功名，将来好为国出力。我根本就没有钱贿赂刘大人。"

宗泽听后，暗暗想道："我早就听说周侗是个了不起的人物，朝廷多次邀请他们做官，他都不肯。岳飞既然是他的义子，应该也有一些本领。不如先考一考他。"

于是，他带着岳飞来到箭厅，说道："你去挑一张弓，射几箭让我看看。"

岳飞答应一声，来到放弓的架子前，一连挑了几张弓都嫌太软，便

42

说："大人，这些弓都太软了，我担心射得不够远。"

宗泽觉得岳飞有些不自量力，便不客气地问道："你平时用多少斤的弓？"

岳飞答道："我拉得动二百多斤的弓，能射两百步远。"

宗泽说："既然你这样说，那你就拉一下我的神臂弓吧！不过，我那张弓有三百斤重，不知道你能不能拉得动？"说完，他便命令亲兵去取自己的神臂弓。

亲兵很快就取来了宗泽所用的神臂弓，另外还带来一壶雕翎箭。岳飞拿起神臂弓拽了几下，感觉自己用起来特别合适，就不由自主地叫了一声好。

只见他把雕翎箭搭到弓上，拉弓发射，一连射了九支，每一支都插在红心上。在场众人看到后，无不为他喝彩。

宗泽看到岳飞本领高强，知道自己误会了他，便十分高兴地说："你的武艺的确十分高强，你平时使用什么武器？"

岳飞答道："我曾跟义父学习过各种兵器，不过最拿手的还是枪。"

宗泽听后，派亲兵把他自己使用的点钢枪抬出来，让岳飞耍一路枪法。

岳飞拿起枪，摆出一个姿势，之后闪转腾挪，勾挑结合，使用多种身法，让在场众人都情不自禁地叫好，就连宗泽也不禁为他喝彩。岳飞练完枪气定神闲，面不改色，轻轻把枪放到一旁，跪拜在宗泽面前。

宗泽说："我看你的确本领高强。如果朝廷让你领兵打仗，你该怎么做？"

岳飞一生最大的梦想就是成为一名将领，上阵杀敌，为国效劳，因此他平时对治军之道颇有研究。他从容自若地说："赏罚分明是治理军队最重要的原则，只有做到这一点，才能让士兵遵守命令，勇敢向前；对于将领来说，智谋要比英勇更加重要；只有关爱士兵，打仗时冲锋在前的将领才能获得士兵的爱戴；作为将领不应该只顾个人的名利，而应该以保卫国家，以让老百姓过上好日子为己任。"

宗泽听后非常高兴，连忙把岳飞扶起来，并说："我原以为你贿赂了刘光世，所以才会得到他的推荐，没想到你的确有真才实学。我误会你了，请你原谅！"

岳飞赶忙说："大人为国家选拔有才之士，严格把关，让人敬佩。"

于是，两个人便聊了起来。宗泽问道："贤侄，你的武艺高强，担任领将不成问题，只是不知道你是否学习过行军布阵之法？"

岳飞答道："按图布阵是杀敌之法，根本没有必要仔细研究。"

宗泽听后觉得岳飞有些自大，便不高兴地说："你的意思是，古人留下来的兵书阵法毫无用处？"

岳飞说："排阵之后再与敌人交战，这是兵法常理，不过也不能过于死板。古今有很大不同，所以根本没有必要按照一定的阵法去打仗。现在要想在战场上击败敌人，就一定要让敌人无法摸清我方的虚实，从而出奇制胜。再者说，现在的战争阵地战很少，而遭遇战比较多，如果敌人突然到来，或者将我军围困起来，难道我军要等到布好阵之后再与敌人交战吗？所以说，只有根据战场上的情况随机应变，因地制宜，才能够立于不败之地。"

岳飞一席话说得宗泽不住地赞叹道："贤侄，你真是一个不可多得的人才啊！刘大人独具慧眼①，发现你这个人才，实在让我佩服。不过，可惜的是，这一次考试你很难高中状元呀！"

岳飞疑惑不解地问："这是为何？"

宗泽答道："如今有一个叫柴桂的藩王②，是前朝柴世宗的后代，被朝廷封为小梁王，住在滇南南宁州。他来朝拜皇上时听说了此次武举考试的事情，就打下主意要夺得状元。为此，他分别给丞相张邦昌、兵部尚书王铎、右军都督张俊和我这四位主考官送了厚礼，他们三个人都收了礼物，只有我没收。他们三人已经商量好，要保举他当武状元。因此，你这次来参加考试实在太不凑巧了。"

①[独具慧眼]

能看到别人看不到的东西，形容目光敏锐。慧：敏锐、聪慧。

②[藩王]

藩王是介于地方长官和君主之间的地区统治者。他们有的已形成了地方割据势力，但在名义上还是地方长官，有的是由某强国册立统治某地区的半独立君主。

岳飞略带遗憾地说："大人，我只希望能够公平比赛就好。"

宗泽说："为国家选拔人才，当然要选择那些有真才实学的人，但这件事非常麻烦。今天本来应该留你多坐一会儿，不过，我担心有人知道此事后，对你我不利。所以，贤侄，你先回住所，等到考试之时再想办法吧！"

岳飞听后，只得告辞离开。他本想凭自己的本领从武举考试中脱颖而出，从而获得为国效劳的机会，却没有想到会遇到这种事情，所以有些闷闷不乐。

第十回

牛皋抢"状元"

岳飞从宗泽府中出来后，众兄弟赶忙迎上来问候，并说："大哥，你怎么去了那么久？"

牛皋看到岳飞脸色不好看，就心直口快地说："大哥，我看你脸色阴沉，是不是那个留守让你生气了？"

岳飞道："我和宗大人谈得十分愉快，并没有受气。"于是，岳飞把宗泽让他表演武艺、对他十分器重等事详细地讲了出来，只是没有说小梁王贿赂考官，一定要夺得武状元之事。

王贵和牛皋听说宗泽很器重岳飞后，心情便舒展开来。

江振子为他们准备了酒饭。他们一起喝酒聊天，直到三更半夜才睡去。

第二天一大早，江振子就来到他们的房间，十分神秘地说："刚才留守衙门的人来到这里，说宗留守本打算在衙门里为各位接风，但考虑到有些不方便，所以就派人送来一桌酒席，请各位享用。"

岳飞等人想道：既然宗留守赐酒，哪有不喝的道理？便吩咐把酒饭搬上来。

于是众人喝起酒来。牛皋、王贵、张显、汤怀四兄弟边喝边聊，喝得十分痛快。岳飞心里有事，很少说话。他想道："小梁王如果夺得了武状元，那我们只能排在后面，为国效力的愿望也就无法实现了。"想到这里，他竟迷迷糊糊地靠在桌边睡着了。

张显和汤怀看到后，说道："以前大哥喝酒时，总有讲不完的话，今

天为什么一直不说话呢？"他们两个心情都不太好，便也都去睡了。王贵喝得有些醉了，靠在椅子上睡着了，只有牛皋一个人继续拿着大碗喝酒。

牛皋看到其他几个人都睡着了，便想到街上转转，看一看风景。他下楼走出客栈大门，向东走去。他看到大街上人来人往，非常热闹。走到一个三岔路口时，他停下了脚步，正在考虑往哪个方向走，突然看到对面有两个人走了过去。他们一个身高八尺，穿着一身红色的衣服；一个身高九尺，穿一身白色的衣服。两个人手拉手，有说有笑。牛皋听到穿着红色衣服的那个人说，大相国寺非常热闹，可以去看一下。

牛皋想道："我以前也听说大相国寺，现在正不知道去哪里，何不就去那里看看？"于是便跟在那两个人身后，向大相国寺走去。

来到那里后，他看到那里有很多做买卖的和看热闹的人。随后，他又跟随那两个人进入了天王殿。殿中有一个书场，有很多人都在围在前面，听说书先生讲杨家将的故事。看到那两个人坐下后，牛皋也跟着坐了下来听书。

说书先生讲完一段后，就停了下来，向听众要赏钱。那个穿白衣服的拿出两锭银子，递给说书先生，并说："我们路过这里，并没有多带银子，希望先生不要嫌少。"

说书先生答道："多谢了！"

那两个人转身离开了。牛皋也站起身来，跟在他们身后。走了一会儿，牛皋听到穿红衣服的对穿白衣服的说："大哥，咱们只是听段书，你何必给他那么多银子呢？虽然这些银子对您来说一点儿也不多，但这里的人看到后，会把您当乡下人看待的。"

那个穿白衣服的人答道："兄弟，刚才那说书先生说，我的先祖非常厉害，没有人能打得过他。就凭这一点，别说两锭，就是十锭银子我也愿意给他。"

那两个人又到另外一个书场听书，说书先生正在讲《兴唐传》①。说书先生说到罗成占领山口处就停了下来，向听众索要

① 《兴唐传》

传统评书，主要讲述了秦琼、罗成等人推翻隋朝的故事。

赏钱。那个穿红衣服的拿出四锭银子，并说："今天我们路过这里，没多带银子，希望先生不要嫌少。"说书先生连忙道谢不迭。

牛皋想："这次肯定是说到他的祖宗了。"

牛皋想的没错，那个穿红色衣服的，名叫罗延庆，正是唐代罗成的后代；而那个穿白色衣服的，名叫杨再兴，是杨业杨令公的后代。

牛皋听到杨再兴说："兄弟，我只给了两锭银子，你为什么给四锭呢？"

罗延庆答道："大哥，那说书先生所说的，正是我祖宗的英雄事迹。我的祖宗比大哥你的祖宗厉害，所以我要多给他两锭银子。"

杨再兴说："你竟然说我的祖宗不如你的祖宗厉害？"

罗延庆回答说："我说的是事实，我的祖宗的确比你的祖宗厉害。"

杨再兴说："既然如此，那咱们就回客栈，穿上铠甲，拿上武器，骑马到比武场比试一番，胜者留在这里争状元，负者就立即回家，好好练上三年，之后再来参加考试。"

罗延庆说："好，一言为定。"说着，两人就离开了。

牛皋没听仔细，还以为他们两个谁赢了谁就能当武状元。他想："幸亏我在这里听到了他们的谈话，不然的话，武状元就被这两个混账抢走了。"之后，他匆忙地返回客栈，想把这件事告诉岳飞等人。不过看大家都还没有醒来，牛皋便决定自己去抢武状元，之后送给岳飞。于是，他拎起双锏，骑上马就出发去比武场了。

刚来到比武场的门口，牛皋就听到里面有人高呼："好枪法！"他知道那两个人已经较量上了，就急不可耐地闯进比武场来，大喊道："只有我大哥才能当武状元。你们两个竟然在这里争来抢去，实在太过分了。看锏！"说完，他挥起镔铁锏，照着杨再兴的脑袋打去。

杨再兴用枪挡住了牛皋的铁锏。他觉得牛皋力道十足，便对罗延庆说："兄弟，我们在这里比武，没想到这个野汉跑来捣乱！我们不如一起耍耍他，你看怎么样？"

罗延庆答道："大哥，你说得对！"说着，他收回枪，刺向牛皋的心窝。

牛皋就听到里面有人高呼："好枪法！"

他知道那两个人已经较量上了，就急不可耐地闯进比武场来，大喊道："只有我大哥才能当武状元。你们两个竟然在这里争来抢去，实在太过分了。看锏！"

牛皋赶紧用锏来挡，可是他刚挡住罗延庆的枪，杨再兴的枪又从另外一边刺来。牛皋只得用两根铁锏护住脑袋，不停地阻挡两人的进攻，不过，几个回合过后，他就感觉到难以招架了。

牛皋自从离开老家后，就未曾遇到过敌手，所以难免有些心高气傲，况且杨再兴和罗延庆也并非等闲之辈，他们的枪法十分高明，即便是单独与牛皋过招，牛皋也不是他们的对手，而此时他们一起对付牛皋，牛皋就更招架不住了。幸亏他们两人只是想调戏牛皋一下，并非要伤牛皋性命，否则牛皋早就没命了。

形势对牛皋越来越不利。牛皋急得大叫道："大哥怎么还不过来呀？再晚一些，武状元就被他们两个家伙抢走了。"

杨再兴和罗延庆听后忍俊不禁，他们心想："这个傻蛋不停地喊大哥，看来他真的有一个大哥，而且本领高强，我们就把他围住，等他大哥来救他，那时我们就可以与他大哥一较高下了。"于是，他们把牛皋围了起来，不放他走。

就在牛皋与杨、罗二人较量时，岳飞醒了过来。他看到王贵、张显、汤怀还在睡觉，而牛皋却不见了，便将三人叫起来询问。王贵等人都说不知道牛皋去了哪里。江振子告诉他们，牛皋骑着马出去了。岳飞听后急忙对王贵说："王兄弟，你去看一下他的武器还在不在了？"

王贵一看，果然不见了双锏。

岳飞怕牛皋惹出什么麻烦，立刻带着三个兄弟骑马去寻找。一路打听，他们才知道牛皋去了比武场，于是立刻向比武场赶去。

来到比武场门口，岳飞看到牛皋面色苍白，口吐白沫，又看到一个人穿白衣、骑白马、手里拿着一杆银枪，和一个穿红衣、骑红马、手里拿一杆流金枪的人把牛皋围了起来，牛皋被打得毫无还手之力。

岳飞对王贵等人说："你们就留在这里。"说完岳飞大喊一声："不要伤了我兄弟！"便拿起手中的沥泉枪，刺向杨再兴和罗延庆。

杨、罗二人看到岳飞攻来，就丢下牛皋，与岳飞交战。三个人很快就打了几十个回合，杨再兴和罗延庆已经使出了全力，可依然没有占到任何便宜，便对岳飞的武艺暗暗佩服，几个回合后，他们互相看了一眼，然后双枪并成一排刺向岳飞。在这个危急关头，岳飞把枪向下一掷，便将对方的枪头插到了地上，然后顺势伸出左手，抓住了两个人的枪杆。

杨再兴和罗延庆大吃一惊，说道："这次武举考试，武状元必定是这个人的，我们回去吧！"之后他们就调转马头，准备离开比武场。

岳飞看到他们武艺高强，想与他们结交，便追上去说："两位好汉，请等一下，能否把你们的名字告诉我，以便日后相会。"

他们答道："我们是山西杨再兴、湖广罗延庆。"说完后就离开了。

岳飞返回比武场后，看到牛皋还在喘着粗气，就上前问道："你为什么与他们打起来了？"

牛皋委屈地说："大哥，你太没良心了，我这还不是为了你！我要把武状元从他们手里抢过来，然后送给你。可没想到，他们武艺高强，我

打不过他们。幸好大哥赶了过来，将他们击败，看来这武状元必定是你的了！"

岳飞笑着说："谢谢贤弟的好意。不过，这武状元是要击败天下所有英雄之后才能获得的，并不是私下里两三个人就能决定的。"

牛皋说："如此说来，我与他们打了半天，岂不是白白浪费力气了？"

大家听后都哈哈大笑起来。

第十一回

周三畏赠剑

第二天吃过早饭后，汤怀、张显、王贵等人对岳飞说："大哥，我们几个人早就想要买一把剑，昨天看到与牛兄弟较量的那两人都有剑，牛兄弟也有剑，所以我们想请大哥与我们一起去买剑。"

岳飞答道："佩剑对于近战很有用处，的确应该配一把。我一直没有多余的钱，所以就没有提起这件事。"

王贵说："大哥你也买一把，我这里有银子。"

岳飞说："那好吧！"

他们来到大街上，看到几家武器店里挂着的剑都非常普通，并没有合心意的。岳飞便说："我们不如到偏僻的街巷去看看，说不定还能遇到合适的。"于是，他们兄弟几人就走进了一条小胡同。

那条胡同里有好几家武器店，岳飞看到一家店里摆着名人字画，墙上挂着几把刀剑，就走了进去。

客主人看到岳飞等人进门，连忙站起身迎接，非常客气地说："各位请坐，请问需要什么武器？"

岳飞答道："请问您这店里有什么好刀或者好剑吗？如果有的话，拿出来让我们看看。"

店主忙说："有，有，有！"说着，他从墙上取下一口刀，把上面的尘土擦干净，递到岳飞面前。

岳飞接过刀，先看了一下刀鞘①，又抽出刀来看了一下，说："我们不需要这样的刀，如果有好的，就请拿出来让我们看一下。"

① [鞘 (qiào)] 装刀或剑的套子。

店主又取下一把剑，岳飞看过后仍不满意。之后，店主又先后取下很多刀剑，但全都无法让岳飞动心。

岳飞有些不耐烦地说："如果有好的，就拿出来，没有的话，我们就走了，您也不用麻烦了。"

店主有些生气地说："我要请教一下，你们看过的几把刀剑，有哪里不好？"

岳飞回答说："刚才看过的刀剑，如果卖给那些喜欢外表的官宦子弟，的确非常合适。可是，我们来买刀剑，是为了上阵杀敌的，所以说它们一点儿用处都没有。如果有好的，您只管开价就行。"

牛皋说道："我们不会少给你银子的，如果真有好的，只管拿出来吧！"

店主将岳飞几兄弟仔细打量了一番，说："你们要好剑，我的确有一把，不过，它并不在这里，而在我的家里。我现在就让我弟弟出来，让他带你们去我家里看剑，你们觉得怎么样？"

于是，店主派人把他弟弟叫了出来，吩咐道："这几位是来买剑的，看到几把剑后觉得没有一把满意的。看来他们是内行，你就带他们去家里，让他们看看那把剑吧！"

店主的弟弟答应了一声，对岳飞等人拱了拱手，说："各位，请跟我一起去吧！"

岳飞细看店主的弟弟，他头上戴着头巾，身上穿着蓝色的道袍，脚下穿着一双红靴，手中拿一把扇子，看起来风度翩翩、气宇轩昂。跟那个人走了二里多路后，岳飞等人来到了一座垂柳掩映的庄园，庄园门口有两扇用篱笆做的小门。那个人轻轻地叩了一下门，便有一个小童从里面走出来，把岳飞等人引入草堂。

岳飞先做了自我介绍，又分别介绍了四个兄弟。正在他打算问那个人的姓名时，那个人站起来说道："你们几位先请在这里

岳飞传

周三畏对岳飞说：“岳兄既然知道这是一把宝剑，就请讲一下它的来历，如果说对了，这把剑就归你所有了。”

坐一会儿，我这就把剑取出来，让你们好好看一下。”

过了一会儿，他取剑回来，把剑放在桌子上，请岳飞等人仔细看。岳飞在看剑之前询问他的姓名，他回答说：“我叫周三畏，请岳兄看剑。”

岳飞接过剑后，左手握住剑柄，右手拔剑，剑锋刚被拔出三四寸，便射出一股寒气。岳飞把剑拔出来，仔细看了一遍后，连忙说：“周先生，请你把剑收回去吧！”

王贵等人大惑不解，岳飞解释说：“这是一把非常昂贵的宝剑，我不敢妄想得到它。”

据周三畏介绍，他家以前世代都是武将，所以才传下这把宝剑，而从他祖父那代开始，都已经改学文学，所以这把剑并没有什么用处；他的祖父说过，以后如果有人知道这把剑的来历，就将它无偿送给那个人。

周三畏对岳飞说：“岳兄既然知道这是一把宝剑，就请讲一下它的来历，如果说对了，这把剑就归你所有了。”

岳飞答道："我也只是猜测，如果说错了，希望先生不要见笑。我看这把剑出鞘时便泛出一股寒气，便猜它是春秋时楚王命欧冶子所铸的'湛庐'剑。当时，想要称霸天下的楚王听说齐国有一个叫欧冶子的人善于铸剑，便把这个人召来，命令他铸造能飞起杀人的两把剑，一把雌剑，一把雄剑。欧冶子知道楚王是一个暴君，如果不答应，自己一定会被楚王杀死，便对楚王说，需要三年时间才能把这两把剑铸好。楚王答应给他三年时间，还赏赐给他很多财物。欧冶子回到家里，把铸剑的事告诉给妻子，就进山铸剑去了。他花费三年时间，一共铸了三把剑，之后回到家中，对妻子说：'我马上去楚国，把剑献给楚王。楚王得到剑后，会担心我给别人铸这样的剑，所以一定会把我杀死的。我仔细考虑了一下，反正我难逃一死，不如就把雄剑埋在这里，只将其余两把剑送去。楚王看到剑不能飞起来，一定会把我杀死。你要是听说我被杀死了，千万不要悲伤，等你肚子里的孩子出生后，如果是女孩，那就算了，如果是男孩，你就把他养大，让他带着这把雄剑为我报仇。'

"欧冶子把剑献给楚王后，楚王果真让他试剑，剑没有飞起来，楚王便一怒之下杀死了他。他的妻子听说他被杀后，并没有悲伤，而是按照他的吩咐，等待产期到来。后来，她生下一个儿子，并把儿子抚养长大。

孩子长到七岁时，进学堂读书，被同学嘲笑为'无父之种'。他就哭哭啼啼地回到家里，向母亲要父亲。他母亲听后痛哭起来，就把他父亲遇害之事告诉给了他。他听后就背着剑要去楚国杀死楚王，为父亲报仇雪恨。她母亲说他年龄太小，还不能去，之后由于后悔把这件事过早地告诉给了他，就自杀身亡了。那个孩子安葬好母亲后，就放火烧了房屋，背上剑去楚国了。走到七里山下时，他遇到一个道人，道士得知他的身世，说愿意帮他报仇，但需要他献出头颅。那个孩子想都没想，便拔剑自杀了。

"那道士把孩子的头砍了下来，带上剑去了楚国。来到楚国后，他说自己是来送长生不老丹的，只是没有人识货。楚王听说后，便派人把他带入宫中。那个道人进宫后，就拿出孩子的头给楚王看，并说，只要把这颗头颅放进油锅里煎上一段时间后，就能够结出莲子，人吃后可以活到一百二十岁。楚王信以为真，便派人架起油锅煎起来。过了一段时间，油锅里果然结出了莲子。道士请楚王下殿采摘长生不老丹。楚王按照道人所说的去做，没想到道人突然拔出宝剑，一下就把他的脑袋砍到油锅里去了。楚国大臣看到后，便一齐上来捉拿道人。道人把自己的头也砍到油锅之内。大臣们立即去油锅里捞，结果根本无法分辨哪一颗头是楚王的，他们只能用头发把三颗头穿在一起，放在棺材里埋葬，这正是古人所说的楚国'三头墓'。那把剑叫'湛庐'，后来就不知去向了，据说唐朝的薛仁贵①曾得到过它，现在没想到它竟然会出现在先生家里。不知道您这把剑，是不是我所说的那把？"

周三畏听后笑着说："岳兄你果然学识渊博，你说的一点儿都没错。"他站起身，从桌子上拿起剑送到岳飞面前，说："这把剑此前多年一直没有派上用场，今天总算遇到它真正的主人了。请您收下这把剑吧。"

岳飞坚决不肯接受，但周三畏一再要求他收下。岳飞见推辞不了，就收下了这把剑，将其佩戴在腰间。

离开周三畏的家后，岳飞又和兄弟们去街上转了转，王贵、汤怀和张显各买了一把剑，之后便一起回客栈去了。

①［薛仁贵］
薛礼，字仁贵，汉族，山西绛州龙门修村人（今山西河津市城东十里之遥的修村），唐朝名将，著名军事家、政治家。

第十二回
岳飞暗讽张丞相

武举考试的日子很快就到了。当天，五兄弟一大早吃过饭后，就穿好铠甲，戴上头盔，骑马向比武场赶去。

他们来到比武场后，岳飞看到人多，就对众兄弟说："这里人多，我们不如站到清静一点儿的地方去。"

牛皋想起出门前江振子在他的马头拴了什么东西，他过去一看，见马鞍上的口袋里装了几十个馒头和很多牛肉。这是客栈老板特意为他们几个人准备的，牛皋也没多想，拿起食物便大口吃起来，很快就吃了个精光。

过了一会儿，王贵对牛皋说："牛兄弟，我们觉得有些饿了，你把店主人为我们准备的食物拿出来我们一起吃吧。"

牛皋疑惑地问："难道你没有吗？"

王贵答道："不是全都挂在你的马鞍上吗？"

牛皋说："这下可糟了，我以为每个人都有，所以就全吃光了，现在我的肚子还胀呢！"

王贵说："你吃饱了，我们还饿着呢，你说怎么办？"

牛皋答道："反正我都已经吃完了，我也不知道怎么办好。"

岳飞听到他们的话后，就制止道："王兄弟，不再要说了，如果让别人听到了，该笑话咱们了。牛兄弟，你这样做也不对，你吃东西前该问别人一下，不应该自己把东西都吃光。"

牛皋惭愧地说："大哥说得对，下次有东西吃，我一定与大家一起吃。"

这时两个士兵抬着一个大饭筐走了过来。他们说，这是宗泽大人特意给他们准备的。岳飞等人道谢之后，就下马准备大吃一顿。

牛皋说："这次我不吃了，你们尽情吃吧！"

王贵说："你吃了那么多东西，现在就算让你吃，你都吃不下去了！"

过了一会儿，张邦昌、王铎、张俊三位主考官一起走进了比武场，坐到演武厅的座位上。宗泽很快也到了，他向三位主考官行礼后，也坐到了座位上。

几人喝过茶后，张邦昌问宗泽说："宗大人，请你把你的门生直接写到榜单上吧！"

宗泽说："我这几年一直为国事操劳，根本就没有收过参加武举考试的门生，张大人为什么这样说呢？"

张邦昌答道："我指的是汤阴县的岳飞，他不是你的门生吗？"

宗泽这才明白过来。他知道，岳飞等人曾到留守衙门拜访过自己，而且自己还派人给他们送过酒饭，这些事一定有人知道；而且，张昌邦等人收过小梁王的礼物，要力保小梁王当上武状元，所以一定会更加留心自己的举动。他想道："我见岳飞武艺出众，且精通兵法，是国家的栋梁之材，所以才比较器重他，与他并没有特殊的关系，如果让张邦昌误会，影响到岳飞的考试，那可就麻烦了。"

想到这里，他信誓旦旦①地说："这次武举考试是为国家选拔人才的大事，我们怎么能徇私舞弊②呢？我建议我们四位主考官一起对天发誓，在选拔人才的过程中，一定要秉承公正、公平的原则。"说完后，他就派人摆上香案，跪下向神灵发誓说："我宗泽是浙江金华府义乌人，承蒙皇上信任，让我担任此次武举考试的主考官，我发誓：我一定会公平、公正地为国家选拔人才，如果我收受他人财物，藐视国法，辜负皇恩，就让我不得好死。"

他发完誓后，请张邦昌等人到香案前发誓。张邦昌、王铎、

张俊三位主考官先后发誓，之后回到演武厅坐定。

宗泽先命人把小梁王叫上来，考一考他的武艺。

小梁王来到演武厅后，只是向四位主考官作了一个揖，并没有下跪。

宗泽看到他气焰嚣张，故意问道："你可是柴桂？"

小梁王回答说："我就是柴桂。"

宗泽道："既然你来这里考试，为什么看到主考官却不下跪？如果你不来参加考试，你就是一位藩王，按道理讲，我们应该请你上座。可是，既然你到这里参加考试，你就不是藩王了，而只是一个武举人，与其他武举人没有区别，所以你就应当给主考官下跪。"

那小梁王柴桂本是个愚钝之人，他是受到坏人的怂恿①，才不顾自己一人之下、万人之上的身份，来到这里争夺武状元的。事情是这样的：他来京城时路过太行山，遇到了土匪头子王善。这个王善武艺高强，手下有五万多人，在太行山上做尽了坏事，连官兵都拿他没办法。他想造反，便主动与小梁王结交，劝说小梁王夺得武状元，之后把其他武举考生拉拢过来，与他里应外合，一举攻下京城；王善保证，事成之后让小梁王当皇帝；小梁王信以为真，一口答应下来，所以他进京之后出钱贿赂几位主考官，以确保自己获得武状元。

① [怂恿]

  劝说别人做某事（常指不好的事）。

此时，面对宗泽大义凛然的训斥，柴桂无言以对，只得跪了下来。

张邦昌看到小梁王被宗泽臭骂一顿，心里很不是滋味，便想道："我这就把他的门生叫上来，狠狠地训斥一番，好给小梁王出一口恶气。"于是让人传汤阴县考生岳飞进入演武厅。

岳飞进来后，看到小梁王恭恭敬敬地跪在宗泽面前，他就走到张邦昌面前，跪下来行大礼。

张邦昌看了岳飞一眼，不屑地说道："你就是岳飞？"

岳飞答道："是。"

岳飞传

他拿起岳飞的试卷看了起来。他越看越吃惊，暗暗地想道："这个人的文才比我都好，宗泽老头儿器重他，也是有道理的。"

张邦昌说："我看你相貌普通，并没有过人之处，你有什么本事，竟也妄想做武状元？"

岳飞回答说："今天有几千名考生来参加考试，谁不想当状元？不过，状元只有一个，并不是每个人都能获得的。我来参加武举考试，只是按照惯例来应试，并没有想夺得状元。"

张邦昌看到岳飞年幼，便故意说难听话刺激岳飞，不想岳飞虽然年纪不大，但非常稳重。他便询问岳飞和柴桂使用什么兵器。

岳飞说用枪，柴桂说用刀。张邦昌便让岳飞写一篇《枪论》，让柴桂写一篇《刀论》。

于是，岳飞和柴桂便坐在演武厅两旁，开始写文章。柴桂本来有一些才学，可是，由于刚才被宗泽教训了一顿，他的怒火还没有平息，所以把一个"刀"字，写得像"力"字。他心慌意乱，用笔描了几下，结果那个

60

字既不像刀，也不像力。他叹息一声，只得把那个字涂掉，重新开始写。

就在柴桂慌乱之际，岳飞却非常顺利地写好了文章，交了上去。柴桂看到岳飞已经交卷，觉得自己再拖下去有些不妥，就匆匆交了卷。

张邦昌先拿过柴桂的试卷看了一遍，看完后放进袖子里，不让其他考官看到；之后，他拿起岳飞的试卷看了起来。他越看越吃惊，暗暗地想道："这个人的文采比我都好，宗泽老头儿器重他，也是有道理的。"

不过他还是故意对岳飞说道："你文笔实在太差，还敢妄想获得武状元？"说着，把试卷一扔，大叫道："把他拖出去！"

左右侍卫一拥而上，准备把岳飞拖出去。这时，宗泽制止住他们，捡起岳飞的试卷从头到尾非常仔细地看了一遍，发现岳飞的文章写得妙极了，便情不自禁地夸奖说："这样的文采，完全不输张丞相啊，比起我来，就强太多了！"

他把试卷放进袖子里，对岳飞说："岳飞，你难道不知道苏秦①所献的《万言文》，温庭筠②替别人写的《南花赋》吗？"

原来，苏秦与温庭筠的故事，都是嫉贤妒能的典范。岳飞故意引用这两个故事，指责张邦昌妒贤嫉能，打压自己。此时，宗泽故意把这两个典故说出来，就是为了讽刺张邦昌。

张邦昌明知道宗泽在讽刺自己，却也无可奈何。

① ［苏秦］
字季子，战国时期洛阳人，是与张仪齐名的纵横家。苏秦最为辉煌的时候是劝说六国国君联合，可是由于六国内部的问题，轻而易举就被秦国击溃。

② ［温庭筠］
唐代诗人、词人。本名岐，字飞卿，太原祁（今山西祁县东南）人。他恃才傲物，放荡不羁，又喜欢讥刺权贵，得罪了很多人，所以多次参加科举考试，却一直未能金榜题名，终生不得志。

第十三回

枪挑小梁王

张邦昌强压住怒火，转移话题道："岳飞，这次武举考试，写文章是次要的，武艺才是最重要的。你有胆量与小梁王比箭吗？"

岳飞不卑不亢①地答道："只要大人您下令，岳飞没有什么不敢的。"

宗泽暗自高兴，因为他知道岳飞箭法出众，一定不会输给小梁王。他下令让士兵把箭垛摆到一百几十步远。

柴桂看到箭垛太远，就请求张邦昌让岳飞先射。张邦昌下达了命令，还悄悄地派人把箭垛移到二百四十步远，让岳飞不敢射，那样的话，他就可以取消岳飞的考试资格。

可是，他没有想到的是，岳飞不但敢射，还一连射了九支，而且每支箭都射透了箭靶。

小梁王看到岳飞箭法如此出众，便知道自己根本无法获胜。他暗暗想道："不如与他比武，趁机对他说几句话，让他故意输给我，让我获得这武状元；如果他不听，我就找机会一刀砍死他。"

于是，他对张邦昌说："岳飞每一箭都射中了，如果我也射中了，那么大人您怎么能看出我们谁胜谁负呢？不如让我们比武来定胜负吧？"

①[不卑不亢]

说话待人非常有分寸，既不傲慢自大，也不低声下气。卑：自卑；亢：高傲。

张邦昌听后，就对岳飞说："岳飞，你敢和小梁王比武吗？"

岳飞答道："我愿意向小梁王请教。"

柴桂立即走出演武厅，骑上马，手持一柄大刀，来到比武场中间。岳飞随后也骑马来到比武场。

柴桂喊道："岳飞，放马过来吧！"

岳飞武艺高强，本来并不会畏惧柴桂，但柴桂毕竟是个藩王，如果不小心伤到他，那么岳飞恐怕难逃干系。因此，岳飞有些犹豫，提着枪催马慢慢地向小梁王走去。

比武场中的考生看到岳飞的举动后，纷纷议论道："这个人根本打不过小梁王，他输定了。"

宗泽也以为岳飞真的不敢与小梁王动手。岳飞来到柴桂身前时，柴桂便悄悄地说："岳飞，你听我说一句话：你如果故意败给我，让我成就大事，我就会重重谢你；如果你不肯，那么我就杀死你！"

岳飞不但没有理会小梁王，还劝说他道："你是堂堂的藩王，已经拥有了别人没有的富贵，为什么不顾自己的身份，与我们这些贫寒人士争夺武状元？你这样做，既辜负了皇上选拔人才的本意，也断了我们这些人为国效力的门路，所以我请求您还是退出比赛吧！"

柴桂听后气愤不已，大骂道："你这个混账！敬酒不吃吃罚酒！"说着，他抡起大刀，向岳飞头上砍去。

岳飞抬起沥泉枪，挡住了这一刀。小梁王气急败坏，挥刀向岳飞腹部砍来。岳飞轻轻地把枪横在面前，使得小梁王的金背大砍刀无法接近自己。小梁王愈加恼怒，一口气砍了六七刀。岳飞用枪左右抵挡，不让小梁王伤到自己。

柴王无法击败岳飞，便下马来到演武厅，对张邦昌说："岳飞被我打得毫无还手之力，主考大人，以他的武功，怎么能够上阵杀敌呢？"

张邦昌说："我也看出，他的确不是您的对手。"

这时，宗泽看到岳飞跪在小梁王身后，便把岳飞叫上前，说："你与小梁王交手时并未处于下风，为什么一直避让却不还手呢？"

岳飞非常恭敬地回答说："小梁王身份高贵，小人担心伤着他，所以不敢出手。刀枪无眼，如果我不小心伤了他，那么不仅我自身难保，恐怕连家人都要受到牵连。我希望各位大人能让小梁王与我立下生死文书，不管谁失手将对方杀死，都不需要偿命。只有这样，我才敢与小梁王交手。"

宗泽说道："你的话也有几分道理。谁能保证比武时不伤着别人？柴桂，你是否愿意与岳飞签订生死文书？"

柴桂刚才与岳飞交过手，他知道自己武功不及岳飞，所以没有立即答应。张邦昌以为岳飞根本打不过小梁王，所以立即说："岳飞你有什么本事，竟敢口出狂言！柴千岁，你应该让他知道你的厉害，也让其他参加考试的考生心服口服。"小梁王无奈，只得答应下来。

生死文书写好后，双方走下演武厅，准备再次比武。岳飞找到几个兄弟，对他们说："汤兄弟，如果过一会儿小梁王被我打败，你就与牛兄弟一起守在他的账房门口，账房后面都是他的家将，如果他们过来帮助，你就在那里阻拦他们。王兄弟，你在比武场门口等着，如果小梁王把我砍死，就拜托你帮我收尸，如果我把他杀死，你就砍开比武场大门，以便我逃命。"说完后，他来到比武场中央，准备与小梁王一决高下。

小梁王抬头看了岳飞一眼，发现对方气势逼人，完全不像刚才那样。他想也没想，挥刀就向岳飞头上砍去。岳飞提起沥泉枪一挡，小梁王的手臂顿时被震得又酸又麻。只这一下，他就知道岳飞的武功高出自己许多。不过，当着这么多人的面，他也不肯认输，于是又挥刀向岳飞砍去。岳飞把枪轻轻一举，就化解了对方的攻势。

小梁王看到岳飞不还手，就毫无顾虑地挥刀向岳飞砍去。岳飞挡来挡去，实在有些不耐烦了，就大声说道："柴桂，你还是早些认输吧，否则别怪我不客气了！"

小梁王听到岳飞直呼他的名字，异常气愤地骂道："岳飞，你这个大胆狂徒，竟然冒犯本王的名讳！看刀！"他提起大刀，朝着岳飞头顶砍来。

岳飞镇定自若，举枪一架，就架开了小梁王的刀，之后提枪刺向小梁王的心窝。小梁王看到这一枪来势汹汹，赶紧侧身躲避，结果这一枪正好刺到他肋间的铠甲上。岳飞向上提枪，把小梁王挑下马，然后一枪刺去，小梁王当场毙命。

小梁王听到岳飞直呼他的名字，异常气愤地骂道："岳飞，你这个大胆狂徒，竟然冒犯本王的名讳！看刀！"他提起大刀，朝着岳飞头顶砍来。

巡场的考官看到岳飞杀死了小梁王，便派人把岳飞围住，把消息报告给四位主考官。

宗泽闻讯后有些慌张，张邦昌大惊失色，立即下令把岳飞绑起来。小梁王的家将看到主人被岳飞杀死，都想冲上前去，可他们被牛皋等人挡在外面，根本无法靠近岳飞。

一会儿，张邦昌下令将岳飞斩首。宗泽极力劝阻。他说："他们两个人在比武之前已经签订了生死文书，在场的所有考生都知道此事。如果您将岳飞杀死，恐怕难以服众。依我看，还是把这件事禀告皇上，让皇上来裁决吧！"

张邦昌坚持要杀岳飞，牛皋听到后，便鼓动在场的考生闹事，还扬言要杀了主考官。张邦昌、王铎和张俊为求自保，一起请求宗泽出面平息众怒。

宗泽说："各位大人，现在形势危急，众怒难平，我们只能先将岳飞释放，平息众人的怒火，之后再考虑如何解决此事。"

张邦昌等人只好放掉岳飞。岳飞被释放后，并没有去演武厅感谢几位主考官的不杀之恩，他拿起武器，骑上马就离开了比武场。王贵等人看到后，便砍开比武场的大门，逃了出去。

来参加考试的武举看到现场乱作一团，知道考试无法进行下去了，便也纷纷离去了。

岳飞兄弟五人逃出比武场后，来到留守衙门前。他们下马在门前痛哭了一场，拜了几拜，然后对守门官员说："麻烦大人转告留守大人，就说他的恩情我岳飞等人这辈子无法报答，只好等到来世再报了。"

说完后，他们又骑马来到了客栈，收拾好行李后，便骑马回家乡去了。

第十四回

解救宗泽

　　张邦昌、王铎、张俊三人面见徽宗皇帝，奏称："今天在比武场上，宗泽的门生岳飞将小梁王杀死，导致现场一片混乱，考生们纷纷离去。"他们把所有的责任都推到了宗泽身上。

　　徽宗不辨是非，只听信一面之词①，就免去了宗泽的官职。

　　宗泽离开朝廷后，回到衙门收拾东西。守门官员对他说，刚才岳飞等人来过，说大人的恩情无以为报，只能等到来生再报。宗泽听后连连叹息，要守门官员进去收拾行李，与他一起去追赶岳飞等人。他说："你不知道，当年萧何②月下追回韩信③，刘邦才能建立汉朝；如今岳飞的才能并不比韩信差。"

　　岳飞五兄弟出了城门后，突然听到有人追了上来，以为是朝廷派兵来捉拿他们，只听后面那人大叫道："岳相公，请等一下，宗老爷来了！"过了一会儿，宗泽带领几个人赶了上来。

　　岳飞等人下马行礼，跪在地上，宗泽下马把他们扶了起来。

　　岳飞问道："大人，不知道您赶来有什么吩咐？"

　　宗泽说："因为你们的事，张邦昌在皇上面前参了我一本，现在我已经被罢免了官职，所以特地赶来见你们。"

　　岳飞等人听后，都感到十分不安，不停地向宗泽请罪。

　　宗泽说，他被免职，主要是因为被朝廷中的奸臣所陷害，而且现在无官一身轻，可以有更多的时间陪伴家人了。他还送给岳飞一副盔甲衣袍，嘱托岳飞等人回家后好好习文练武，耐心地等待为国效力的时机。

与宗泽分别后，他们继续赶路。后来王贵生病了，他们就住进一家客栈，让王贵好好调理身体。

就在王贵生病期间，太行山的土匪头领王善知道了岳飞杀死柴桂、徽宗将宗泽革职等事。他认为，宗泽被免职后，朝廷便没有能人了，他正好利用这个机会领兵攻打汴梁。于是，他率领众多土匪，浩浩荡荡地向汴梁杀去，在离城五十里的地方安营扎寨。

徽宗得到消息后，立即召集群臣商议退敌之策。可是，满朝文武官员竟然没有一个人敢领兵拒敌。谏议大夫李纲看到这种情况后，就奏报称："王善兵多将广，早就有了谋反的野心，以前一直没有行动，只是因为害怕宗泽。所以说，现在只有让宗泽领兵出战，才能够击退王善。"

徽宗听后觉得有道理，便派李纲去宣召宗泽。

李纲来到宗泽府里，看到宗泽在书房中睡觉，嘴里不停地骂张邦昌等人是奸臣。他回到朝中，对徽宗说，宗泽得了心病，普通药物根本治不好，只有将奸臣查办，才能让宗泽康复。

张邦昌做贼心虚，便说兵部尚书王铎是奸臣。徽宗便下旨把王铎投放到刑部大牢里。

其实，张邦昌完全是为了自保才供出王铎的，他担心李纲说出他们三个人的名字后，徽宗会惩处他们，所以就把所有责任都推到王铎一个人身上；而且，他也清楚，王铎虽然被关押起来，但只要自己没事，以后找个机会就能把王铎给救出来。

宗泽知道徽宗关押了王铎后，便同意领兵拒敌。张邦昌对宗泽怀恨在心，便对徽宗说，王善等人是一群毫无本事的土匪，宗泽只要带五千兵马就能将其歼灭。徽宗不知道张邦昌的诡计，果真只拨给宗泽五千兵马。

第二天，宗泽点齐了人马，带领儿子宗方一起出城。他看到敌人足有四五万人，觉得无法与之正面对抗，便对手下将领说："敌人声势浩大，如果我们与他们正面交锋，那么根本无法取胜。我率领一队精兵杀过去，你们趁敌人混乱，便从后面攻击，只有这样，才有可能击败敌人。"

就在宗泽渐渐感到体力不支时，他突然看到岳飞、汤怀、张显三人各带领一群人，冲进敌营之中，很快就将敌人打得落花流水。

宗方及其他将领知道这样做十分危险，便纷纷劝阻宗泽。宗泽大义凛然地说："多谢各位的好意。不过，你们的武艺比我差一些，我杀进敌阵，或许还能活着出来；你们要是去了，那就必死无疑了。大家一起征战多年，我又怎么忍心看着你们去送死呢？"

说完宗泽就率领精兵向敌营冲去。他一马当先，冲进敌营一阵猛杀，王善知道宗泽闯营后，便想将他生擒，所以下令不要伤他性命。宗泽虽然勇猛，但毕竟寡不敌众，很快就被敌人团团围住。若不是王善下令不要伤害他，恐怕他早就已经被杀死了。

就在宗泽渐渐感到体力不支时，他突然看到岳飞、汤怀、张显三人各带领一群人，冲进敌营之中，很快就将敌人打得落花流水。他的精神顿时振奋起来，大叫道："我们的援军到了，大家跟我一起奋勇杀敌，为国出力！"他带领着几十名士兵，向岳飞杀来的方向突围。岳飞等人看到宗泽后，更加拼命地向前冲，很快就与宗泽会合了。他们齐心协力，一起向外杀去。

王善原本已经将宗泽围困起来，他打算慢慢消耗宗泽的体力，等到宗泽力竭后再将其活捉。可是，他根本没有想到，岳飞等人会在关键时刻赶来。

岳飞等人原本是打算回家乡去的，怎么又回来了呢？原来，在王贵养病期间，岳飞听说王善率领一众土匪准备攻打京城，他推测出此次领兵抵抗王善的必定是宗泽，便决定赶去支援。他让牛皋留在客栈里照顾王贵，带领汤怀和张显来到宋军阵中，听说宗泽带领精锐部队去闯敌营后，就立即带领部队赶去支援，结果果然救了宗泽。

王善看着宗泽被救走，异常恼怒，便命令手下将领追赶。就在此时，他突然看到后军乱作一团，两个大汉向这边杀来。原来，王贵和牛皋并没有留在客栈，而是悄悄地跟在岳飞等人后面。他们看到岳飞等人带兵从正面杀入敌营，想到自己势单力薄，便从后面杀过来。

他们两个一路砍杀，一直冲入王善中军大营。王善前去抵挡，没几个回合就被王贵砍落马下。王贵把王善的脑袋砍下来，挂在腰间，他看到王善所用的金刀非常好，就把自己的刀扔掉，拿起金刀继续杀敌。

牛皋看到王贵杀死了匪首，立了大功，便觉得不甘心，更加勇猛地杀敌。那些土匪看到首领死了，也就乱作一团，四散而逃。

宗方在山顶上看到敌营已乱，便率领大军冲入敌营，把敌人杀得落花流水。获得大胜后，宗泽下令重新安营，等到第二天进城。

岳飞等人与宗泽道别，打算离去。宗泽留下他们，还说要奏报徽宗，让徽宗奖赏他们。于是，岳飞等人便留在营中了。

第二天，宗泽带领岳飞等人进宫面见徽宗，说他们不但救了自己，还诛杀了王善等土匪头领，帮助自己大破敌军。徽宗听后非常高兴，便询问张邦昌应该封岳飞等人什么官职。张邦昌对岳飞杀死小梁王之事怀恨在心，便回答说："岳飞等人上阵杀敌，为国立功，的确应该封为大官；不过，岳飞在比武场上杀死小梁王，他们几兄弟大闹比武场，犯下了大罪，现在将功赎罪，暂且封为承信郎，等到以后立功再封赏。"

徽宗听信了张邦昌的谗言①，将岳飞等人封为承信郎。这承信郎只是有名无实的虚职，根本不用在京城做官。宗泽对此十分不满，但圣旨已下，只得在心里头骂张邦昌妒贤嫉能。

此后，岳飞五兄弟向宗泽道别，便离开京城，返回汤阴老家。赶到红罗山附近时，他们看到十几个人慌慌张张地跑来，原来红罗山下有强盗拦路抢劫。岳飞带着王贵、张显和牛皋便飞奔过去。他们看到有五个强盗正在抢劫，岳飞等人立刻冲上前去，与强盗打斗起来，强盗看岳飞有些眼熟，便请教岳飞的名字。岳飞报出自己的大名，那几个人立刻下马向岳飞行礼。

原来，那五个强盗是结义兄弟，分别叫施全、赵云、周青、梁兴、吉青；他们与岳飞等人一样，也是参加此次比武考试的武举，由于岳飞等人大闹比武场，导致比武考试被迫中止，他们便打算回老家去；可是，他们的路费都花光了，只好拦路抢些钱财；他们已经商量好，抢够银子后就去汤阴县投奔岳飞，却没有想到在此地遇到了。

岳飞听后非常高兴，就与他们结为兄弟，带着他们一起回到汤阴县，每天练武读书，谈论兵法。

① [谗言]
　　指挑拨离间的坏话。

第十五回
金兀术攻破汴梁

①［完颜阿骨打］

金国开国皇帝，女真族伟大的领袖，率领金朝灭亡辽朝，统一了中国北方地区。公元1115年正月，建国号金，建都会宁府。

就在岳飞等人在汤县老家练武习文的几年时间里，在大宋北方，女真族建立起来的金国消灭了势力强大的辽国，成为中国北方地区的霸主。金国皇帝完颜阿骨打①看到大宋统治的中原地区非常富裕，而且大宋的统治者一直沉迷于享乐，有能力的武将又得不到重用，便打算派大军攻打大宋。

为了挑选率领大军南下的大元帅，完颜阿骨打决定挑选一个吉利的日子，举办一场比武大会。比武那天，完颜阿骨打来到比武场，坐在演武厅上。演武厅前有一座镇国铁龙，重一千多斤。他下令说，不论什么人，只要能够将镇国铁龙举起来，就封为昌平王、扫南大元帅。

在场的王子、大臣、将领和士兵，每个人都想做元帅，所以争先恐后地上前来举铁龙。可是，但那铁龙实在太重，没有一个人能挪动它。完颜阿骨打有些失望地说："难道我国这些文武官员都是无用之人吗？"

这时，有一个走上前来，说："儿臣能把这镇国铁龙举起来。"

这个人身强体壮，膀大腰圆，脸色通红，一看就不是普通人。原来他是完颜阿骨打的四儿子，名叫金兀术。他虽然在金国长大，一直受到女真族风土人情的熏陶，却非常崇拜汉族的文化，喜爱大宋的书籍，还经常在宫中穿宋朝百姓所穿的衣服。完

颜阿骨打有些厌恶他的这种做派，所以一向不喜欢他。

完颜阿骨打说："这镇国铁龙重达千斤，这些武艺高超的将领都举不起来，你有什么本领，竟然说出这样的大话？"

金兀术一言不发，来到铁龙前，面对天空暗暗祈祷："如果我能够领兵攻入中原，夺得大宋天下，希望老天保佑我将铁龙举起来；如果我无法夺取大宋天下，就让我举不起铁龙，被人杀死。"

祈祷完毕后，他用左手把衣服撩（liāo）起来，用右手去提铁龙的前脚，用力一举，一下子就把铁龙举了起来。

完颜阿骨打看到金兀术把铁龙高高举过头顶，又惊又喜，其他人也都不住地称赞金兀术天生神力。

金兀术把铁龙连举三次之后放下来，来到完颜阿骨打面前。完颜阿骨打立即封他为昌平王、扫南大元帅，让他率领五十万大军，攻打大宋。

没过多久，金兀术就率领大军来到了潞安州，镇守此地的是节度使陆登。陆节度使被人称作小诸葛，他手下有五千名兵将。面对敌人来犯，他立即发动百姓修筑工事，同时派人将告急文书送到朝廷。他担心朝廷不能及时派来救兵，所以就给河间太守张叔夜及两狼关总兵韩世忠写信，请求他们派兵来救援。

金兀术大军把潞安州围了起来，之后率兵到城下挑战。陆登高挂免战牌，一直坚守不出。金兀术很生气，便下令攻城。陆登早就做好了准备，所以没有让金兵攻进城中。不过，陆登手下毕竟缺兵少将，而且救兵也没有及时赶到，所以在与金兵相持了多半个月后，最终还是以失败而告终。陆登不肯向敌人投降，就拔剑自杀了。

金兀术在攻破潞安州后，继续率领大军南下，很快就来到了两狼关前。

两狼关总兵韩世忠收到消息后，一面命令将军孙浩坚守关隘，一面派人把告急文书送到朝廷去，请求朝廷派兵支援。而当韩世忠的大儿子韩尚德领兵赶到时，孙浩的大军已经几乎全军覆没了。韩尚德领兵冲入敌人的包围圈去营救孙浩，导致自己被敌兵围困，而孙浩扮作一名士兵，在亲信的保护下，已经逃走了。

韩世忠知道儿子被金兵围困后，立即率领大军出关营救，留下梁红玉宋军由于缺少粮食和御寒的衣服，士气极其低落，所以很快就被金兵打得落花流水。

守关。金兀术利用这个机会，派兵攻打两狼关。结果，韩世忠虽然救了儿子，却导致两狼关失守。

不久之后，朝廷因为韩世忠没有守住两狼关，罢免了他的官职。

金兀术继续率领大军南下，来到河间府。河间太守张叔夜看到陆登和韩世忠都没有抵挡住金兵，便决定向金兀术投降。金兀术不费一兵一卒，就占领了河间府。

当时徽宗皇帝退位，钦宗继位。当金兵占领河间府的消息传来，钦宗大惊，立即派李纲、宗泽率领五万精兵前往黄河抵抗金兵。

李纲和宗泽率领大军来到黄河南岸，在岸边安营扎寨，凭借黄河天险抵挡金兵的进攻。双方对峙了几个月。冬天到来后，黄河结了厚厚一层

冰。金兀术便发动大军渡河。宋军由于缺少粮食和御寒的衣服，士气极其低落，所以很快就被金兵打得落花流水。李纲和宗泽视死如归，一直在指挥战斗。他们身边的亲兵看到形势不妙，便打晕了他们，带着他们冲出了敌人的包围圈。

钦宗听说李纲和宗泽战败的消息后非常吃惊。他听信了张邦昌的谗言，主动向金兀术求和。金兀术提出，只要大宋向金国称臣，并派一个亲王去金国当人质，他就领兵离去。钦宗为了保住自己的皇位，接受了金人的条件，派张邦昌及新科状元秦桧护送自己的弟弟赵王去金国。

赵王只是一个十五岁的孩子，他刚刚来到金兵营中，就因受到惊吓而死。钦宗又把另外一个弟弟康王赵构送了过去。不过，金兀术并没有信守承诺，他派兵攻下了汴梁城，将徽宗和钦宗劫走。这一年，宋钦宗的年号是靖康，因此人们将这一事件称为"靖康之耻"。

后来，金兀术让赵构认他当父亲，扶植赵构建立傀儡政权。赵构假装答应，之后逃出了金营，回到大宋境内。在大臣们的扶持下，他登基为帝，定都金陵①，改年号为建炎，史称高宗。

宋高宗召集各路兵马来勤王②，很快，李纲、宗泽、田思中，以及各路节度使、总兵全都赶到了金陵。高宗看到各位将领后非常高兴，他派人到各地去征粮，准备抵抗金兵的进攻。

①［金陵］
南京的别称。

②［勤王］
指皇帝遇难，大臣发兵救援。

第十六回

岳母刺字

　　大元帅王渊早就听说岳飞武艺高超，精通兵法，便想把他招来，为国效劳。一天，汤阴县令徐仁来献军粮，王渊便问道："我在数年前就听说汤阴县有个岳飞，他现在怎么样了？"

　　徐仁答道："岳飞此时正在家里务农，照顾母亲。"

　　王渊说："既然如此，那我们去皇上那里保举岳飞，让他为国效力，建功立业，你觉得怎么样？"

　　徐仁回答说："如果能得到大元帅的保举，那他的才学就不至于埋没了。"

　　第二天，王渊与徐仁一起面见高宗，请求高宗把岳飞招来，让他为国效劳。高宗听后，便让徐仁带着圣旨和礼物去请岳飞。

　　岳飞自从带着施全等人回到家乡后，由于瘟疫和旱灾，王员外夫妇、汤员外夫妇及牛皋的母亲都去世了，牛皋等人无法忍受清贫，便不听岳飞的劝阻，跑出去落草为寇。岳飞陪伴着老母亲和妻子，过着苦日子。

　　一天，岳飞在书房内读书，心中烦闷，便拿出沥泉枪，来到一块空地上。正打算练枪时，他看到牛皋等人身上穿着铠甲，拉马向自己走来。岳飞知道他们一定又要去抢夺别人的财物，便走上前去，问道："兄弟们，你们去哪里？"

　　牛皋回答说："大哥，我们不想继续忍饥挨饿了，出去取些财物。"

　　岳飞劝说他们要做正人君子，不能做坏事。

王贵说："大哥说得对，不过，我们这几天连饭都吃不上了，若不是逼不得已，我们是不会这样做的。"

岳飞十分伤心，回到家中闷闷不乐。这时，湖广洞庭湖的反贼杨幺派手下王佐来请岳飞出山，还送来很多银两。岳飞义正词严地拒绝了王佐的邀请，还把银子退还给他。

岳飞送走王佐后，就把这件事告诉给了母亲姚氏。姚氏对岳飞说："你去把香案摆到家庙前。"岳飞不知道母亲要做什么，但仍然按照她的吩咐做了。

过了一会儿，姚氏带着岳飞的妻子李氏一起来到家庙前。拜过祖宗之后，姚氏让岳飞跪在地上，让李氏磨墨。

岳飞跪在地上，问道："母亲，您这是要干什么？"

姚氏说："我看你不与贼人同流合污很是欣慰，不过，我担心我死之后，再有坏人来勾引你走上歧途。所以，我要在天地祖宗面前，在你的后背上刺下'精忠报国'四字。希望你能做一个忠君爱国的人，那样的话，我死之后听到人们说'她真是一个伟大的母亲，教出一个为国尽忠的好儿子'，我在九泉之下也心满意足了。"

岳飞说："圣人说过，身体发肤都是父母所赐，不能够使其受损。我一定时刻谨记母亲的教诲。"

姚氏拿起笔，先在岳飞的后背上写下"精忠报国"四个字，之后拿起绣花针往岳飞的后背上刺去。

岳飞感觉后背有针刺来，不由得哆嗦了一下。姚氏问道："孩子，疼不疼？"

岳飞答道："母亲还没有刺，怎么问我疼不疼？"

姚氏说道："你是怕我下不了手，所以故意说不疼。"说着，她咬紧牙关，在岳飞背上刺了起来。姚氏一边刺，一边心疼不已，眼泪不由自主地落了下来。

姚氏刺完后又涂上了醋墨，如此一来，岳飞身上那几个字永远都不会褪色了。

岳飞站起来，对母亲的教诲表示感谢，之后就回房休息了。

姚氏拿起笔，先在岳飞的后背上写下「精忠报国」四个字，之后拿起绣花针往岳飞的后背上刺去。

几天后，汤阴县令徐仁就带着高宗皇帝的圣旨及很多礼物，来到岳飞家里。岳飞接过圣旨后，徐仁说："军事紧急，你马上收拾一下，料理好家事，就立即出发吧！"

岳飞说："既然是圣旨，我一定照办。"于是，他请徐大人坐下休息，自己带着礼物进了后堂，叫母亲和李氏出来。

岳飞对姚氏说："康王在金陵继位，特命徐大人来邀请我入朝，我今天就走，所以特意与母亲拜别。"

姚氏说："今天你能够受到朝廷征召，与你义父周先生对你的教导有很大关系，所以你应该到他的灵位前祭拜一下。"

岳飞按照母亲的吩咐，去义父的灵位前祭拜，之后就去祖宗的灵位前祭拜。回来后，他倒了一杯酒，跪下递给母亲。

姚氏说："我今天就喝下这杯酒，希望你此去为国家效劳，建功立

业，不要想家。我最大的心愿就是你精忠报国，让后人铭记。你千万不要忘记啊！"

岳飞答道："母亲请放心，我一定牢记在心。"说完，他又倒了一杯酒，递到妻子李氏面前，并说："娘子，你能喝下我这杯酒吗？"

李氏道："为什么喝呢？"

岳飞说："我岳飞现在孤身一身，牛皋等人又不知道去了哪里，如今我要离开家乡，为国征战，娘子需要代我侍奉母亲，抚育儿女。"

李氏说道："这些事情都是我应该做的，你不说我也会做。相公你只管放心去吧，家里有我照顾。"说着，她接过酒来，一饮而尽。

徐大人一直在一旁观看，他情不自禁地感慨道："他一家人都忠君爱国，通情达理，皇上得到了一个栋梁之材，国家中兴有望啊！"

岳飞辞别了母亲与妻子后，走出家门。徐县令拿着马鞭，牵着马对他说："贤侄，请上马！"

岳飞赶忙说道："大人，您这样做，我怎么能受得起？"

徐县令说："皇上本来打算亲自来邀请你的，不过，由于刚刚登基，他无法外出，所以特意赐我三杯御酒，让我替他前来，你就不要再谦虚了。"

岳飞听到徐大人这样说，也就无法再推辞了，便骑上马。他刚要出发，就看到七岁的儿子岳云跑了过来，跪在马前，挡住了去路。

岳飞问："你跑来做什么？"

岳云答道："我在学堂里听人说，县令徐大人奉皇上的旨意，来到家里邀请父亲为国效劳，所以我跑过来为父亲送行。还有，我想问您，您要去哪里？"

岳飞说："我没有叫你回来，是担心你年纪小，怕你舍不得我离开。现在既然你来了，我正好有几句话要对你说。你听着，我受皇上的征召，去前线杀敌，保家卫国，你在家里要听奶奶和母亲的话，照顾弟弟和妹妹，认真读书。你记住了吗？"

岳云说："父亲的话我已牢记在心。"

岳飞看到时间不早了，便与徐县令一起向京城赶去。

第十七回
青龙山伏击战

高宗召岳飞入宫。他看到岳飞身高体壮，仪表不凡，心里非常高兴，并封岳飞为总制，等到以后立功之后，再另行封赏。他还拿出亲手画的五幅画像给岳飞看，并对岳飞说，这五个人是金国著名将领，就是他们领兵攻陷了汴梁城，劫走了徽宗和钦宗，如果在战场上遇到他们，务必不能放过。岳飞仔细观看了那五个人的相貌，牢记在心。高宗最后让岳飞去大元帅张所的营前效劳。

岳飞道谢后，就来到张所的元帅府。张所十分欣赏岳飞的才能。第二天，他命令岳飞去教场中挑选兵马，在大部队之前出发。

岳飞接到命令后，就前往教场。他只挑选了六百人，便回来向张所复命。张所说："你去我的营中再挑选一些吧！"岳飞去张所的军营又挑选了二百人。

张所无法理解岳飞挑来挑去，最后只选出八百人，就问道："我让你选一千人，你选了两次却只选出八百人，这是为什么呢？"

岳飞回答说："我觉得这八百人完全够用了。"

张元帅看到岳飞说得如此坚决，便更加佩服他的胆识。他打算挑选一名将领率领第二支队伍，但问了半天也没有人挺身而出。他十分气愤地说："都像你们这样胆小如鼠，国家就无人可用了！既然你们都不主动，那只好由我来点名了。"他便命令山东节度使刘豫率领第二队。刘豫是一个怕死的小人，他听说要去战场上与敌人厮杀，早就吓得魂不附体了，可

是，张所掌握着天下兵权，刘豫不敢抗命，所以只能答应下来。

第二天，张所带着岳飞和刘豫来向高宗辞行，正说话间，巡城指挥进来晋见，说有一伙强盗在仪凤门处要随岳飞出战。高宗听后，便命令岳飞出城，岳飞率领他挑选的八百人出城迎敌，发现那些强盗手里拿着木棍、锄头、菜刀等物，而且毫无纪律。岳飞知道，他们并不是强盗，只是一群普通百姓，所以就下令不要杀他们，只把他们赶走就行了。就在此时，只见对面一个人骑着马跑了过来，大叫道："岳大哥，我是来找你帮忙的！"

岳飞仔细一看，原来是结拜兄弟吉青，便怒不可遏①地说："可恶的强盗，你来找我做什么？来人，把他给我抓起来！"

吉青跳下马，急忙说道："我不动手，你们来抓我就行了。"军士们便上前把他抓了起来。

岳飞带着吉青去向高宗复旨。吉青在金銮殿上大叫道："皇上，我是岳飞的结拜兄弟吉青，并不是强盗。我来找他，是想跟随他为国效劳。"

高宗看他的样子像个英雄，就把他拨到岳飞营里，担任副都统，让他戴罪立功。

此后，岳飞带着吉青来拜见张所。张元帅命令岳飞和刘豫率领人马为第一队和第二队，自己亲自率领十万大军在后，迎战金兵。

金兀术听说赵构在金陵继位，并任用张所为大元帅，率领大军与自己为敌后，便极其愤怒，率领十万大军向金陵杀来。

岳飞与吉青带着八百名士兵，来到了八盘山下。岳飞下令停止前进，下马仔细地观察了一下四周，对吉青说："这座山真不错！"

吉青道："大哥为什么这样说？"

岳飞答道："这座山山势曲折，如果能把金兀术引到这里来，尽管我们兵力微弱，却也能够击败敌人。"

吉青这才恍然大悟道："原来如此！"

金牙忽知道中计，便调转马头，想冲出去。这时，岳飞从暗处冲出来，大喝一声，提起沥泉枪便刺。

这时，探子来报，称金兵的前队马上就要赶到这里了。岳飞听后非常高兴，便命令士兵埋伏在道路两侧，并准备好弓箭；又让吉青去把敌人引过来。于是，吉青带着五十个士兵去迎敌了。

金军的将领是金牙忽、银牙忽两兄弟。他们看到宋军只有几十人，便根本没把对方放在眼里，想将对方活捉。吉青来到敌人面前，与敌人对骂了几句，之后便挥起狼牙棒，向金牙忽打去。金牙忽赶忙举起大刀，抵挡吉青的狼牙棒。打了几个回合后，吉青便故意示弱，虚晃一下狼牙棒，带领众人逃去。

金牙忽这下更加轻敌了，他和银牙忽带领三千名金兵紧追不舍。吉青十分擅长引诱追兵，很快就把敌人引入岳飞的埋伏圈中。岳飞看到敌人中计，就下令放箭。埋伏起来的士兵一齐放箭，把金兵射得首尾无法兼顾。

金牙忽知道中计，便调转马头，想冲出去。这时，岳飞从暗处冲出来，大喝一声，提起沥泉枪便刺。银牙忽看到哥哥处境不妙，便赶过来支援。吉青看出了他的意图，就回马拦住了他的去路。两军的呐喊声在山谷里回荡，金牙忽以为宋军有很多人马，觉得自己难以逃脱，心中一慌，岳飞看准时机，一枪刺向他的心窝。银牙忽看到哥哥被岳飞刺死，大吃一惊，吉青挥起狼牙棒，向他的脑袋打去，把他打得脑浆迸裂。

金牙忽和银牙忽被打死后，金兵乱作一团。那八百名士兵个个奋勇向前，最后杀死了三千多名金兵，其余金兵若不是逃得快，必定也会被杀死。

岳飞把敌将的脑袋砍下来，下令收拾了一下战利品，命吉青带到刘豫那里去，请求刘豫带着这些物品去张元帅那里请功。刘豫收下物品后，就让吉青回营，说他会把这些物品转交给张元帅。吉青听后，便回岳飞处复命了。

刘豫看到战利品，心想："岳飞果然厉害，第一次领兵打仗就立下这样的大功，此后不知道还要立下多少功。我还没有立功，所以这头功就让给我好了，等以后再立功时，我再给他上报。"

于是，他写了报表文书，编造自己领兵埋伏金兵，并获得大胜一事，派人给张元帅送去。张元帅身处后方，根本不知道前方的战事，便信为以真，给刘豫记了一功。

岳飞领兵继续前进，来到了青龙山。他仔细地查看地形，对吉青说："这座山比八盘山更适合打埋伏，我打算在此扎营，等到金兵赶来，便让他们有来无回。你去后营刘豫元帅那里借一百担火药、四百个口袋、二百杆挠钩，以及一些火箭和火炮来。"

岳飞收到口袋、火药等物品后，命令二百名士兵去山前布置。他让人先往地上铺上一层干枯的草，然后再把火药洒到上面；还要求他们听到炮声后一起放箭。之后，他又派一百人去左侧山涧处，让他们把口袋装满泥沙，挡住水流，当金兵到来时，把口袋搬走，放水淹金兵；如果金兵逃过山涧，一定会沿着山路逃跑。因此，他又派一百名士兵埋伏在山后，当金兵逃到那里时，便向金兵进攻。

一切安排妥当后，他又对吉青说："贤弟，如果你遇见一个骑黄骠马①，以流星锤作武器，一张蜡黄脸的将领，你一定要把他抓住。他就是金国大将粘罕。如果你让他逃走了，我就把你送到军法处治罪。"

吉青回复岳飞，如果遇到粘罕，一定要将其生擒。岳飞亲自率领二百名士兵，埋伏在山顶，专等金兵到来，便让他们有来无回。

张元帅的中军官胡先看到刘豫派人来取火药、口袋等物，便怀疑金兵并非刘豫所杀，就请求张所让他扮成兽医，混入刘豫军中打探消息。他来到青龙山时，远远看到大量金兵向岳飞军营涌来，想到岳飞只有八百名士兵，便为岳飞等人的安危担忧。

就在胡先远远地观看金兵的动静时，金国大将粘罕和铜先文郎率领十万大军，浩浩荡荡地向青龙山前进。不一会儿，有人报告说在前方山顶上发现了宋军的军营。粘罕看到天快黑了，就下令安营扎寨，等到第二天天亮再前进。

岳飞在青龙山山顶看到金兵的动静，便寻思道：如果等到第二天，那就会对自己不利。他思考了一下，就吩咐二百士兵在山顶待命，自己骑着马，拿着枪，向金兵的军营冲去。

他来到敌军营前，大声叫道："宋朝岳飞来闯营了！"沥泉枪在他手中上下翻飞，金兵则不断地倒下。粘罕知道有人来闯营后，立即提上流星锤，带领几位将领赶来，把岳飞团团围住。岳飞武艺高强，毫无畏惧，又杀了很多金兵，之后就佯装战败，向外逃去。粘罕大叫一声："可恶，我这军营不是你想来就来，想走就走的。如果我连你都抓不住，那又怎能领兵攻进中原呢？"说完他率领众多兵将，紧紧追赶岳飞。

岳飞知道粘罕上当了，便催马向山上跑去。粘罕带着众多金兵跟在岳飞身后。埋伏在道路两旁的宋军突然出现，点燃火炮火

箭不断地向金兵射去。金兵不是被射中跌下马，就是被吓得不知所措。火箭火炮把枯草点燃，上面的火药燃烧起来，一时间烟雾弥漫，把那些金兵烧得不断惨叫，他们乱了阵脚，自相踩踏，死伤无数。

粘罕在铜先文郎和其他将领的保护下，沿着小路逃生。走了没多久，他们看到有一道小溪横在前面，要想继续往前走，必须要渡过小溪。粘罕派人试探一下小溪的深浅，得知小溪只有一米多深后，便下令渡河。突然，一声巨响传来，小溪上游的水汹涌地向下游冲来。队伍前面的金兵猝不及防，几乎都被大水冲走了。

粘罕惊慌失措，立即下令退出小溪，寻找其他出路。金兵都被吓破了胆，纷纷涌向山谷的出口。粘罕与其他将领跟在后面。过了一会儿，走在前面的士兵报告称，宋军用大石头堵住了去路。这时，有些金兵看到左侧的山路可以通行，便纷纷向那里涌去。

没过多久，大量滚木和圆石从山上滚下来，把金兵砸死无数。铜先文郎和其他将领拼死护着粘罕逃到山谷口，一条宽阔的道路位于他们前方。粘罕等人觉得脱离了危险，而就在此时，吉青率领一队人马赶来，断绝了他们的去路。铜先文郎为救粘罕，便与粘罕调换了铠甲及马匹。吉青误以为铜先文郎就是粘罕，所以便向他杀去。结果，他生擒了铜先文郎，却让粘罕溜走了。

此时金兵已经溃不成军，岳飞等人率领宋兵奋力追杀，最后大破金军，缴获了大量战利品。

第十八回
刘豫叛变

　　吉青以为擒获了粘罕，便来到岳飞处，向岳飞请功。岳飞仔细地看了一下，发现那个人根本不是粘罕，便愤怒地说："来人，把吉青拉出去斩首！"

　　吉青本来以为岳飞会表扬自己，根本没有想到岳飞会让人把自己斩首，他大叫道："我没有罪，大哥你为什么要杀我？"

　　岳飞说道："我叮嘱你一定不能放走粘罕，你为什么中了他的诡计，把他放走了？"他转过头对铜先文郎说："你们的诡计，能使吉青上当受骗，却瞒不了我。老实交代，你是什么人，为什么要假扮粘罕，代他受死？"

　　那人对岳飞说："我就是金国大元帅铜先文郎。"

　　吉青这回彻底傻了眼，无奈地说："我看到他的衣服，就认定他是粘罕，根本没有想到他们会调包。我有违军令，大哥要杀我，我无话可说。请求大哥把我和他一起杀掉吧！"

　　在场的士兵无不为吉青求情。岳飞知道这不能全怪吉青，就宽恕了他，让他带领铜先文郎去元帅大营请功。

　　吉青带着铜先文郎及缴获的战利品来到刘豫的军营，把岳飞用计击退金国十万大军，擒住金国元帅，缴获大量财物等事全都报告给刘豫。

　　刘豫听后心想："大金国自从进犯我大宋以来，连战连捷，朝廷没有武将敢去抵挡。这个岳飞刚刚进入朝廷，竟然只用八百名士兵击退了金国十万人马，还擒获了金国大将，如果论功行赏的话，他的功劳一定比我高。"他觉得不能让岳飞爬到自己的头上，便决定将此次军功霸占。于是

他对吉青说："吉将军，你与岳将军将金兵击退，还擒获了金国大将，为国家立下大功，实在值得庆贺！不过，如果你去元帅军营报功，来去得花好几天时间，你的军营本来就没有多少人，如果金兵再返回来，那就难以应付了。我与岳将军关系非常好，不如我派人代你把金国将领和缴获的战利品送到张元帅那里，你觉得怎么样？"

吉青不知道刘豫的为人，还以为他这样做完全是出于一番好意，所以就向他道谢，之后回前营去了。

第二天，刘豫把报功文书写好，叫来一个旗牌官^①，说："你到元帅的军营去报功，张元帅如果问你，你就回答说，金国大军突然来犯，本元帅将其击退，还抓住了一个将领。你要巧妙地回答张元帅的问话，千万不能让他知道真相。"

①［旗牌官］
指负责传递号令职位的军士官员。

胡中军在青龙山上看到岳飞率领八百士兵击退金国十万大军后，便返回军营里，把他所看到的一切详细地讲给张元帅听。第二天，刘豫的旗牌官来报功，张元帅把他打发走后，对众将领说："两次击溃金兵，全都是前阵岳飞所为，功劳应当归岳飞，刘豫却恬不知耻^②，派人来请功。现在朝廷正需要人才，如果奸贼耍花招，导致立下战功的人没有受到奖赏，没有战功的人却获得奖赏，那就一定会妨碍人才为国效力。我已经决定，要把刘豫抓来，然后斩首示众，哪位将军愿意把他抓回来？"

②［恬不知耻］
做了坏事也不知道羞耻。

张元帅还没有说完，胡先就说道："元帅，如果你派人去抓他，不如派人去他军营，说元帅叫他过来商量军情，然后仔细地盘问他，如果他真的抢夺岳飞的军功，那就将他处死，这样其他将领也能心悦诚服。"

在胡先尚未到达刘豫的军营之前，有人已经赶到那里了。那个人是两淮节度使曹荣的家将。曹荣是刘豫的亲家，他在军营中看到张所派胡先去骗刘豫后，便悄悄地离开军帐，派家将骑马赶到刘豫的军营，把此事告诉给刘豫。

刘豫听说张所打算将他斩首后，就忙将铜先文郎释放，并说

铜先文郎听说刘豫要把他放了，还要投奔金国，高兴地说："我被你们抓住，原以为必死无疑了。如果你将我释放，我一定会好好地报答你……"

道："我早就听说元帅是金国有名的将领，要不是中了岳飞的诡计，又怎么会被他所擒。我认为宋朝很快就要灭亡了，金国将要崛起，所以打算将元帅释放，与元帅一起回到金国，为金国效力。"

铜先文郎听说刘豫要把他放了，还要投奔金国，高兴地说："我被你们抓住，原以为必死无疑了。如果你将我释放，我一定会好好地报答你。我们皇上求贤若渴，如果元帅打算投奔我国，我一定全力保举元帅，使元帅获得重用。"

刘豫听过非常高兴，立刻派人为铜先文郎准备酒饭，之后又让人收拾粮草，并劝说手下将士们一起叛变。

他说："新皇帝没有任何才能，张所该奖赏的不奖赏，该惩罚的不惩罚。我听说大金国皇帝重视人才，所以特意与金国元帅约好，请他带我去投靠金国。你们赶紧回去收拾东西，然后和我一起去金国。"

将士们都不想当卖国贼，所以没有听从刘豫的劝告。刘豫无可奈何，只能在几名心腹家将的保护下，与铜先文郎一起向金国的军营逃去。

刘豫等人骑马走了没多远，突然有人骑马从后面赶来，问道："刘元帅，你这是要去哪里？"

刘豫回头看了一眼，发现来人是中军官胡先，便问道："你来做什么？"

胡先回答说："张元帅请元帅立即回到大营商议军情。"

刘豫笑了笑，说道："我早就知道你来这里的目的了。本来我应该杀了你，不过那样的话，就没有人给张所报信了。你回去对张所老贼说，我刘豫志向远大，怎么肯听他调遣？我现在就去投奔金国，暂且饶过他，过不了多久我就会回来取他性命。"

胡先被吓得说不出话来。他调转马头，沿原路返回，一路上都在纳闷是什么人走漏了风声。他回到军营后，把此事报告给了张所。

张所听后大吃一惊，便写奏折向朝廷报告刘豫叛变、岳飞两次击败金国大军之事。就在他打算派人把奏折送到朝廷时，圣旨到来，让他领兵防守黄河，加封岳飞为都统制。

刘豫与铜先文郎一路奔波，终于来到了金兀术的军营。铜先文郎说："元帅请在外面等一会儿，我先向金元帅说明你的来意，然后再请你进去。"

刘豫说："希望将军帮我多说几句好话。"

铜先文郎进入军营，来到金兀术的帐前。金兀术看到他后，吃惊地问："你被宋朝人抓住了，怎么会来到这里呢？"

铜先文郎便把被关押在宋军营中、刘豫叛变将他释放等事和盘托出[①]。

金兀术听后说："我看，这样的奸臣，留下来没有任何用处，还是把他斩首吧！"

军师哈迷蚩说："元帅，您不能这样做。依我看，先叫他进来，封他王位，把他留在这里，以后还可能会派上用场。"

金兀术觉得军师的话很有道理，便派人把刘豫叫进来，封他为鲁王，让他领兵镇守山东一带。

①［和盘托出］
比喻毫无保留地全部讲出来。

第十九回

爱华山伏击金兀术

张所接到圣旨后，就分派各节度使驻守黄河各处。岳飞按照张所的指示，驻守在黄河岸边。他把自己的防线守得固若金汤①，不给敌人留下一丝进攻的机会。此外，他还督促士兵苦练武艺，军队的战斗力得到显著提升。

太师李纲忠君爱国，他听说岳飞手下兵将不足，就写了一封推荐信，让家将张保带着信去见岳飞。张保武艺高强，曾在敌人的重重包围中，将李纲解救出来。他听李纲说，岳飞是一个文武双全的大英雄，便决定跟随岳飞上阵杀敌，为国立功。

张保骑着马向岳飞的军营赶去。在半路上，他在一座山前被一队人马围了起来。一个脸色黢黑②，骑着一匹黑马，拿着一对镔铁锏的人大叫道："你只要把你包裹里的银子留下来，我就放你过去，否则我的双锏就会要了你的小命。"

张保在跟随李纲之前，也曾闯荡江湖很多年，所以他毫不畏惧。他笑着说："我看你也是条汉子，不如咱们比试一下武艺，如果我败在你的手下，不只是钱财，就连脑袋我都给你。"

那个黑大汉连忙说："如果我输了，我不能把脑袋给你。没了脑袋，我怎么吃饭喝酒呢？"

张保笑了笑，说："就算你把脑袋给我，我也没什么用。不如这样，你要输了，只答应我一件事就行。"

① [固若金汤]
形容城池或阵地不容易被攻破。

② [黢（qū）黑]
形容非常黑。

90

那个黑大汉答应下来，双方开始比武。他们武艺相当，打了几十个回合也没有分出胜负。这时，张保挡住黑大汉镶铁锏，用枪刺向对方的心窝。黑大汉看到对方的枪来势凶狠，双锏无法招架，便扔掉双锏，用双手抓住了张保的枪杆。他们一个要夺枪，一个不让对方夺枪，双方互不相让，在马上纠缠起来。

就在这个时候，一封信从张保的包袱里掉了下来。那个黑脸大汉看到信上写着"岳飞亲启"四个字，便高声叫道："等一下！"他跳下马，将那封信捡起来，打开读了一遍，便向张保问道："这位英雄，你和岳飞是什么关系？"

张保答道："我是当朝太师李纲的家将。老太师知道岳统制手下缺兵少将，便写信让我去他那里效劳。黑兄弟，你认识岳飞？"

原来那黑大汉不是别人，正是牛皋。前些年由于生活困难，他便与几个兄弟一起做了强盗；岳飞劝他们不要做强盗，他们不肯，岳飞就与他们断绝了关系；他们几个人听说岳飞领兵与金兵对抗，很想去投奔，却因为没脸见他，只得继续做强盗。

张保听了牛皋的话后说："兄弟们，你们想得太多了。我听说，岳统制手下的吉青也做过强盗，现在却立下大功。你们跟我一起去投靠岳统制吧，他是你们的结义兄弟，只要你们向他认个错，他会原谅你们的。上阵杀敌，为国效力，要比在这里当山大王强很多啊！"

牛皋听后，觉得张保的话十分有理，就把他带上山寨，让汤怀、王贵等人出来相见。第二天，他们就一起投靠岳飞去了。

牛皋等人看到岳飞后，便主动请罪，还说要留在岳飞的军营为国效力。岳飞知道此时正是用人之际，就十分高兴地把他们留了下来。这时，圣旨到来，高宗皇帝宣岳飞去金陵。岳飞不敢怠慢，马上收拾东西，向京城进发。在出发前，他担心金军趁他不在时强渡黄河，所以吩咐吉青一定要加强守卫，不可疏忽大意。

岳飞到京城后，险些被奸臣张邦昌害死，多亏太师李纲极为救护，才保住性命。宋高宗知道张邦昌的诡计后，将张邦昌削职，加封岳飞为副元帅，封牛皋等人为统制。

就在岳飞被召回京城期间，金兀术率领三十万大军来到黄河边，想攻破黄河天险。不过，由于宋军占据有利地形，金兵根本无法渡过黄河。

刘豫知道金兀术为无法渡过黄河而头疼时便献上计策。他说，对岸的守将曹荣是他的亲家，他愿意劝说曹荣投靠金国，并放金兵渡过黄河。金兀术听后非常高兴，迫不及待地催促刘豫去找曹荣。

刘豫夜里乘船悄悄地渡过黄河，来到曹荣的军营，并对曹荣说，他投靠金国后被封为鲁王，非常荣耀，并劝说曹荣也投靠金国，与他一起享受荣华富贵。

曹荣也是一个贪图荣华富贵的小人，当即就同意叛变。他利用张所和岳飞去京城未回的机会，让金兵从他守卫的渡口渡过黄河。金兵渡过黄河后，发动突然袭击，杀了宋军一个措手不及。吉青率领本部八百名士兵赶来支援，但很快就被击退了。金兀术知道吉青率领的是岳飞的军队，他想为粘罕报仇，便一路追击。

吉青率领人马退守到爱华山，发现那里有军营驻扎。他不知道，岳飞刚从京城带回十万人马，就驻扎在这里。当他得知岳飞被朝廷封为副元帅，领兵在这里驻扎后，就把曹荣献渡口、金兵渡过黄河、大败宋军等事告诉给岳飞。

岳飞已经观察过爱华山的地形，他认为这里非常适宜埋伏军队，便派吉青把金兵引到这里来。吉青领命而去。岳飞派张显和汤怀率领两万人马和两百名弓弩手埋伏在东山；派牛皋和王贵率领两万人马及两百名弓弩手埋伏在北山，并告诉他们，等金兀术的兵马进入谷口后，用空车装载乱石，将金兵的退路切断；又命梁兴和施全率领二万人马，两百名弓弩手埋伏在南山；命周青和赵云率领二万人马，两百名弓弩手埋伏在西山；他自己与王横、张保据守中央。

吉青单枪匹马，出了山谷，来到大路上。走了没多久，他就撞上了前来追击的金兀术。吉青大骂金兀术，引得金兀术抡斧来砍。两人打了几个回合后，吉青诈败而走，金兀术在后面紧追不舍。追了二十多里后，金兀术担心前面有埋伏，便停了下来。吉青看到金兀术没有追上来，就回来大骂金兀术道："你这个毛贼，怎么不来追我？难道害怕我有埋伏？"

吉青看到金兀术带领军队进了山谷，便高声叫道："过来，我与你大战三百回合！"一说完后就骑马向后山跑去。

金兀术火冒三丈，大叫道："你要不说有埋伏，我就饶了你，你说有埋伏，我就一定要捉住你。"

吉青看到金兀术上当了，就催马向爱华山跑去。来到谷口后，他头也不回地冲了进去。

金兀术正要继续追赶，军师哈迷蚩担心前面真有埋伏，就劝说金兀术退兵。金兀术怒气未消，根本听不进去，就让哈迷蚩等待后面的大军到来，他自己先率领一队人马杀进谷去。

吉青看到金兀术带领军队进了山谷，便高声叫道："过来，我与你大战三百回合！"说完后就骑马向后山跑去。

金兀术又向前追赶一阵，停下来观察四周的地形。他看到，山谷四周都被小山包围起来，连一条出路都没有，就大叫道："我已经来到山谷里，如果宋军截断我的退路，那可就麻烦了，还是赶紧出谷吧！"

他刚要调转马头，就听到一声炮响，呐喊声从四周不断传来。呐喊声中，一名威风凛凛的大将杀出。

那名大将不是别人，正是岳飞，金兀术挥着大斧拍马冲向岳飞。岳飞提起沥泉枪，迎战金兀术。两个人你来我往，打得难解难分。

哈迷蚩看到金兀术追进山谷，担心山谷里有埋伏，便立即派人去金军大营求救。粘罕等金国大将本来就跟在金兀术的军队后面，他们很快就碰上了哈迷蚩。哈迷蚩把金兀术去爱华山追击吉青之事告诉给粘罕后，粘罕立即率领大军向爱华山杀来。

第二十回

金兀术侥幸逃命

牛皋在山上看到金兵大队人马向爱华山挺进，就对王贵说："王兄弟，山谷里只有一个金国将领，岳大哥一个人完全能够对付他。我们在这里什么事也没有，不如推开装石头的车子，冲下山去，杀些金兵解解闷。"

王贵是一个性格暴躁的人，他在山上早就等得不耐烦了，听牛皋这么一说，他立刻就同意了。于是，他们把石车推开，率领二万人马冲向金军阵中。

岳飞与金兀术交战七八十回合后，金兀术便逐渐落入下风了。岳飞看准时机，用枪抵住金兀术的战斧，拔出腰间的银锏，一下子打在金兀术的肩膀上，金兀术惨叫一声。

金兀术知道自己不是岳飞的对手，如果再打下去，必定性命难保。他急忙调转马头，慌不择路地向山谷方向奔去。由于牛皋和王贵率领大军与金兵交战去了，谷口无人把守，金兀术便逃出了爱华山。

岳飞看到谷口没有人阻拦金兀术，便询问缘由。有军士报告称，牛皋和王贵不顾军令，擅自领兵杀了出去。岳飞听后非常气愤，但形势紧急，他顾不上生气，问带领众将冲出谷口，杀向金国大军。宋军在岳飞等人的率领下，个个奋勇当先，杀得金军呼天抢地。

金兵溃败后，向西北方向逃去。岳飞领兵紧追不舍，一路上又杀死了大量金兵。追了二三十里后，来到两座山前。那两座山分别叫做麒麟山和狮子山，每座山上都住着一个山大王，一个是梁山好汉菜园子张青的儿子

岳飞与金兀术交战七八十回合后，金兀术便逐渐落入下风了。岳飞看准时机，用枪拥住金兀术的战斧，拔出腰间的银锏，一下子打在金兀术的肩膀上，金兀术惨叫一声。

张国祥，一个是双枪将董平的儿子董芳。他们看到溃败的金兵来到这里，便各自带领数千人马，下山截杀金兵。金兵本来就已经溃不成军，只顾着逃命了，所以他们杀死了大量金兵。

后来，他们看到牛皋、王贵、梁兴、吉青四人率领大队人马追到这里，误以为也是金兵，便展开了厮杀，让金兵逃脱了。

岳飞追到这里，呵斥住双方人马，仔细盘问。张国祥和董芳看到岳飞的旗号，这才知道认错了人，便主动认错，并向岳飞做了自我介绍，还说愿意投靠岳飞。岳飞命令他们返回山寨，整顿人马，收拾粮草，然后去黄河口的军营相见。交代完后，他继续率领军队追击金兵。

金兀术带领着残兵败将匆匆忙忙地向前逃，一直逃到了黄河岸边。当发现前面没有渡船，而后面追兵将至时，金兀术陷入绝望之中。正在此时，哈迷蚩看到对岸有数十只战船，这些战船是刘豫和曹荣所率部队乘坐

的，他们被张所杀退，逃到这里来了。金兀术喜出望外，立即命令手下大呼："快把来划过来，渡我们过河！"不过，由于碰上顶风，那些船根本划不到岸边来。

金兀术看到岳飞的追兵马上就要到了，心里十分慌乱。就在这时，他看到一个渔翁摇着一条小船从芦苇丛中出来，便让渔翁用船把他和他的马一起送到对岸。

岳飞带领大军追到岸边，看到金兀术已经乘船到了距离岸边好几里的地方，知道已经无法抓他了，所以感到非常遗憾。金兀术在船上看到：那些战船刚刚靠岸，金军将领和士卒便争先恐后地挤上船，四五十只大船顷刻之间便坐满了人；大量士兵虽然挤上了船，但船开走后落入水中，被活活淹死；有一只大船因为装了太多人，行驶到河中心因遇到大风沉没了，船上的人全被淹死了。

这时金兀术听到岸边宋军士兵大声叫道："渔翁，那个人是朝廷的敌人，你要把他带到哪里去？还不赶快把船摇过来！"

渔翁答道："他给我很大的好处，我为什么要把他送到你们那里？"

岳飞对将士们说："从那渔翁的声音中可以判断出，他是中原人，你们对他说，如果他把金国的将领送过来，朝廷一定会重重有赏。"

张保和王横听到命令后，就高声喊道："渔翁，你赶紧把那金国的将领送过来，朝廷会重赏你的。"

金兀术担心渔翁会把自己送到岸边，那样的话，自己的性命就难保了。于是，他对渔翁说："你千万别听他们的。实话告诉你吧，我就是金国的四太子金兀术。如果你救了我，我回到金国，就封你为王。"

渔翁说："不过，我是中原人，我的家人都在中原，怎能享受你的爵位呢？"

金兀术答道："既然如此，那我到达对岸后，就多送给你一些金银财物。"

渔翁说："我的父亲和叔伯，是梁山泊的阮氏三雄，他们的名声非常响亮。我就是短命二郎阮小五的儿子，名叫阮良。你想想看，这里有宋朝和金国的大军，哪个渔民不躲得远远的，反而来救你？现在新皇帝刚刚登基，我来到这里，就是要把你抓住，送去朝廷领赏。你赶紧把身上的铠甲脱掉，让我把你绑起来吧！"

金兀术听后，异常愤怒地大叫一声："你个混账，我宰了你！"说着就提起斧头向阮良头上砍去。

阮良躲避过去，大叫道："先别动手，等我把身子洗干净再来抓你。"说着，他翻身跳进水里，双手托着船底，把船往岸边送。

金兀术虽然武艺高强，但并不识水性，他看着船慢慢地向岸边靠近，一点儿办法也没有，只能干着急。他看到军师哈迷蚩的船就在不远处，便高声呼救道："军师，快来救我！"

哈迷蚩循声望去，发现了金兀术，便立刻派人去营救金兀术。阮良在水中发现有船向自己这边靠近，就用手扳住船沿，把船给弄翻。之后，他两手紧紧抓住落入水中的金兀术，慢慢地向岸边游去。

岳飞和宋军将士们在岸边看到阮良抓住了金兀术，特别高兴。可他们没有想到的是，金兵驾着小船正好赶到，把金兀术给救走了。

岳飞在岸边看到金兀术坐船逃走了，便无奈地向众将说："真没想到，这么好的机会我们都没有把握住，最终还是让他逃脱了，看来这真是天意啊！"

没过多久，阮良从水中露出头来，观察岸边的动静。牛皋高声喊道："水鬼朋友，赶紧到岸上来，我们元帅想见你！"

阮良听到后，就游上岸，拜见了岳飞。岳飞看他有些本领，就劝说他留在军中为国效劳。阮良欣然同意。

回到军营后，岳飞写奏折向朝廷报捷，还把收留张国祥、董芳和阮良三人也写进了奏折里，等待朝廷嘉奖。

金兀术第一次与岳飞交战，就被岳飞彻底击败，连性命都险些丢掉。他对金国将领们说："我自从进入中原以来，一路高歌猛进，连战连捷，从来没有被打得如此狼狈。这岳飞的确名不虚传。"他下定决心，一定要击败岳飞，以雪前耻，因此写了一封奏章，请求完颜阿骨打派遣大军前来。

第二十一回

单身探敌营

　　岳飞在击败金兀术后，并没有因为大胜对手而扬扬得意。相反，他打算建造战船，渡过黄河，杀入金国境内，把徽宗和钦宗两位皇帝救回来。

　　一天，岳飞正在军营里与将领们议事，朝廷的圣旨突然到来。圣旨称，加封岳飞为五省大元帅，并命他立即领兵去太湖剿灭水寇。

　　这道圣旨彻底粉碎了岳飞北伐的计划，他只得派人通知张元帅，调遣精兵强将把守黄河，派牛皋、王贵、汤怀、张显四位将领率领一万人马先行，自己率领大军随后向太湖进发。

　　牛皋等人率领大军很快就来到太湖边。安营扎寨后，天色已晚，汤怀说："兄弟们，大家千万不能小瞧了这些强盗。为了防范贼人来劫营，我们四个人各带领十艘小船在太湖沿岸巡逻。"

　　他们四个人就各带领十只小船，船上二十名士兵，在太湖沿岸仔细巡逻，以防敌人夜里来劫营。

　　当天晚上，牛皋喝了些酒，头脑有些迷糊。他看到湖月倒映着明月的影子，十分可爱，便对水手们说："你们为什么不把船摇到湖中间去巡逻，反而停在这里呢？"

　　水手们答道："大人，如果把船摇到湖中间去，那么强盗来了，我们根本来不及撤退。"

　　牛皋大声呵斥他们说："胡说！我到这里来，就是为了抓贼人的，难道还怕他们不成？我让你们摇过去，你们就给我摇过去。"

水手们无奈，只得遵命，十艘小船慢慢地向湖中央驶去。牛皋看到月色皎洁，酒兴大发，便喝起酒来，还不断地催促水手们快些摇船。没过多久，他们就遇到了贼人的大船。牛皋喝醉了，不小心跌进了湖里。太湖义军元帅花普方看到后，便跳入水中，把他捞起来，用绳子捆住，带回山寨去了。

汤怀知道牛皋被贼人捉去后，大哭了一场，找来其他兄弟商议解救的办法。张显和王贵也不知道该怎么办，只好说："这太湖水域广阔，我们也不知道去哪里打探消息，只有等岳大哥来到这里再说吧！"

花普方捉了牛皋后，乘船回到洞庭山，向太湖义军首领杨虎报告此事。杨虎也是一个声名远播的英雄，他依托太湖占山为王，建立起一支起义武装，朝廷曾多次派官兵前来围剿，但都被他打败了。

杨虎看到牛皋后，大喝一声，道："牛皋，你都被我们抓住了，见了我，为什么不下跪？"

牛皋瞪着两眼，大骂道："你这个不知名的小毛贼，牛老爷我昨天晚上喝酒喝多了，跌到了水里，这才被你们抓了来。你不来向我行礼，反倒让我向你下跪，真是愚蠢至极！"

杨虎并不生气，他说："我也不杀你，只要你归顺我，我就封你作先锋，我们一起去夺宋朝的天下，你觉得怎么样？"

牛皋怒气冲冲地骂道："放你的狗屁！我牛老爷是朝廷所封的统制，现在奉朝廷的命令，来捉你这个偷鸡摸狗的毛贼。老爷有一句话要对你说，如果你把老爷放了，整顿人马的，收拾好粮草，然后把这个山寨放火烧掉，向我岳大哥投降，与我们一起去捉金兀术，我们必然会把你的功劳上奏给朝廷，朝廷不会亏待你。如果你不听老爷的好话，那就赶紧把我杀了。不过，我岳大哥是不会饶过你的，他一定捉住你，然后把你千刀万剐。"

杨虎气得火冒三丈，下令将牛皋拉出去砍了。花普方知道牛皋是岳飞的结拜兄弟，而且岳飞十分讲义气，所以就劝说杨虎以牛皋为诱饵，劝说岳飞归降。杨虎觉得花普方的话很有道理，就派人暂且把牛皋押入监牢。

岳飞率领大军，数日后来到了太湖。安营扎寨后，汤怀把牛皋喝醉酒

他们来到杨虎的殿前，岳飞一个人进殿，张保在殿门外等候。看到杨虎后，岳飞跪下说道："小将名叫汤怀，奉岳元帅之命，给大王送上一封书信。"

后命令水手们把船摇到太湖中央，被贼人捉去之事对岳飞说了。岳飞思来想去，最后决定假冒汤怀，亲自到贼营中探听虚实，并打探牛皋的消息。

第二天，岳飞写好战书，带着王横和张保，坐船悄悄地向杨虎的水寨而来。到达水寨后，岳飞命王横看着小船，自己和张保上岸。岳飞仔细地观察了一下水寨的地形，发现附近山势陡峭，用大石头堆砌成三个关隘，果然是易守难攻。

他们来到杨虎的殿前，岳飞一个人进殿，张保在殿门外等候。看到杨虎后，岳飞跪下说道："小将名叫汤怀，奉岳元帅之命，给大王送上一封书信。"

杨虎接过战书，仔细地阅读一遍，之后在上面写下"五天之后开战"几个字。写完后，他抬头看了岳飞一眼，便觉得岳飞有些眼熟，又仔细想了一会儿，暗自纳闷道："这个人怎么与那年在比武场内用枪杀死小梁王

101

的岳飞有些相似？与岳飞相比，他只是多了一些胡须。如果真是岳飞的话，那可千万不能错过。"于是暗中派人把牛皋带过来。他又详细地问了岳飞很多问题，岳飞随机应变，丝毫也没有露出破绽。

过了一会儿，牛皋被带到了殿门前。张保看到牛皋后大吃一惊，慌忙地跪下来，说："小人给大人叩头了。"

牛皋说："你来这里做什么？"

张保回答说："小人是陪同汤怀老爷来的，他奉岳元帅的命令，来到这里下战书。"

牛皋什么也没有说就进去了。他看到岳飞在殿前坐着，明白了岳飞的用意，所以并没有向岳飞打招呼，而是对杨虎说："你有什么事，为什么要叫老爷我到这里来？"

杨虎答道："你们元帅派人来到这里下战书，你对来人说，让他们早些投降，以免身首异处①。"

牛皋问道："我们元帅派谁来了？他在哪儿？"

岳飞没有想到在这里会遇到牛皋，他担心牛皋说出自己的真实身份，所以头上直冒冷汗。让他没有想到的是，牛皋看到他后，大声叫道："呀，汤怀哥哥，你来了！你回营后见到岳大哥，就对他说，我牛皋不小心被贼人捉住，死了也会名垂后世。他如果剿灭了这群贼人，也就给我报仇了。"说完后，他指着杨虎大骂道："毛贼，该说的话我都说了，你赶紧派人把我杀了吧！"

杨虎派人把牛皋带回监牢，之后对岳飞说："汤将军，你先回去吧！你对你家元帅说，我们虽然抓了牛皋，但他现在活得好好的。你家元帅如果肯归顺我，我保证他大富大贵，如果他一意孤行，非要交战，我担心他不小心吃了败仗，一世英名就全毁了！你让他好好考虑一下吧！"

岳飞辞别了杨虎后，就与张保出来，会合了王横，一起坐船回营。

花普方运粮回营后，来到大殿拜见杨虎。杨虎把汤怀来下战

书一事说给他听，并把汤怀的模样描述一番。花普方听后，认定那个汤怀是岳飞假扮的，特意来探听消息。杨虎后悔不迭，急忙派花普方去追赶。

花普方立即来到水寨，乘坐一条扯满风帆的大船追赶岳飞。他看到岳飞的小船后，在船头大叫道："岳飞休走，花普方来也！"

岳飞回头看到敌人的船快追了上来，就让张保取出弹弓，一下子就射在花普方大船的桅杆上，使得风帆既升不上去，也放不下来。他又叫王横拿来火箭，三枝火箭飞向花普方的大船，船帆马上就着火了。岳飞又叫道："花普方，本元帅这一弹要射瞎你的左眼！"

花普方被吓得魂不附体，连忙躲避，并派人救火，再也不敢追岳飞的船了。

第二十二回

平定杨虎叛乱

岳飞回到军营后，把刺探敌营的事详细地讲了一遍。各位将领一致认为，应该尽早出兵，把牛皋救出来。但岳飞十分清楚，杨虎的水寨易守难攻，所以一时拿不定主意。

正在这个时候，军士报告说有两个渔户求见。岳飞下令叫他们进来。

一个渔翁说："小人叫耿明初，他是我的兄弟，名叫耿明达。我们兄弟二人原本居住在太湖边，以打鱼为生。前些年杨虎来到这里，召集起一群人，占据了洞庭山。他看到我们在湖里打鱼后，就对我们说，以后再也不要打鱼了，否则就不饶过我们。我们这些渔民以打鱼为生，不让我们打鱼，我们怎么活啊？因此，我们就与他们交过几次手。杨虎的本事与我们兄弟不相上下，他看到无法打败我们，就与我们结拜为兄弟，只让我们兄弟在太湖里打鱼。他还三番五次地派人来我们家里来，邀请我们上山，我们担心老母亲无法承受惊吓，所以就没有去。现在我们听说岳元帅来到这里，围剿太湖强盗，我们寻思，打鱼也没什么前途，所以就来到这里，希望能够在元帅帐下为国出力。请求岳元帅收留我们！"

岳飞听后，十分高兴，连忙扶他们起来，让他们去后营换好军装。岳飞吩咐安排酒席，庆贺耿家兄弟到来。在酒席上，岳飞问耿明初说："你们与杨虎有些交情，一定知道杨虎的本事，以及他如何用兵。为什么官兵屡次围剿，都无法剿灭他呢？"

耿明初回答说："杨虎在水里的本领极其高强，不过，上岸之后，

他的本领就有限了。他手下有很多将领，但除了元帅花普方和先行官许宾外，其他人本事都很一般。官兵一直无法打败他，主要因为他有四队非常厉害的兵船。元帅与他交手时，也要防范他的兵船。"

岳飞惊奇地问道："什么兵船这么厉害？"

耿明初答道："他的第一队叫'炮火船'，共有五十只船，每只船上都架着大炮，与敌人交战时，炮火齐发，把对方打得毫无还手之力。第二队叫'弩楼船'，同样有五十只船，每只船的船头和船尾都装着水车，四周用竹篱笆围起来，军士在船只脚踏水车，使得船飞快前进。船上竖着用牛皮做成挡牌的弩楼，军士在里面不断射箭；弩楼下面也有军士，他们举着挡牌，手里拿着长刀，砍对方的士兵。第三队叫'水鬼船'，也有五十只船，船内装着从泉州、漳州等地请来的水鬼，他们在水底下可以潜伏七昼夜，饿的时候就抓鱼生吃。在与敌人交战时，那些水鬼跳到水中，凿穿敌人战船的船底，使得战船沉没。第四队是由杨虎亲自率领的战船，不过，这一队的战斗力很一般，根本比不上其他三队。"

岳飞听后十分高兴，心中又多了几分胜算。

岳飞回到营帐后，根据耿家兄弟的情报，想出一条计策来。第二天一大早，他就悄悄地来到耿家兄弟的营帐，对他们说："你们两位穿上以前打鱼时的衣服，假装去杨虎那里投降，杨虎肯定不会怀疑。等到双方交战时，你们请求替他看守山寨。等杨虎领兵出去后，你们先找到牛皋，将他释放，让他做你们的帮手；之后把杨虎的亲属抓起来，不过千万不要杀害他们；最后，你们收拾好他的财物，放火烧了他的山寨。"

二人听命，换好衣服后就去了杨虎的水寨，假装归顺。杨虎果然没有怀疑。

岳飞又命令平江知府准备竹子和麻绳，扎成木排，在上面安装用牛皮做的挡箭牌和棚子；又从城内有钱的人家借来几千床棉被放在船上，以抵挡敌人弓箭和火炮的进攻。除此之外，他还让铁匠按照他所画的图样打造三尖小刀和倒须钩子。他命令汤怀和张显带领"笆斗兵"在浅滩上练习，命令施全带人找些毛竹片放在船底，再把三尖刀和倒须钩子插在竹片上。

四五天过后，杨虎派人来催战，岳飞看到准备工作尚未做好，就以生病为借口，让杨虎多等几天。半个多月过去后，岳飞看到各项工作已经准备就绪，便决定与杨虎决一死战。他推测出杨虎失败后，一定会从无锡大桥逃向九江，便命令周青、赵云、梁兴、吉青四位将领各带领五千士兵埋伏在无锡大桥，还叮嘱他们只准活捉杨虎，不能杀害他。

岳飞亲自带领主力部队，来到杨虎的水寨前挑战。杨虎得到消息后，派元帅花普方率领"楼船"，先行官许宾率领"炮火船"，水军首领海进率领"水鬼船"，他亲自率领大战船，与宋军交战。耿家兄弟以防范岳飞领兵从后面偷袭为由，请求杨虎让他们二人留下守卫水寨，杨虎不知是计，答应下来。

杨虎率领战船来到太湖上，许宾率领第一队"炮火船"，不由分说便向宋军战船开炮。岳飞挥动红旗，船上的兵将全部躲进小船里，把竹棚遮在船上。敌人的炮子打在竹棚上，都滚到了水里。敌人停止开炮后，小船上的竹棚又竖了起来。敌人看到"炮火船"无效后，便派第二队"弩楼船"上来射弩。岳飞看到后，就挥动了一下红旗，将士们再次竖起竹棚，挡住了敌人的弩箭。

这时，岳飞命王贵率领草船冲向敌人的船队。草船上将军装的都是水草，王贵让士兵们把水草都推进湖里，水草将"弩楼船"上水车的车轮缠住，船上的士兵根本就踏不动了，那五十只船停在原地，根本就动不了。王贵率领士兵跳上"弩楼船"，一阵猛杀猛砍，敌船上的士兵大部分被杀死，只有一小部分跳进水里，保住了性命。

杨虎看到"炮火船"和"弩楼船"都没有占到便宜，便派第三队"水鬼船"出阵，众多水鬼跳入水中，想要凿穿岳飞的战船。岳飞看到后，又挥动了一下红旗，只见阮良带着几个会水的士兵，跳到水里去了。岳飞的战船下面都装有竹片，杨虎手下的水鬼凿了半天，也没有凿穿，而且他们不是被三尖刀割伤，就是被倒须钩钩住。阮良等人毫不费力地就把他们杀得片甲不留。

杨虎看到岳飞的战船并没有沉下去，便推测出水鬼也无济于事。他没有办法，只能发动战船与岳飞决战。

岳飞站在船头上，高声劝说杨虎投降。杨虎不肯，岳飞便让他回头看

一下。杨虎回头，看到水寨着起大火。这时，有士兵报告说，耿家兄弟放了牛皋，放火把山寨给烧了。杨虎火冒三丈，发动战船向岳飞冲来。岳飞命令士兵用铁钩把杨虎的战船钩住，众将纷纷跳上去，与敌人厮杀。汤怀和张显跳上"弩楼船"，与花普方交战。花普方抵挡不住，便跳下水逃命去了。

杨虎看到大势已去，便跳进水里，打算逃命。阮良看到后，也跳进水里，紧紧追赶杨虎。岳飞看到敌人的四队船都已经被击败，便宣布投降者可保性命。于是，敌军士兵纷纷归降。

杨虎在水中的本领并不比阮良差多少，他逃脱了阮良的追击，在太湖西边上岸。在那里，他遇到几百名失败后逃走的手下，便带着这些人去投靠混江王罗辉和静山王万汝威，打算借来大军，找岳飞报仇。

杨虎带领手下走了一夜，于第二天凌晨赶到无锡大桥边。埋伏在那里的周青、赵云、梁兴、吉青一齐杀出，把他团团围住。杨虎早就疲惫不堪了，与周青等人交手几个回合之后，就败下阵来。他突围出去，沿着河边向前逃，但周青等人在后紧追不舍。他觉得自己难逃一死，便打算自杀。这个时候，他突然听到岳飞大叫道："杨将军，你母亲在这里，赶紧过来相见。"

杨虎循声望去，看到几十只战船靠在岸边，岳飞在站中间的战船上。他说："岳飞，我已必死无疑，你就不要骗我了！"

这时，王贵扶着杨虎的母亲走出船舱。杨母劝说杨虎归顺岳飞，与岳飞一起抵抗金兵。杨虎听从母亲的劝说，跪在岸边向岳飞投降。

岳飞走下船，扶起杨虎说："现在朝廷奸臣当道，所以天下很多英雄便走上了邪路。我当年在比武场中也曾受到屈辱，所以对你的处境深有体会。当今天子爱惜人才，将军如果能够弃恶从善，我一定保举你为国效力。"

岳飞一席话说得杨虎非常感动。杨虎不停地道谢，走上前去问候母亲。

第二天，岳飞等人来到洞庭山，会合了牛皋和耿家兄弟，便一起返回平江去了。

第二十三回

收服余化龙

　　岳飞在平定杨虎叛乱后，率领大兵返回金陵，将在太湖上击败杨虎、劝说杨虎归降等事全都禀告给了高宗。高宗听后十分高兴，封杨虎、张国祥、董芳、阮良、耿明初、耿明达六人为统制，让他们留在岳飞帐下效力，又封赏了其他立下战功的将领。高宗看到岳飞治军有方，屡立战功，便又派他去平定鄱阳湖水寇。

　　于是，岳飞又准备向鄱阳湖进发了。他命牛皋为先锋官，带领五千人马为前队；命汤怀和王贵率领五千人马为第二队；自己率领大部队跟在后面。

　　其实，岳飞知道牛皋脾气暴躁，武艺虽然不错，但缺乏智慧，所以并没有打算让他担任先锋官。不过，牛皋自觉在攻打太湖时被抓而颜面扫地，便主动请求岳飞让他担任先锋官以立下头功挽回面子。为了说服岳飞，他甚至还立下了军令状，称如果不能取胜，便甘愿接受惩罚。岳飞见他一心想要打胜仗，而且立下了军令状，这才同意让他当先锋官。

　　牛皋带领五千人马，很快就来到了湖口。

　　镇守湖口的总兵谢昆听说岳飞领兵前来平定鄱阳湖水寇后极为高兴，天天盼望着岳飞大军早些到来。一天，探子回报，说岳飞的大军到了。谢昆高兴极了，立即出营迎接。他跪在地上，恭恭敬敬地向牛皋说道："我是湖口总兵谢昆，恭迎岳元帅到来！"

　　牛皋端坐在马上，乐呵呵地回答说："谢总兵请起。我并不是岳元

帅，他还在后面，我是他的先锋官牛皋。"

牛皋问谢昆说："谢总兵，请问这里有多少贼寇，他们的巢穴在哪里？"

谢昆回答说，鄱阳湖内有座康郎山，罗辉和万汝威是山上的大首领和二首领。他们手下有很多猛将，其中有一个叫余化龙的，武艺超群，很难对付。

牛皋又打听了去康郎山的路，他立功心切，便自作主张，领兵从旱路去攻打贼寇。来到康郎山前，他就迫不及待地让手下士兵摇旗呐喊。万汝威得知牛皋来攻打山寨后，就派余化龙领兵下山与牛皋交战。

余化龙戴着银色头盔，骑着白马，拿着虎头枪，与岳飞有些相似。牛皋二话不说，举起镔铁锏就朝对方打去。余化龙用虎头枪架开牛皋的双锏，接连刺出几枪。牛皋急忙躲避，没打几个回合就气喘吁吁、大汗直流。又交战几个回合后，牛皋抵挡不住，只得调转马头，向后逃去。他手下的士兵看到主帅逃走，便也纷纷逃走。这时，牛皋的副将大叫道："大家不要逃！如果敌人从后面追来，我们全都得死，还不如从正面抵挡。"他命令士兵放箭，挡住了敌人的追兵。余化龙看到对方不断射箭，也就不再追赶。

牛皋被余化龙打败后，再也不敢狂妄了。他也不好意思去见谢总兵，只能带领兵将退后三十里安营扎寨。

第二天，王贵和汤怀率领第二队人马赶到，并在湖口安营。又过了两天，岳飞率领大军赶到，汤怀、王贵与谢昆一起出来迎接。岳飞没有看到牛皋，就问他去了哪里。谢总兵说，牛皋刚到湖口就去康郎山挑战了。岳飞知道事情不妙，赶紧率领众将向康郎山进发，来到牛皋的营地后，牛皋出来迎接。岳飞推测出他打了败仗，就严肃地说："牛皋，你立下军令状，说一定会打胜仗，抢下头功，看来这鄱阳湖的贼寇，都被你剿灭了吧？"

牛皋羞愧地低下头去，说："大哥，我打了败仗，既然立下了军令状，我也没什么好说的，我这颗脑袋，你就拿去吧！不过，贼寇的元帅余化龙非常厉害，你可千万要小心。"

岳飞便让牛皋把余化龙的本领详细地说了一遍。由于众将求情，岳飞并没有处死牛皋，而是让他立功赎罪。

康郎山的两位首领知道岳飞率领大军在山下不远处驻扎后，就派余化龙去挑战。余化龙领兵来到岳飞的军营前，岳飞并没有出战，而是坚守营寨，命令士兵放箭。余化龙本想让岳飞知道自己的厉害，却没有料到岳飞并不出战，所以就叫手下士卒大骂岳飞。骂了半天，岳飞仍然不出战，余化龙只好领兵回山。

岳飞猜测余化龙夜里会来劫营，就吩咐众将埋伏好人马，听到炮响后大声呐喊，却不要出去与敌人交手。众将领命，分头准备去了。

余化龙回到山上，对两位首领说："我去岳飞军营挑战，他不肯出战。我猜测，他今天晚上一定会从水路来攻山。既然如此，我就领兵前去偷袭他的旱寨，他的旱寨空虚，我一定会成功。二位大王守卫水寨，让他无功而返。"罗辉和万汝威听后觉得有理，决定按照余化龙的计策行事。

夜里，余化龙领兵来劫岳飞的军营。他带人杀入中军大帐后，发现帐里一个人都没有，才知道中了岳飞的埋伏，急忙领兵向外逃去。就在这时，只听一声炮响，岳飞手下将士们大声呐喊起来，余化龙手下的士兵吓破了胆，慌忙四散逃去，结果自相践踏，导致很多士兵死亡或者受伤。岳飞领兵追击，又杀死大量敌兵。

第二天，吃了大亏的余化龙又来到岳飞的军营前挑战，岳飞仍然高挂免战牌。余化龙虽然气愤，却也无可奈何，只得回山去了。

到了傍晚，岳飞换上一身便装，带领张保去康郎山观察地形。回到军营后，他对众将说："康郎山有鄱阳湖这道天险，而且地势险峻，易守难攻，纵然有百万大军，恐怕也很难在短时间内攻破。此外，我早就听说过，余化龙武艺超群，有他在，要想获胜就更难了。明天我与他交战，各位贤弟不要帮我，只需要在旁边观战就行了。"

第二天，岳飞率领大军来到康郎山下。余化龙领兵下山，来与岳飞交战。

余化龙对岳飞说："当今皇帝昏庸，奸臣当道，大宋王朝已经走到了尽头，你归顺于我，我们共同打天下，不是一件美事吗？如果你想凭借自己的力量，与天意对抗，那就会落得身败名裂的下场。"

岳飞提起沥泉枪相迎。双方交战了四十多个
回合，没有分出胜负。

岳飞说道："大宋虽然有一些奸臣，但远没有到气数已尽的地步。我
看你才能出众，却甘愿做草寇，干残害百姓的勾当，实在不够明智。"

余化龙说道："岳飞，我不和你做口舌之争，这样吧，你如果能打败
我，我就向你投降，你如果打不过我，必须向我的主公投降。"

岳飞答应下来，还说双方只能明刀明枪地较量，不能暗箭伤人。余化
龙觉得这是个好主意，就同意了，之后提起虎头枪，便向岳飞刺来。岳飞
提起沥泉枪相迎。双方交战了四十多个回合，没有分出胜负。余化龙看到
无法打败岳飞，便提议第二天再战。于是双方各自收兵回营。

第二天，岳飞与余化龙打了一整天也没分出胜负。第三天，他们从
早上打到中午，仍然难分高下。余化龙想道："岳飞本领高强，如果不用
神镖，恐怕难以打败他。不过，如果当着这么多人的面，我用神镖将他击
倒，那么我的威名就会受损；不如把他引到后山，那里没有人，我用神镖
击败他，别人也不知道。"想到这里，就装作战败，向后山逃去。

岳飞明知道余化龙想要到后山东暗算自己，但仍然跟了过去。来到后
山，余化龙取出金镖，向岳飞打来。岳飞把头向左侧一偏，就躲了过去。

余化龙发现第一镖没有伤到岳飞，又发了一镖。这一次，岳飞把头向右侧一偏，又躲了过去。余化龙看到连续两镖都没有打到岳飞，便有些心慌，又连续发了三镖。岳飞用手接住了飞镖，说道："余化龙，你还有多少飞镖，都扔过来吧！"

余化龙说："岳飞，你虽然能够接住我的飞镖，却也伤不到我。"

岳飞说："余化龙，你本领高强，却连我都打不赢。天下之大，本领比我高强的人有很多，你还是赶紧下马归降，为朝廷效力吧！"

余化龙说："你说了半天，就是想让我下马投降。这样，你如果能把我打下马，我就投降。"

岳飞听后，甩手用飞镖将余化龙战马身上挂着的铜铃打断，那马受到惊吓，跳了起来，余化龙没有坐稳，掉了下来。

岳飞跳下战马，来到余化龙面前，将他扶起。余化龙看到岳飞不但武艺高强，而且胸怀宽广，便跪在地上，说："小将情愿投降，请元帅收留。"

岳飞非常高兴，与余化龙结拜为兄弟。为了不引起别人怀疑，岳飞假装受伤，让余化龙与他在众人面前再打斗一番。于是，他们骑上战马，岳飞假装吃了败仗，余化龙在后面紧追不舍。来到战场上，岳飞大声呼喊兄弟们来支援。余化龙寡不敌众，便领兵回山寨了。

回到山寨后，余化龙对两位首领说，他与岳飞交战数十回合后，用金镖把岳飞打伤，正打算活捉岳飞时，岳飞手下将领一齐上来，他寡不敌众，只好退兵了。两位首领听后非常高兴，说第二天要亲自出马，活捉岳飞。

第二十四回

苦肉计

　　岳飞回到军营后，正在与众将领商议破敌之策，突然有探子来报，说金国大军兵分两路，来攻打藕塘关和汜（sì）水关。岳飞听后非常不安，对众位将领说："我们还没有平定鄱阳湖水寇，金兵又大举来犯，该怎么办才好呢？"

　　杨虎上前说道："元帅，我以前与万汝威有些交情，他曾约我一起造反，夺取宋朝天下。现在形势紧急，不如让我前去劝他投降。"

　　岳飞听后高兴地说："这可太好了，不过，将军务必多加小心，我在这里等候你的好消息。"

　　杨虎带领十二名水手，乘坐一只小船来见万汝威。万汝威知道杨虎投降了岳飞，就说："贤弟本领高强，而且又有太湖之险，为什么要向岳飞投降呢？今天到这里来，有什么话说？"

　　杨虎答道："小弟在太湖有很多大炮、水鬼，还有花普方等一干猛将，粮草也十分充足，不过仍然被岳飞击败。他是一个爱惜人才、重情重义的人，看我有些本领，就把我安排在军中，封我为统制。因此，我今天特意来到这里，劝说两位大哥归降，朝廷看到你们本领高强，必定会加以重用的。"

　　万汝威听后非常气愤，命人把杨虎拖出去杀掉。多亏余化龙极力劝说，杨虎才保住性命。

　　杨虎回到军营，参见岳飞。岳飞说："刚才水手逃回来说，贼人把你

杨虎回到军营，参见岳飞。岳飞说："刚才水手逃回来说，贼人把你杀死了，你现在平安归来，肯定归顺了贼人，回到这里来欺骗本元帅。来人，把他给我拉出去砍了。"

杀死了，你现在平安归来，肯定归顺了贼人，回到这里来欺骗本元帅。来人，把他给我拉出去砍了。"

众将领知道此事关系重大，都不敢说话，只有牛皋性情耿直，向岳飞求情。岳飞看在牛皋的面子上，饶了杨虎的死罪，改打一百大板。打到二十大板的时候，牛皋看不下去了，又来找岳飞说情。岳飞答应免去杨虎八十大板，但担心杨虎逃走，所以要求有人作担保。牛皋写下了担保状，岳飞这才放了杨虎。

杨虎回到军营，思来想去，都觉得岳飞不该责打自己。正在他感到委屈时，突然有人给他送来一封机密书信。杨虎把书信打开，仔细地看了一遍，然后就烧掉了。到了五更时分，他一个人骑马悄悄地去了康郎山。

杨虎来到万汝威的大寨，跪在地上，哭诉道："岳飞派我来劝说大王归降，我回去之后他要杀了我。多亏牛皋担保，他才只打了我二十大板。

我实在忍不下这口恶气，所以就逃到大王这里来了。希望大王看在我们过去的情分上，帮我报此大仇。"

万汝威不相信杨虎的话，就派人检验他的伤口，发现杨虎的确遭到了毒打。不过，他还是有些不相信，就突然大喊道："杨虎，你是效仿当年黄盖的'苦肉计'吧？"

杨虎听后，大声喊道："我不该到这里来呀！"说着，他拔出腰间的佩剑，想要自杀。

万汝威这才相信杨虎的确是来归顺的，他急忙用双手按住杨虎的剑，说："我与你开玩笑，你怎么当真了呢？你要是早听我的话，也就不必挨此皮肉之苦了。"之后，他就命令余化龙带着杨虎去营中休息。

余化龙便带着杨虎回营，先派人为杨虎敷药，之后又命人准备酒菜，与杨虎一起喝酒。他觉得杨虎是一个反复无常的小人，就故意讽刺道："世事真是难以预料啊！将军前天来到这里，劝说我的主公投降大宋，谁又能想到今天却来向我的主人投降。"

杨虎说："我今天来到这里，只是为了顺应天时，结识金镖结义的好汉！"

余化龙听到杨虎提到了自己与岳飞金镖结义的事，便大吃一惊，立即让服侍在左右的人退下。他问杨虎说："将军这样说，一定是知道了什么事情？"

杨虎看到四周无人，就说："我就把实话告诉将军吧！现在金国派大军攻打藕塘关和汜水关，元帅无法分兵抵抗，就让我用苦肉计来帮助将军。"

余化龙听后非常高兴地说："岳元帅真是神人啊！刚才我多有冒犯，实在抱歉！"

第二天，牛皋率领五千精兵来到康郎山下叫阵，指名叫杨虎出战。原来，他听说杨虎夜晚离开后，便认为杨虎逃离军营，投靠了罗汝罗。他在岳飞面前为杨虎求情，还立下担保状，他觉得杨虎辜负了自己一番心意，所以要杀了杨虎。

万汝威得知牛皋要杨虎出战，就命杨虎下山迎敌。杨虎说："小将多亏牛皋担保，才捡回一条性命，我不好对他动手，还请大王派其他将领去迎敌吧！"

这时，余化龙站出来说："小将愿意下山擒拿牛皋。"

万汝威听后，就派余化龙下山与牛皋交战。

余化龙领兵来到山下，看到牛皋后，大叫道："你这个手下败将，怎么又来了？"

牛皋回答说："杨虎这个狗贼，我救了他一命，还在元帅面前担保说他不会逃走，可他竟然真的逃走了。他这样做，不是害我吗？你赶紧叫他出来，我擒住他去元帅那里请罪。"

余化龙说："杨虎已经被大王认作兄弟了，正享受着荣华富贵。要不你也向我的主公投降，我在他面前给你说几句好话，让他封你做个大官，你觉得怎么样？"

牛皋听后火冒三丈，大声呵斥道："放屁！我是朝廷命官，怎么会向你们这群狗贼投降？吃爷爷一铜！"他抡起双铜就向余化龙的脑袋上打去。

余化龙的武艺比牛皋高出很多，只打了五六个回合，就把牛皋打得招架不住了。牛皋领兵回营去了。余化龙在打跑牛皋后，就返回山寨，向两位首领请功。

第二天，岳飞率领众将来到康郎山下，摆好阵势。罗辉和万汝威两位首领率领人马来应战。牛皋看到杨虎后，非常气愤地大骂道："杨虎，你这个不讲义气的小人，我今天一定要把你碎尸万段。"不过，杨虎根本没有理会他。

万汝威催马上前，冲着岳飞喊道："岳飞，你虽然本领高强，却无法顺应天意。宋朝已经衰落，即将灭亡，你又何必为昏君效劳呢？今天如果你不投降，我一定会生擒你。"

岳飞说道："你们两个如果能够顺应天意，就趁早投降，否则性命难保！"

罗辉听后非常气愤，大叫道："谁给我拿下岳飞，我重重有赏。"

余化龙高声答道："让我来！"说着，他提起虎头枪向万汝威刺去，

一枪将万汝威刺死。罗辉正在发愣，被杨虎挥刀砍死。岳飞看到两名贼首已死，便命令军队进攻。将士们奋勇向前，杀死众多敌人，很快就占领了康郎山。

余化龙安抚了山寨士兵，将山寨的财物和粮草收拾好，就与岳飞一起回营去了。直到这时，众将才知道杨虎投敌是岳飞使用的苦肉计。岳飞不但平定了鄱阳湖水寇，还得到了余化龙这员大将，心中十分高兴。

第二十五回

牛皋醉酒破敌

岳飞在平定鄱阳湖水寇后，立即派牛皋率领五千人马为第一队，火速赶去汜水关救援；派杨虎和余化龙率领五千人马为第二队，在牛皋之后出发；他亲自率领大军向汜水关进发。

牛皋领兵一路急行，很快就赶到了汜水关。不过，汜水关在他到来之前已经被金兵夺去了。牛皋想要夺关，就领兵来到关前挑战。守关的金国将领是完颜阿骨打的驸马张从龙，他使用两柄八愣紫金锤，只用了十几个回合，就把牛皋打得招架不住了。牛皋只好退兵，在路边安营扎寨。

第二天，杨虎和余化龙率领第二队人马赶到。他们来到牛皋的军营，正听到牛皋在破口大骂①："都怪杨虎这个混蛋，以前我每次出兵，从来没有打过败仗，自从上次被他那可恨的元帅花普方淹过一次后，每次都打败仗。"

杨虎和余化龙听后，悄悄地离开了牛皋的军营。杨虎说："他自己打败仗，反倒把责任推到我们身上。"

余化龙不想让双方的矛盾一直持续下去，就提议抢下汜水关，把功劳让给牛皋。于是，他们便领兵来到汜水关前。张从龙得知有人来抢关后，就率领金兵出关与他们交战。余化龙看到张从龙后，二话不说，提枪就刺。张从龙也不含糊，举锤相迎。他们打了二十个回合，仍然没有分出胜负。余化龙不想继续纠缠下

① [破口大骂]
用恶毒的话咒骂别人。

118

去，就假装打不过张从龙，拍马而走，引张从龙从后追击。他看准时机，用金镖射向张从龙，把张从龙打落马下。杨虎快马赶到，砍下了张从龙头的脑袋。金兵看到张从龙被杀死，立即四散而逃。杨虎和余化龙率领大军冲向汜水关，很快就夺了下来，并在那里扎营。

第二天，他们来到牛皋的军营。牛皋气愤地说："你们到这里来做什么？"

余化龙回答说："汜水关已经被我们二人夺回来了。"

牛皋说："这是你们的功劳，不用跟我说。"

余化龙说："当然要跟你说了。昨天我听见将军埋怨杨虎，今天我们抢下了汜水关，我们想把这个功劳送给你，一是希望将军摆脱厄运，二是我们刚刚投入岳元帅麾下，就将这个功劳当作送给将军的见面礼吧！希望将军以后与杨将军冰释前嫌^①。"

① ［冰释前嫌］
比喻解除人与人的矛盾。

牛皋态度冷淡地说："我们出发之前，元帅是怎么交代的？"

余化龙答道："抢夺汜水关的功劳我们不报，由牛兄来报。"

牛皋道："既然如此，那我就多谢了。"

余化龙和杨虎相视一笑，就一同回营去了。

几天后，岳飞率领大军赶到，牛皋、余化龙和杨虎都来迎接。得知已经夺回汜水关后，岳飞非常高兴，问道："汜水关是谁夺回来的？"三个人都沉默不语。岳飞觉得奇怪，就问道："立下如此大功，为何不报？"

牛皋性情耿直，便说了实话。他说："汜水关是他们两个夺回来的，他们想把这个功劳让给我，我才不要呢，还是记在他们头上吧！"

岳飞听后，被牛皋的诚实所打动，所以并没有责备他打了败仗，还对他说："那好，本帅就再给你一个立功的机会，你带领本部人马去救藕塘关，我率领大军很快就会赶到。"

牛皋领命后，率领大军飞速向藕塘关进发。他决定这次一定要立下战功，所以一路上对待士兵十分优厚。来到藕塘关后，

岳飞传

总兵金节听说岳飞率领大军赶到，马上出关叩头迎接，请牛皋领兵进关驻扎。

进关后，金总兵派人摆上酒席，为牛皋接风。牛皋看到酒席后，说："幸亏你的酒席是请我的，要是请岳元帅的，那你可就有麻烦了。"

金节不明白牛皋为何这样说，连忙问道："这是为什么呢？"

牛皋答道："岳元帅每次吃饭前，都会面向北方痛哭流涕，因为徽宗和钦宗两位皇帝被关押在北方，吃尽了苦头，做臣子的就是吃素饭，也已经十分过分了。我们经常劝他说，元帅为国家和百姓日夜操劳，就是吃些荤菜也不过分，元帅这才吃一些鱼和肉。如果他看到你为他准备如此丰盛的酒席，他一定会生气的。"

金节听后很是惭愧。

牛皋又说道："金总兵，你准备了这么丰盛的酒席，真是诚心诚意地请我吗？"

金节答道："当然是。"

牛皋听后，豪爽地说："那好，那就拿大碗来！"

金节立即派人取来大碗。牛皋也不客气，大吃大喝起来，很快就喝了二三十碗酒。金节暗暗想道："岳元帅如此英明神武，怎么会用这样一个蠢货做先锋官呢？"

就在牛皋喝酒喝得快醉时，突然有士兵报告说金兵已经来到关前。金节看到牛皋无法出战，便悄悄地吩咐手下将士紧守关门。牛皋看到金节鬼鬼祟祟[1]的，就问发生了什么事。金节说，他看到牛皋喝醉了，所以不敢说出来。

当得知金兵已经来到关前，牛皋说："实在太好了！你怎么不早告诉我呢？快取酒来，喝完后好去杀敌。"

金节知道牛皋已经喝了不少酒，所以不想让他再喝了，而他却一再坚持要喝。金节没有办法，只好派人又取来一坛酒。牛皋双手捧起那坛酒，一口气喝下去半坛，又吩咐家将把剩下的半坛

①［鬼鬼祟祟（suì）］指行动不光明正大。祟：古人想象出来的怪物。

牛皋看到一个金国将领正在自己面前不远处抹脸，举起镶铁铜就向对方脑袋上打去，一下子把对方的脑袋打得稀烂。

酒带到战场上去。

牛皋摇摇晃晃地走出大堂，骑上战马，领兵出城。金节登上城门，观看双方交战。他看到牛皋坐在马上一动不动，就像死了一样，而金国将领斩着摩利之身高体壮，手里拿着一条上百斤重的铁棒，非常威猛，便不由自主地为牛皋捏一把汗。

牛皋和斩着摩利之各自出阵，牛皋已经烂醉如泥，连头都抬不起来了。斩着摩利之大骂道："你这个南蛮子，竟然不知死活，跑到这里来送死！"他把铁棍戳到地上，站在原地，说："南蛮子，我看你能把我怎么样？"

牛皋不理他，大叫道："快拿酒来！"家将立即把剩下的半坛酒送来，牛皋捧在手里，大口大口地喝起来。突然一阵风吹来，把牛皋吹得酒直向上涌。他很想吐，所以嘴张得很大，不一会儿就吐了出来，而且直接喷到了斩着摩利之的脸上。那个金国将领连忙用手去抹脸。牛皋吐完后，头脑清醒了很多，他睁开双眼，看到一个金国将领正在自己面前不远处抹脸，举起镶铁铜就向对方脑袋上打去，一下子把对方的脑袋打得稀烂。他跳下马来，取了敌人的首级，然后上马率领将士们冲入敌人的军营，杀死了众多敌人，抢了敌人很多粮草和马匹。

金节在城门上看到牛皋取得大胜，便出门来迎接，并夸奖牛皋是天神下凡。牛皋毫不谦虚地回答说："如果再多吃一坛酒，恐怕就将那群金兵杀光了。"金节听后哈哈大笑。

金节回到总兵衙门后，把牛皋醉酒杀退十万金兵的事讲给了他的夫人戚氏听。当天夜里，戚氏的妹妹戚赛玉做了一个奇怪的梦，梦到一只黑虎来抱她，她非常害怕。戚氏第二天早上把这件事讲给金节听。金节认为牛皋就是戚赛玉梦中的那只黑虎，便打算把戚赛玉许配给牛皋。可牛皋在结婚那天竟然跑了，金节没办法，只能等到岳飞到来再解决此事。

没过多久，岳飞就带领大军赶到了汜水关前。金节出关迎接，把牛皋喝醉酒后出关与金兵交战，打死金兵元帅斩着摩利之，打退十万金兵等事全都讲了一遍。他还说，他的妻子有一个妹妹，夜里做梦梦到一只黑虎，那只黑虎应该就是牛皋，他想成全这桩美事，可牛皋却跑掉了。

岳飞回营后，亲自带着牛皋去总兵府成亲。在岳飞的主持下，牛皋与戚赛玉拜了天地，成为了夫妻。

第二十六回

击退粘罕

  岳飞率领大军驻扎在藕塘关，防范金兵的进攻。金兵曾几次来关前挑战，但都被岳飞打退了。七月十五日那天，金兵没有来挑战，岳飞便率领众将准备食物祭祀鬼神。牛皋嫌军营中人太多，就对吉青说："军营中有数万人，那鬼怎么敢来享用祭品呢？不如我们到山上找一个偏僻的地方祭拜吧？"

  吉青觉得牛皋的话有道理，就让家将抬着果盒，来到山上一个偏僻的地方。祭拜过后，他们喝起酒来。喝了一会儿，牛皋想要方便一下，就来到山坡边，解开裤子，对着草丛撒尿。有个人正好躲在草丛里，牛皋的尿浇在他的头上，他就缩了一下头。牛皋看到那个人后，赶紧系好裤子，把他带到吉青面前，说："吉哥，我抓住了一个奸细！"于是，他们就带着那个人去见岳飞。

  岳飞从那个人的衣服和举止判断出是金国的奸细，却故意假装喝醉了酒，看了他一眼，对两边的卫兵大叫道："赶紧给他松绑！"之后，又对他说："张保，我派你去山中送信，你怎么躲在山上，还被牛老爷抓了回来？"

  那人被吓得不知道该说什么好。

  岳飞又说道："我猜一定是你把信给弄丢了，怕我惩罚你，所以才不敢回来？"

  那个人为了保住性命，只得说道："小人该死，请元帅饶命！"

岳飞说："没用的东西！我再写一封信，你一定要给我送到。你要是再把信弄丢了，误了我的事怎么办？"于是命人把那个人的腿肚子割开，把信放到他的腿肚子里，再包好裹腿布。

岳飞又叮嘱那个人说："赶紧去吧，一定要把信送到。如果再误事，我肯定不会饶恕你。"

那个人听后，便离开了军营。

牛皋看到那个人走后，不解地问岳飞说："元帅，那个人明明就是奸细，你怎么把他认成张保了呢？"

岳飞笑着说："你不知道，兵法讲究出其不意。你把那个奸细杀了，又能怎么样？我一直想领兵攻打山东，但又不敢去，去了的话，如果金兵来攻打藕塘关，那就麻烦了。因此我将计就计，把他放走，让他做我的奸细。"

之后岳飞就派探子去打探刘豫的消息了。

山东节度使刘豫投靠金国后，被封为鲁王，仍然在山东驻守。他仗着有金国撑腰，经常残害百姓，他的二儿子刘猊（ní）更是无恶不作。刘猊逼死了孟家庄的孟太公，又逼得孟太公的儿子孟邦杰外出逃难。孟邦杰无法与势力强大的刘豫父子对抗，他听说岳飞正在藕塘关抵抗金兵，就打算去投奔岳飞。在去藕塘关的路上，他遇到了结拜兄弟岳真，并把自己的不幸遭遇和打算投奔岳飞的想法讲了出来。岳真本是山寨的首领，在孟邦杰的劝说下，决定带领手下一万多人与孟邦杰一起投奔岳飞。

岳真和孟邦杰带着众人浩浩荡荡向藕塘关而来。汤怀和施全知道他们打算来投靠岳家军后，就带着岳真和孟邦杰去见岳飞。

见到岳飞后，孟邦杰把自己的不幸遭遇讲了出来，并请求岳飞派兵到山东捉拿刘猊。岳飞听后，拉着孟邦杰的手说："刘豫父子虽然投靠了金国，但那金兀术非常讨厌他们父子。我已经用计让他们互相残杀，过几天等探子回来，就能知道结果了。"孟邦杰听后非常感激。

几天后，探子回报说，大金国派金眼蹈魔和善字魔里两位元帅领兵三千，将刘豫一家杀害，只有刘猊逃脱了。岳飞安慰孟邦杰说："刘豫既然已经死了，贤弟心头的怨恨也应该消去几分了。等以后抓住刘猊，你就挖出他的心肝来祭奠你的父亲吧！"

金兀术消灭了刘豫后，派他大哥粘罕率领十万人马来攻打藕塘关。粘罕率领大军在距离藕塘关十里的地方安营扎寨，准备与岳飞一较高下。

当天夜里，吉青骑着马打算出营。他的家将问他要去哪里，他说："以前在青龙山时，我因为中计放走了粘罕，受到了大哥的批评。今天他来到这里扎营，我正好捉住他去见元帅。"说完，他就骑着战马，冲进粘罕的军营。金兵抵挡不住，只能四散而逃。他看到中军大帐中坐着一个人，身材高大，脸色像黄土一样，身穿大红的战袍，头上戴着双龙冠，便高兴地叫道："这不是粘罕吗？"于是催马向中军大帐冲去。可是，他刚冲进大帐，就跌到了陷阱里。金兵一拥而上，将他绑到粘罕面前。

粘罕想起当年自己险些死在吉青手里，便命令把吉青推出去斩首。这时，元帅铁先文郎对他说，金兀术曾交代，如果捉住吉青，一定要押解到河间府，由金兀术亲自发落。粘罕想起这件事来，就派金眼郎郎和银眼郎郎两位元帅把吉青押送到河间府。

第二天，岳飞得知吉青一夜没有回营后，就带领所有将领去闯金军大营。守营的金兵看到岳飞等人后，不但不上前迎战，反而闪到一旁，让开大路。岳飞觉得其中有诈，就吩咐众将分为四路，从敌人的后营攻进去。

金兵没有想到他们会从后营攻进来，所以一点儿防备也没有，反倒落入陷阱里，把陷阱都填满了。粘罕急忙率领兵将抵抗，但根本无济于事。他看到形势危急，赶紧带着亲信逃命去了。

这一仗，岳家军大获全胜，不但杀死了大量金兵，还抢夺了大批粮草，但并没有找到吉青。

吉青那时候正被押往河间府。半路上，有一位叫张立的好汉看到一队人马押着一辆囚车向北走，就推测出被关押在车里的是一名宋军将领。张立是河间节度使张叔夜的大公子，他与弟弟张用到外面避难，后来与弟弟失散，他把身上的钱花光后，只能靠乞讨度日。他听说岳飞率领大军在藕塘山与金兵对峙，就想去投靠岳飞。后来，由于不小心误闯了为岳家军押送军粮的军队，他感到非常羞愧，觉得没脸去见岳飞。他看到那名将领后，突然想到："我何不将这名宋军将领救出来，与他一起去见岳元帅，将功赎罪呢？"想到这里，他冲下山去，与金兵打了起来。

岳飞率领众将追击到猿鹤山下。半路和王贵在队伍前面看到吉青与人交战，马上跑过去支援。

张立武艺高强，杀死了众多金兵，金眼郎郎和银眼郎郎也被他杀死。吉青在张立与金兵交战时，逃出了囚车，抢了一根狼牙棒和一匹马，追打押解他的金兵。他看到张立穿着一身破烂衣服，以为张立是一个叫花子，所以就没有理睬。

有些金兵向北逃命去了，吉青在后面紧追不舍，不知不觉来到了一个叫猿鹤山的地方。猿鹤山上有一个山寨，寨中有四名好汉，分别叫诸葛英、公孙郎、刘国绅、陈君佑，他们手下有四千多人。当得知有一队金兵路过此地后，他们就率领手下下山来截杀金兵，抢夺金兵的粮草。

诸葛英等四人误以为吉青是金兵将领，就与吉青打了起来。吉青被围了起来，打也打不过，逃也逃不了，只得拼命与四人周旋。这时，张立赶了过来。他看到吉青快招架不住了，就上来去帮助吉青。几个人打在一起，难分高下。

粘罕被岳飞击败后，就向北逃命，来到了猿鹤山下。粘罕不知道打

斗在一起的是什么人，还以为宋军在前面挡住了去路，所以就从小路逃走了。过了一会儿，岳飞率领众将追击到猿鹤山下。牛皋和王贵在队伍前面看到吉青与人交战，马上跑过去支援。于是，牛皋、王贵、吉青、张立四人对抗诸葛英等四人，双方你来我往，打得异常激烈。

岳飞没有看到逃命的金兵，却看到吉青等人与别人在一起打斗，便大喝道："你们是什么人，为何在此打斗，却把金兵放走？"

诸葛英等四人听到后，连忙说："大家先不要动手。"于是八个人都不再打了。

诸葛英问道："你们是哪一队兵马？"

牛皋说："你眼睛难道瞎了不成，看不到岳元帅的旗号吗？"

诸葛英这才知道那位元帅就是岳飞，他连忙跪到岳飞面前，说："小将名叫诸葛英，这是我的三位兄弟，我们就在这猿鹤山落草为寇。听说金兵被击败后跑到这里，我们就来这里截杀他们。我们看到元帅麾下的这位将军，把他当成了金国将领，就厮杀起来，因此才冒犯了元帅。"

岳飞说："各位请起！目前国家正缺少人才，你们不如归顺朝廷，跟随我抵抗金兵吧！"

他们听后非常高兴，马上回山寨收拾财物，整顿人马，追随了岳飞。

岳飞看到了张立，就问他是什么人，为什么帮助吉青与诸葛英等人交战。张立跪在岳飞面前，哭着讲述了自己的身世和悲惨遭遇，还把打算去藕塘关投奔岳飞、解救吉青等事都讲了出来。

岳飞听后，说："原来你是忠臣的后代啊！你今天立下大功，等我给皇上写一封奏折，请求皇上封你官职，跟随我一起上战场杀敌吧！"张立听后，不停地谢恩。

岳飞又把吉青叫过来，斥责道："别人救了你，你怎么不道谢呢？"吉青连忙向张立道谢。岳飞又对他说："你没有获得本元帅的允许，就领兵出战，本应该斩首，不过，本元帅念在你是初犯，就从宽处理；如果以后再违抗军令，我一定不会轻饶你的。"吉青听后，连忙跪在地上谢恩。

正在这时，诸葛英等人已经率领山寨人马赶到，岳飞便率领众将返回藕塘关去了。

第二十七回

粮草失而复得

在击退粘罕大军后，岳飞便在藕塘关操练兵马，准备与金人决一死战。一天，圣旨传来，高宗命令岳飞领兵去平定汝南曹成、曹亮叛乱。岳飞知道，要去汝南，必须经过茶陵关，而那里已被曹成、曹亮的部队所占领，所以就派牛皋率领本部人马先赶到茶陵关，他率领大军随后出发。

牛皋领兵来到茶陵关，安营扎寨后，就来到关前挑战。对方来迎战的是一员步将，身材高大，脸色乌黑，手拿一根铁棍作武器。牛皋与那个黑脸大汉交战，只打了几十个回合就招架不住，只好退兵三十里扎营，等待岳飞大军到来。

两天后，岳飞率领大军赶到。岳飞问牛皋是否与敌人交战过，牛皋打了败仗，觉得惭愧，就撒谎说："前天我去关前挑战，对方一员步将出关迎战。他不肯报上姓名，也不肯与我交手，我估计是与元帅有什么仇怨，所以非得等到元帅前来才肯交战。"

岳飞一听，就知道牛皋又打了败仗，不过，他并没有揭穿牛皋的谎言。

第二天，岳飞在军帐中问道："哪位将军愿意去攻打茶陵关？"

张立站出来，说牛皋描述的那名步兵将领，与他的弟弟十分相似，便请求岳飞派他出战，让他会会那个人。岳飞答应了他的请求。

张立领兵来到关前挑战，仔细观看来将，发现那人正是自己的弟弟张用。张用也认出对方就是自己的哥哥张立。他们也不说话，挥棍便打。打了几个回合后，张立假装不敌对手，向前逃去。张用在后面紧紧追赶。来

到偏僻的地方，张立才转过身来，与兄弟相认。

张立说："弟弟，你怎么会在这里呢？"

张用答道："自从与哥哥失散以后，我四处寻找哥哥，却一直没有找到。我无处可去，就在这里投靠了曹成，他封我为茶陵关总兵。哥哥不如也归顺曹成，我们兄弟相聚，一起享受荣华富贵。"

张立说："弟弟，你这样说就错了。曹成和曹亮只不过是叛国的贼寇，现在高宗在金陵登基，岳元帅手下兵多将广，粮草充足，早晚会攻破此关。弟弟，如果你执迷不悟，一意孤行①，后悔恐怕都来不及了！"

① [一意孤行]

指不接受别人的劝告，按照自己的主观想法去做事。

张用说："那我听哥哥的，不如我明天假装失败，把这关献给哥哥吧！"

张立听后，高兴地说："我先假装被你打败，返回军营，把这件事告诉岳元帅。"说完，他们兄弟二人又来到关前，打斗几个回合，张立假装战败，返回军营去了，张用也收兵进关。

张立回到军营后，把兄弟相认、张用答应献关等事详细地讲了出来。岳飞听后非常高兴。到了第二天，张立又去挑战，张用领兵迎战。他们谁也不说话，上来就打，打了几个回合后，张用假装战败，向关内逃去，张立在后面追赶。来到关口，张用大声喊道："我已经归顺了朝廷，献出此关，你们愿意归降的就站到这边来！"守关的兵将纷纷表示愿意归降。

岳飞毫不费力地就得到了茶陵关。他领兵进关，派人催促负责运送粮草的谢昆尽快把粮草送来，好去抢栖梧山。

负责为岳家军运送粮草的是湖口总兵谢昆。他押送着粮草，向茶陵关赶来。走到九宫山时，却遇到了一伙强盗。

强盗的首领叫董先，他手下有四个兄弟，分别叫陶进、贾俊、王信、王义，还有五千多手下。一天，探子来报："大王，岳飞领兵去攻打汝南，有一位总兵运粮到汝南，正好从山下经过。"

董先听后对四个兄弟说："我一直打算占了宋朝江山，弄个皇帝当当，远比在这里打家劫舍好多了。宋朝只倚仗岳飞一人，如果将岳飞擒获，那就好办多了。现在他的粮草经过这里，我们不能轻易放过。"

董先带着喽啰冲向谢昆的队伍，大叫道："你们把粮草留下，我就放你们走；如果你们不答应，我就要你们的命！"

谢昆骑马来到董先面前，看到董先身材高大，脸色漆黑，头戴铁盔，身穿铠甲，手里拿着一把虎头月牙铲。谢昆吓得面如死灰，有气无力地说："我是湖口总兵谢昆。岳元帅下令让我押送粮草去汝南，我听令行事，押送粮草从这里经过。我已经上了年纪了，根本打不过大王。如果大王抢了粮草，岳元帅肯定会杀了我全家。希望大王发善心放我们过去，我们一定不会忘记您的大恩大德！"

董先仔细一看，见谢昆果然已是胡子花白，就说："谢昆，你的确很诚实。好吧，我不抢你的粮草，你就在这里扎营，然后立即派人去通报岳飞，就说我九宫山铁面大王董先拦住了他的粮草，让他亲自来到这里与我交战。"

谢昆只好按董先所说的去做。岳飞知道此事后非常生气，立即派施全领兵前去夺回粮草。

施全来到九宫山，进入谢昆的军营，吃过午饭后就领兵与董先交手。董先看到施全后，大叫道："你就是岳飞吗？"

施全回答说："你们这些小毛贼，根本用不着我们岳元帅亲自出马。我是岳元帅手下的统制施全，奉元帅的命令，来此地擒拿你。"

董先听后气得火冒三丈，举起月牙铲便向施全的头上打来。施全慌忙举起手中的戟，抵挡对方的月牙铲，虽然挡住了这一铲，但他两条胳膊被震得发麻。董先一连挥出几铲，施全根本无法抵挡，只能调转马头逃走。董先在后面追赶，一连追了四五里，最后见施全跑远了才没有继续追下去。

施全败退的时候看见路上有一个英俊的少年，在十几名家将的陪同下，正向前走，便高声叫道："前面那个年轻人，不要再往前走了，前面有强盗！"

年轻人问道："不知将军是何人？"

施全答道："我是岳元帅麾下的统制施全。九宫山强盗拦住了护粮官谢昆，我奉元帅的命令，来到这里夺回军粮。可没想到的是，那强盗武艺高强，我打不过他，就逃到这里来了。你们也不要往前走了。"

年轻人说："多谢将军的好意！"他又转头对家将说："把我的铠甲拿过来。"

家将听令，送上铠甲。年轻人穿上了铠甲，又拿上一把虎头枪，看起来威风凛凛。施全觉得他有些本领，就跟着他回来找董先。

施全等人来到九宫山下，那个年轻的公子指名叫董先出来。董先下山来，看到施全带着一个年轻人来挑战，就大骂道："施全你怎么带一个孩子来送死？这可实在太可笑了！"

年轻人说："你就是董先吗？"

董先不屑地说："既然知道我的名字，为什么还不快逃命？"

年轻人说："看你的样子也像一条好汉，现在朝廷正需要人才，我原本是打算去投奔岳元帅的，你就和我一起去吧！如果你不听劝，就别怪我不客气了。"

董先气愤地说："你这个小毛孩儿！竟然敢如此猖狂？"说着，他便挥铲向年轻人打来。

年轻人沉着应战，几十个回合后，就杀得董先难以招架。董先逃上山去，一边跑一边喊兄弟们来帮忙。陶进等四人听到喊声后一起冲下山来，他们看到那个年轻人后，不但没有动手，反而慌忙跪在地上，说："哎呀，原来是公子！"

那位年轻人说道："你们为什么会在这里当强盗？我祖父不是叫你们去投奔岳元帅吗？"

陶进等人答道："我们本来是打算去投奔岳元帅的，不过，我们经过这里时，董哥把我们捉住了，还与我们结拜为兄弟，因此我们才会当上强盗。公子怎么会在这里？"

年轻人说："我在半路上遇到了施将军，他说你们抢了岳元帅的粮草。你们在这里当强盗，到头来能有什么结果呢？你们与董先是结拜兄弟，不如劝说他一起归顺朝廷，跟随岳元帅一起抵抗金兵。"

岳飞传

在陶进等人的劝说人，董先决定去投奔岳飞。第二天，他放火烧掉山寨，率领手下一起来到谢昆的军营，然后一起向茶陵关进发。

　　原来，那个年轻人是大元帅张所的儿子张宪，陶进等人本来是张元帅的副将。张元帅去世后，他年迈的父亲就让张宪与陶进等人去投奔岳飞。陶进等人先行，结果被董先捉住，在九宫山上做了强盗。张宪安顿好家事后才出门，在路上与施全不期而遇，这才得以见到陶进等人。

　　在陶进等人的劝说人，董先决定去投奔岳飞。第二天，他放火烧掉山寨，率领手下一起来到谢昆的军营，然后一起向茶陵关进发。

132

第二十八回

收服何元庆

　　岳飞知道粮草十分重要，所以他不仅命令谢昆运送粮草，还派汤怀和孟邦杰运送粮草。汤怀和孟邦杰运送军粮向茶陵关进发。在路上，他们两人觉得烦闷，就跑到山上去打野味。

　　他们来到山上，看到一只鹿在吃草，就搭弓射箭，射在了鹿的后背上。鹿受伤逃走，他们在后面紧追不舍，追了十几里后看到鹿被两个美丽的女子射死。双方争吵着说鹿是自己射死的，都不想把鹿让给对方，结果动起手来。那两名女将打不过汤怀和孟邦杰，战败后逃到了冀镇总兵樊瑞的家里。汤、孟二人也追到了那里。樊瑞知道他们是岳飞手下的将领后，就摆下酒饭招待他们，还说那两名女将是自己的女儿。看到汤怀和孟邦杰无论人品还是武艺都很出众，樊瑞便决定把两个女儿许配给他们二人。汤怀和孟邦杰自然喜不胜收。

　　这时，谢昆率领运送粮草的队伍已经来到岳飞的军营。他和施全把他们在九宫山的遭遇完整地讲了一遍，还把张公子、董先等人引荐给岳飞。岳飞喜出望外，命人摆酒席为他们接风。

　　第二天，岳飞率领大军前去攻打栖梧山，在离山十里的地方安营扎寨。栖梧山有一名叫何元庆的将领，他听说岳飞来挑战后，就下山迎战。

　　岳飞看到何元庆身穿金锁甲，头戴银盔，骑着一匹骏马，手里拿着一对银锤，英姿飒爽，便心生收服之意。

　　何元庆先发话说："我听说过你领兵攻打太湖，收服杨虎、余化龙等人之事，你的确是一名文武双全的将领。其实我早就有意追随你，只是我有两员家将不让我这样做。"

岳飞说："你堂堂一员大将，怎么会听从家将的话？以后你如何统领大军呢？"

何元庆提起手中的一对银锤，向前摆了一下，说："这就是我的两个家将，你问一下它们是否愿意归降吧！"

岳飞知道难免一战，就提起沥泉枪，向何元庆刺来。

何元庆用银锤挡住了岳飞的枪，说："岳飞，如果你能捉住我，我就投降；如果你捉不住我，我这银锤打伤了你，你可千万不要悔恨。"

岳飞说："好！大丈夫一言既出驷马难追！"说着，他又刺出一枪。

何元庆举起银锤，抵挡岳飞的枪。于是，两个人展开了一场大战，由于武艺相当，所以打了很久也没有分出胜负。何元庆看到天黑了，就用银锤架住岳飞的枪，说："天黑了，我们明天再战！"两人就各自回营去了。

回到军营后，岳飞对各位将领说，何元庆并没有失败，却突然收兵，晚上一定会来劫营。于是，他命令汤怀派人在他的大营前挖一个陷阱，命令张显和孟邦杰派人埋伏在陷阱两旁，又派牛皋和董先领兵在半路埋伏，阻断何元庆的退路。岳飞还告诫众将，捉住何元庆后，千万不能伤害他的性命。汤怀等人按照岳飞的吩咐，做好了准备，只等何元庆夜里来劫营。

当天夜里，何元庆果然来劫营。他领兵来到岳飞的军营前，带头冲了进去，结果连人带马一起跌进了陷阱里。埋伏在陷阱左右的汤怀和孟邦杰领兵冲出来，把何元庆绑了起来。何元庆手下的士兵看到主帅被擒，一齐下跪求饶。牛皋就收服了这些士兵，带着他们回到军营。

天亮后，张显和孟邦杰绑着何元庆来见岳飞。何元庆被推到岳飞面前，却站在那里，没有下跪。岳飞站了起来，笑着说："大丈夫应当说话算话，将军现在应该归顺朝廷了吧！"

何元庆不服气地说："要不是我贪功，怎么会中你的诡计？要杀就杀吧，我是不会归顺的。"

岳飞说："那好办！"说着，他命令手下给何元庆松绑，让何元庆带

何元庆举起银锤，抵挡岳飞的枪。于是，两个人展开了一场大战，由于武艺相当，所以打了很久也没有分出胜负。

上武器和兵马离开，改天再战。

何元庆回到山寨后，越想越生气，便努力地思考打败岳飞的办法，以报被岳飞擒获之仇。

在何元庆想办对付岳飞的同时，岳飞也在想办法让他归降。岳飞问张用说："除了大路外，还有其他路通往栖梧山吗？"

张用回答说："后山还有一条小路。不过，那条路被一道溪水拦住了。"

岳飞听后就命令张用、张显、王信、王义等人，带领三千名步兵，悄悄地渡过小溪，从栖梧山的后山攻入何元庆寨中，又命阮良、杨虎、耿明初、耿明达等人按照自己的计策行事。

就在这时，何元庆来营前讨战。岳飞出营与何元庆交战。他们两个人从早上打到晚上，仍然没有分出胜负。岳飞看到天已经黑了，就用枪架住何元庆的银锤，说："将军，天已经黑了，你要是喜欢夜战的话，就让士兵点上火把，咱们继续打下去，你要是觉得累，就回去好好休息，养足精神，明天再打！"

何元庆非常气愤地说："岳飞，你不要逞能，看我与你打上三天三夜。"他叫士兵点上火把，继续与岳飞交战。双方各自施展武艺，仍然没有分出胜负。三更时，栖梧山上突然着起了大火。

岳飞看到后，说："何元庆，你的山上着火了，你赶紧回去救火吧！"

何元庆回头看了一眼，发现山上火光冲天，不由大吃一惊，连忙骑马向山上跑去。他的手下从山上跑下来，对他说，张用从后山冲入山寨，一把火把山寨给烧了。他听后异常愤怒，大骂张用道："这个混蛋，我与你往日无冤，近日无仇①，你为什么要来抢我的山寨，让我连安身的地方都没有。"

他手下的将领说："我们丢了山寨，前面又有岳飞大军阻拦，不如回到汝南去，把这件事报告给大王，让大王发兵给我们报仇。"

何元庆觉得有理，就带领手下，向汝南大路而去。走到天亮时，他们来到江边，何元庆看到江上的大桥被人拆断了，也没有船只送他们过江。这时，一声炮响传来，一队小船向他们驶来，杨虎和阮良站在船头，大喊道："何将军，元帅派我们在这里等你，我们已经等了很久了！你还是归顺朝廷吧！"

何元庆不理他们，带领手下人马来到了白龙江口。那里也没有渡船，而后面岳飞的追兵马上就到。何元庆焦急万分，不知道该怎么办好。这时，突然有两只渔船向他们驶来。何元庆非常高兴，连忙叫渔船送他过江。当渔船行驶到江中心时，渔夫把船弄翻，何元庆水性不好，被渔夫捉住了。原来，那两个渔夫是耿明初、耿明达兄弟假扮的。他们听从岳飞的吩咐，专门在这里等候何元庆。

耿家兄弟把何元庆绑了起来，送到岳飞面前。岳飞看到何元庆

① 〔往日无冤，近日无仇〕

过去没有仇恨现在也没有怨恨。指彼此一向没有冤仇。

后，立即下马，命人解开绳子，并说道："这一回将军还有什么话说？"

何元庆仍然不服气。他说："你接连使用诡计，有什么好说的！我被你抓了，你要杀就杀吧！不过，我并不服你！"

岳飞说："那好，你就带着你的马匹和银锤回去吧！等你整顿好兵马后，再来与我交战！"

何元庆什么也不说，提起银锤骑上马就离开了。

众将不明白岳飞为什么要这样做，岳飞说："各位贤弟，你们不知道，以前诸葛亮七擒七纵孟获，才使得南蛮不再叛变。现在我放过何元庆，就是想让他心甘情愿地来投降。"说完后，他又对汤怀说了几句话，汤怀领命而去。

何元庆离开去，又来到了白龙江口。他想到自己多次被岳飞羞辱，觉得非常气愤，又想到曹成也会被岳飞打败，自己无处可去，便打算自杀。就在他准备拔剑自杀时，汤怀骑马赶了过来，大叫道："岳元帅惦记着何将军，特地派我来为将军送行。请将军稍等片刻，我准备好船只后，就送将军过江。"

就在此时，牛皋带领一队士兵，提着食物赶了过来。牛皋说："元帅担心将军会感到饥饿，所以特地命我准备一些饭菜和水酒，请将军享用。"

这下何元庆彻底被岳飞的举动所打动，他哭着说道："岳元帅如此待我，我怎么能不归降呢？"说完后，他就与汤怀、牛皋一起来到岳飞面前，跪在地上，表示愿意归降。岳飞非常高兴，亲自下马扶他起来。

之后，岳飞便领兵返回茶陵关。他非常器重何元庆，还与何元庆结为兄弟。

第二十九回

金陵失陷

② [澶 (chán) 州]
　唐武德四年（公元621年）置澶州，辖澶水、顿丘、观城等县，治澶水（濮阳市区西南）。

③ [心急如焚]
　心里急得像着火一样，形容特别着急。焚：烧。

　　不久，圣旨到来，高宗命岳飞领兵前往洞庭湖平定杨幺（yāo）叛乱。岳飞得知曹成、曹亮兄弟领兵逃走后，考虑到他们不足为患①，便率领大军向湖南进发。来到湖南澶州②后，岳飞才知道杨幺因惧怕自己而逃跑了。

　　金兀术听说岳飞领兵去澶州平定太湖水寇，就与军师哈迷蚩商议攻占金陵的计策。哈迷蚩提出，兵分五路，让岳飞来不及救援。金兀术觉得这个计策好，就派四位兄弟各率领十万大军，分别攻打湖广、江西、山东、山西等地，而他则亲自率领二十万大军去攻打金陵。

　　驻守金陵的是老将宗泽。他曾多次劝说高宗还都汴梁，以便在那里发号施令，收复失地。可是，高宗觉得汴梁离前线太近，一直也不同意。当得知金兀术兵分五路，侵犯大宋疆土，而岳飞又在湖南平定水寇，无法及时救援，宗泽心急如焚③，导致旧病复发，气绝身亡了。在临死前，他还一直高呼"过河杀贼"。

　　金兀术率领大军长驱直入，很快就来到长江边上。长江总兵杜充得知金兵到来后，想到宗泽已经去世，岳飞又在湖南，朝中一群奸臣根本无力抵抗金国大军，便向金兀术投降，将长江防线拱手相让。杜充的儿子杜吉担任金陵总兵，杜吉打开了城门，放金兀术大军进城。如此一来，金兀术没费一兵一卒，就进入了金

陵城。

高宗赵构得知金兵已经进入金陵城后，立即带领李纲、王渊、赵鼎、沙丙、田思忠、都宽六位大臣，仓皇逃走。金兀术来到皇宫，得知高宗已经逃走后，就派手下将领守住金陵，他则亲自率领人马去追赶高宗。

高宗等七人逃了几天，逃到了海盐县。路金是海盐县的县令，他听说高宗逃难到了海盐县，赶忙出城迎接。路金说，当年水泊梁山的五虎上将之一呼延灼就在海盐隐居，高宗如果召他前来，一定能够平安无事。

高宗听后，就派路金去请呼延灼。呼延灼来了不久，就有军士报告说金兵已经抵达城下。高宗听后大吃一惊，不知道该怎么办好。呼延灼说："请皇上登上城楼，观看臣与敌人较量。臣如果打败了敌人，您就在这里等候勤王的兵将，臣如果无法取胜，那就请您立刻离开这里，向临安而去吧！"

高宗答应下来，之后就带领大臣上了城楼。此时杜充正在城外大叫，让城内军民把高宗献出来。呼延灼骑马出城，来到杜充面前，大喝道："你是什么人，竟然如此放肆？"

杜充答道："我就是大金国的长江王杜充。你是什么人？"

呼延灼说："哦，你就是献出长江的恶贼吗？吃我一鞭！"随即挥起手中的鞭，向杜充的脑袋打去。

杜充举起金刀，挡住了呼延灼的鞭。呼延灼又挥起鞭，照着杜充的腰打去，把杜充打落马下。金兵看到主将被杀死，纷纷逃走。呼延灼砍下杜充的人头，回城去见高宗。高宗非常高兴地说："爱卿勇猛过人，寡人如果能回金陵，一定封你做大官。"

那些逃走的金兵回去对金兀术说，杜充在一座城下被一个老头儿给打死了。金兀术觉得奇怪，就亲自领兵来到海盐城下。高宗在城上看到金兀术后，情不自禁地流下泪来，说："他就是抓走了徽宗和钦宗的金兀术。我与他仇深似海！"

呼延灼说："皇上，现在不是伤心的时候，请您派人准备好马匹，如果臣与他交战无法取胜，您就出城，前去湖南寻找岳飞，让他帮您复国。"说完后，他就冲出城去，与金兀术交战。

金兀术看到来者是一位威风凛凛的老将，便高兴地说："老将军，你是什么人，请报上姓名！"

呼延灼答道："我是梁山泊五虎上将之一的呼延灼。你立即退兵，我饶你不死，否则我一鞭打死你！"

金兀术说："我是大金国四太子金兀术，我早就听说一百零八人在梁山泊聚义，大家像兄弟一样亲近，而且每个人都有一身本领。当初我还不相信，今天见到将军，我才知道这是真的。不过，老将军忠君爱国，最后还不是落得一个遭奸臣陷害的下场？我劝你还是归顺我，好好享受荣华富贵吧！"

呼延灼异常气愤地说："我以前与宋江征伐辽国，用鞭打死了大批辽国大将，如今多打死一个也不算多。"说着，他就举鞭向金兀术的头上打来。

金兀术连忙举起金雀斧，抵挡住呼延灼的鞭。他们二人打了二十多个回合，仍然没有分出胜负。金兀术知道呼延灼武艺高强，要不是年龄太大，自己根本不是他的对手。他们又打了十多个回合。呼延灼毕竟年龄大了，体力下降，所以逐渐落入下风。他看到形势对自己不利，便催马向后逃去。金兀术在后面紧紧追赶。后来，呼延灼的马在一座年久失修的吊桥前跌倒，呼延灼摔下马来。金兀术赶上来，挥斧将他砍死。

高宗等人在城上看到呼延灼被杀死，匆忙骑马沿着海塘逃走了。

金兀术杀死呼延灼后，叹了一口气，说："他在梁山上声名响亮，却被我所杀，是我错了！"说完后，他吩咐士兵好好安葬呼延灼。进城后，他才得知高宗等君臣八人已经逃走了，便吩咐士兵立即追赶。

宋高宗等人来到海边，前面已经无路可走，而后面追兵将至，就在这时，海上突然出现一只小船，把他们救走了，他们被带到了一个山寨里，海盗的首领是梁山泊的浪子燕青，他命令手下众人把高宗等人丢到海里去。高宗等人看着宽阔无边的大海，惊恐不已。这时，几个渔夫划船经过，救了他们，把他们送到了黄州界牌关。他们进入界牌关后走了半天路，来到一个村庄中的一户人家门前。由于过度劳累，他们都想进去好好休息一下。可是，李纲发现那里正是老太师张邦昌的家。

高宗想起张邦昌因陷害岳飞被自己罢免了官职，知道他一定对自己怀恨在心，便向前走去。张邦昌的家人在门口看到了高宗等人，就进去报告给张邦昌。张邦昌请高宗等人到家里休息，还说会派人去湖南请岳飞前来保驾，可实际上，他悄悄地去了粘罕的军营，叫粘罕派人来捉拿高宗。

张邦昌的原配夫人蒋氏是一个心地善良的女人。她得知丈夫的诡计后，便于夜深人静时悄悄地来给高宗等人送信，让他们从花园翻墙逃走。高宗等人离开后，她便在一棵大树上上吊自杀了。

粘罕派了三千名士兵跟随张邦昌来抓高宗，却发现高宗等人已经逃走，蒋氏吊死在一棵大树上。张邦昌非常气愤，把蒋氏的脑袋砍了下来，向粘罕请罪。粘罕认为高宗等人跑不远，就派张邦昌领路追赶。

高宗等人逃了大半夜，终于走上了一条大路，却遇到了王铎和他的手下。王铎本来是要去找张邦昌商量投靠金国的。他看到高宗等人后，装出一副非常高兴的样子，邀请高宗去家里休息，还说会派人把高宗送到湖南，让高宗与岳飞相会。李纲知道王铎也不是好人，便暗示高宗不要去。可是，高宗还是接受了王铎的邀请。

高宗君臣八人来到王铎家里后，王铎立刻派人将他们绑了起来，关押在后花园里，然后去向粘罕报信。王铎的大儿子王孝如知道此事后，觉得父亲的做法有违君臣之道，便释放了高宗等人，之后自杀而死。

王铎见到粘罕和张邦昌后，说他已经将高宗等人囚禁。粘罕听后非常高兴，就跟随王铎来到他的家中，却没有找到高宗等人。王铎的家人说，高宗等人已经被公子放走了。粘罕非常生气，下令抄了王铎的家，烧毁了房屋，让王铎与张邦昌带路去追赶高宗等人。

高宗君臣八人逃到了一座高山下，打算翻过山去。这时，粘罕的追兵来到了山下，发现了他们。粘罕立即命令士兵爬上山去，把高宗等人抓回来。高宗等人爬到了半山腰，看到下面有大量金兵在向上爬，都吓得魂不附体。就在这个时候，天上下起一场大雨。那些金兵都穿着皮靴子，皮靴子遇水后变得特别滑，所以纷纷摔下山去。粘罕看到雨下个不停，就下令将那座山围起来，打算等雨停后再上山抓人。

高宗等人冒着大雨爬到了山顶，看到一座灵官庙，就进殿避雨休息。

第三十回

牛皋独闯金营

金陵失守的消息很快就传到了澶州。岳飞得知金陵失守、高宗率领大臣出逃后，急得气血上涌，头昏眼花。他大喊道："皇上，你要我们这些臣子有什么用！"说着就拔出宝剑要自杀。

张宪和施全连忙抱住，劝说道："元帅这样说就不对了！皇上在外逃难，您应该去保护圣驾，怎么能够在这里自杀呢？"

在众人的劝说下，岳飞冷静下来，立即派人去打探高宗的下落。诸葛英等人推测出高宗可能在牛头山一带，岳飞立即派牛皋率领五千人马去那里打探。

牛皋领命飞速向牛头山进发，就在高宗等人爬山遇雨时来到了牛头山下。得知金兵围山后，牛皋认为高宗等人就在山上，于是领兵上了山。

高宗等人躲在灵官庙内偷偷观看，发现来者是牛皋后，大叫道："牛将军，快来护驾！"

牛皋进殿来到高宗面前，跪在地上说："岳元帅得知皇上出走之事，险些自杀。他推测出皇上在这里，就派我来保护皇上。"他把随身携带的干粮拿给高宗吃，还吩咐士兵守住上山的主要道路。

雨停之后，围山的金兵想要上山抓高宗，却发现宋军把守着上山的道路，于是赶紧报告给粘罕。粘罕知道自己兵力不足，无法攻山，所以就一面派人催促大军赶快前来，一面派人通知金兀术领兵来支援。

牛皋派人把高宗在牛头山的消息报告给岳飞，请岳飞率领大军来救

驾。岳飞得到消息后，飞速赶到了牛头山。牛皋带领岳飞来到灵官殿，拜见高宗。岳飞说："微臣没有保护好圣驾，实在罪该万死。"

高宗哭着说："奸臣导致国家动乱，不关爱卿的事。"众位大臣赶紧扶着高宗去里屋休息。这时，张保进来禀告岳飞说："抓住一个奸细，请元帅发落。"

岳飞便下令把奸细带上来。原来，那个奸细是一个年轻的道童，在山上的玉虚宫修行，他师父听说有兵马来到这里，就派他来打探。岳飞询问他玉虚宫有多大，他说那里很大，有三十六个房间。岳飞听后，便对吩咐他回去收拾出几间房间，以供高宗休息。

道童离开后，岳飞用拉粮的车子载着高宗来到玉虚宫。宫里的道士听说皇上要来，都到门口迎接。岳飞请高宗进去，为他换了一身干净的衣服，让他好好休息。岳飞救驾有功，高宗便封岳飞为"武昌开国公少保统属文武兵部尚书都督大元帅"，牛皋等将领也都获得了封赏。

安顿好高宗后，岳飞便想着如何击败山下的金兵，保护高宗返回京城。

一天，岳飞把各位将领召集到中军大帐，对他们说："现在两军交战，粮草非常重要。可是，金山就驻扎在山下，挡住了去路。哪一位胆大的将军敢去相州催粮呢？"

牛皋上前说道："末将愿意去催粮。"

岳飞看了牛皋一眼，问道："凭你的本事，怎么能够闯过金兵军营呢？"

牛皋回答说："这些毛贼有什么好怕的？元帅，我如果闯不出金兵的军营，情愿献上项上人头。"

岳飞听后说："那好，这是文书和令箭，你路上多加小心。"

牛皋领命出营，骑着马来到金兵的军营前，大叫道："老爷要去催粮，你们赶紧给我让路！"随即挥动双锏，看见金兵就打。金兵连忙向粘罕报告。粘罕气得火冒三丈，上马来与牛皋交战。牛皋异常勇猛，打得粘罕难以招架，之后便冲出了金兵的军营，前往相州而去。

岳飞在山上听说有四队金兵赶来支援，心想："牛皋虽然已经冲出了金兵大营，但他怎么把粮草运到山上来呢？"这个问题让他伤透了脑筋。

牛皋很快就赶到了相州，拜见了相州节度使刘光世，递上了文书。刘光世派人准备好粮草，并派三千名士兵护送。牛皋带着粮草往回赶，在半路上遇到大雨，就命令士兵将粮车推到一个大殿里避雨。那殿是汝南王郑恩的后代郑怀的产业。郑怀听说有一队兵马占了他的殿后，就带领手下前来，并与牛皋厮杀在一起。他武艺高强，几回合就把牛皋抓住了。当得知牛皋奉岳飞的命令把粮草押到牛头山后，郑怀连忙道歉，并提出要与牛皋一起上山保驾。牛皋非常高兴，就与他结为了兄弟，一起护送粮草向牛头山而去。

走了不久，他们在一座山前遇到一个年轻的将军率领一群手下来抢粮。郑怀与他交战，双方打了三十多个回合也没有分出胜负。牛皋非常欣赏那个年轻人的武艺，就对他说："我是岳元帅手下大将牛皋。小兄弟，我看你年纪轻轻，却有一身好武艺，为什么要做强盗，而不为朝廷效力呢？"

那个少年听后，大吃一惊，连忙下马说："原来是牛将军！我是东正王的后人张奎，因为朝廷里奸臣当道，所以不愿意做官，在这里做了强盗。"

牛皋听后，便让他一起押送军粮，为国效力。张奎便与牛皋、郑怀结为兄弟，一起护送粮草去牛头山。

走了一天后，牛皋等人又被一队人马拦住了去路，为首的是一员年轻将领，身穿黄金打造的铠甲，头戴黄金打造的头盔，手中提着一柄虎头枪。他武艺高强，牛皋、郑怀、张奎三个人一起上也不是他的对手。打了一会儿，那个小将停了下来，说："我是开平王之子高宠，奉母亲的命令赶往牛头山保驾，正好遇到了几位哥哥，就向哥哥们展示一下武艺。"

牛皋听后非常高兴，便于他合兵一处，护送粮草向牛头山而去。

牛皋等人又走了几天，终于来到了牛头山下。此时金兀术已经率领大军赶到，六十七万金兵把牛头山围得水泄不通。牛皋便命高宠在前开路，命郑怀和张奎一个在左，一个在右，他自己押后，冲入了金兵大营，成功地把粮草送到山上。

岳飞知道牛皋带粮草上山后非常高兴。牛皋把三位兄弟引荐给岳飞，岳飞问清了他们的身世后，就带着他们去见高宗，高宗封他们三人为

统制。

　　第二天，岳飞召集众将到大帐议事。他说："现在粮草虽然已经到了，但金兵把我们围了起来，我担心粮草用完后，无法及时得到补给。所以，我们必须与金兵大战一场，将金兵杀退，保护皇上返回京城。哪位将军有胆量去金兵大营送战书呢？"

　　牛皋站出来说道："末将愿意前去！"

　　岳飞便让张保给他换了衣服。牛皋向岳飞告辞，一个人出了军营。众兄弟都出营来送牛皋，并告诫牛皋一定要小心，千万不能乱说话。牛皋说："各位哥哥，小弟自会随机应变。我只有一件事要拜托各位，如果我有什么不测，希望各位看在结拜的份上，好好照顾这三个小兄弟。"

　　众兄弟听后，热泪盈眶地说："这是我们应该做的，希望你能平安归来！"说完后便回山去了。

　　牛皋一个人下山，他把眼泪擦干，自言自语道："如果被金人看见了，还以为我贪生怕死呢！"他又看了看自己的衣服，觉得自己就像城隍

牛皋说："我今天是奉天子的圣旨和岳元帅的将令来给你送战书的，我是天子的使臣，按礼仪来讲，咱们应该按照客人和主人的礼仪相见，我怎么能向你行礼呢？"

庙里的判官。过了一会儿，他就来到了金兵的军营前。

金兀术听说牛皋来送战书了，便下令让他进营。

牛皋走进军帐，来到金兀术面前，说："请下来行礼！"

金兀术听后，非常气愤地说："我是大金国的皇子，还是昌平王，你见我应该叩头行礼，怎么能让我向你行礼呢？"

牛皋说："我今天是奉天子的圣旨和岳元帅的将令来给你送战书的，我是天子的使臣，按礼仪来讲，咱们应该按照客人和主人的礼仪相见，我怎么能向你行礼呢？再者说，我牛皋并不怕死，如果怕死，也就不会到这里来了！"

金兀术说："如此说来，倒是我错了！真看不出来，原来你是一个不怕死的英雄。好，我现在就下去向你行礼。"

牛皋说："好啊！这样做才是英雄所为。下次在战场上遇到你，一定要与你多打几回合。"

金兀术说："牛将军，我和你行礼了！"

牛皋回复道："末将也向你行礼了！"

金兀术接过战书，仔细看了一遍，在战书后面写上"三天后决战"，交还给牛皋。

牛皋收好战书，说："我难得到这里来，你应该好好款待我。"

金兀术说："的确应该。"便吩咐军官带着牛皋去享用酒饭。

牛皋毫不客气，大块吃肉，大碗喝酒，直喝得大醉才骑马回营。众兄弟看到牛皋回来了，都非常高兴，说："辛苦了，牛兄弟！"

牛皋回答说："也不辛苦。金兀术请我喝酒吃饭，我吃不下饭，只喝了几杯酒。"说完后，他就来到岳飞的军帐，把战书交给岳飞。岳飞看到牛皋平安返回异常高兴，还给他记上一功。

第三十一回

高宠殒命

一天后，金兀术亲自率领大军来到山前，向岳飞挑战。岳飞安排各将领把守各条要道，布置了大量的檑木①和炮石，又吩咐郑怀专门管理鸣金的士兵，张奎专门管理叫阵的士兵，高宠掌管三军大旗，而他自己则骑着马、提着沥泉枪，在张保和王横的护卫下下山与金兀术交战。

金兀术拍马向前，对岳飞说："岳飞，如今山西、山东、湖广、江西都已经被我大金国占领。你们君臣兵力不到十万，被我大军困在这里，我估计你们粮草不足，根本就逃不出去。依我看，你不如将高宗献出来，并归顺于我，我还会封你为王，你觉得怎么样？"

岳飞大声呵斥道："金兀术！你们这些人实在太可恶了！你们把徽宗和钦宗囚禁在沙漠，还来到湖广追杀高宗。本元帅兵力虽然不足，但我手下的士兵个个英勇，如果不将你们杀光，我是不会撤退的。"随即大吼一声，举起沥泉枪刺向金兀术。

金兀术挥舞金雀斧，迎战岳飞。双方大战了十几个回合，难以分出胜负。这时，金兵大声呼喊着向牛头山上冲去，被守山的岳家军将领挡住。岳飞虽然武艺高于金兀术，但他担心金兵冲上山去，惊了高宗圣驾，所以不敢继续与金兀术交战。他挡开金雀斧，虚晃一枪，就退回到山上去了。

① [檑木]

古代打仗时从高处推下打击敌人的大木头。

张奎看到岳飞回山，立即鸣金收兵。负责掌管三军大旗的高宠看到岳飞撤退后，暗暗想道："元帅只和金兀术打了几个回合，为什么这么快就回山了呢？一定是金兀术武艺高强，元帅打不过他。既然如此，让我去会会他！"说着，他把大旗交给张奎，骑马冲下山去。

金兀术正骑马向山上冲来。高宠看到金兀术后，一枪朝金兀术的脑袋刺去。金兀术连忙抬起金雀斧抵挡，不过，由于高宠的枪实在太重，他的金雀斧并没有抵挡住，只得低头躲避，结果头盔被高宠的枪挑落了。金兀术吓得调转马头就向金兵大营逃去。

高宠在后面紧追不舍，跟随金兀术进了金兵大营。他挥舞长枪，连挑带刺，杀得性起，在金国军营里来回穿梭，无人能挡，直杀得金兵四处逃窜。到了下午，高宠从金兵大营里冲出来，打算回山。这时，他看到西南角有一座军营，便认为那是金兵囤粮的地方，他打算一把火把金兵的粮草烧毁，所以就冲了过去。

为了抵挡住高宠，金兵将"铁华车"推了出去。高宠没有见过这种战车，所以觉得有些奇怪，不过，他自恃武艺高强，根本没有把这些战车放在眼里。他用枪一挑，就把一辆"铁华车"挑过头顶，扔到一旁去。后面又有十辆车向他冲来，他如法炮制^①，用枪将那十辆车挑走。当第十二辆"铁华车"冲过来时，高宠还想用枪挑，不过他所骑的马由于过于疲惫，蹲了下来，把他掀翻到地上，"铁华车"便从他的身体上碾了过去，把他给活活碾死了。高宠死后，金兀术派人把他的尸体悬挂在军营前。

这时，岳飞正在和各位将领打听高宠的下落。牛皋看到金兵大营前吊起一具尸体，便立即骑马向山下冲去。岳飞看到已经无法阻击牛皋，连忙派张用、张保、张立、王横四人赶去支援牛皋，又命董先、张宪、余化龙、何元庆四人前去接应。

牛皋骑马来到金军营前，有一些金兵冲上前，牛皋二话不说，挥起双锏就打。牛皋一直杀到吊着高宠尸体的木桩前，拔出剑砍断绳子，牛皋看到尸体的惨状，一时悲伤过度，跌下马来。

① [如法炮制]

本来指按照一定的方法制作中药，后来比喻照着现成的样子做。

这时，他看到西南角有一座军营，便认为那是金兵围粮的地方，他打算一把火把金兵的粮草烧毁，所以就冲了过去。

金兵正准备上前捉拿牛皋，张用等八人突然赶到，将金兵杀退。张立和张用在前后抵挡金兵，王横把牛皋扶上马，张保把高宠的尸体搬到自己的马背上，然后就向山上冲去。何元庆和余化龙负责殿后，将追击的金兵杀退。

金兀术得知牛皋等人来抢高宠的尸体后，急忙领兵赶来，等他赶到时，牛皋等已经上山了。金兀术感慨道："这些宋朝人太讲义气了，而且胆子也大。"

牛皋回到山上后，不停地大哭，在场的人看到牛皋伤心的样子，无不感到难过。岳飞担心牛皋伤心过度，就命汤怀住在他的军帐中，多劝一劝他。

金国大军虽然把牛头山团团围住，但岳飞精通兵法，而且手下将领个个勇猛，所以双方一时之间都无法击败对方。

　　一天，金兀术正在大帐中发愁如何击败岳飞，坐在一旁的军师哈迷蚩说："我想出一条捉拿岳飞的妙计，不知道四太子是想要活的还是想要死的？"

　　金兀术以为军师在故意戏弄他，所以有些生气地说："你怎么净说梦话！前两天我想捉他两个小兵，你说如果能够成功，那么牛头山早就被我们攻下了。连两个小兵都抓不回来，又怎么能够抓住岳飞呢？你简直是胡说八道。"

　　哈迷蚩说："上山抓宋军的小兵，的确很困难；要抓岳飞，则另当别论。我有一个计策，就算岳飞有再大的本领，也逃不出我的手掌心。"

　　金兀术赶忙说道："快快讲来。"

　　哈迷蚩说："臣听说，岳飞从小就失去了父亲，是他母亲一手把他养大的，所以他对他母亲极为孝顺。他的母亲姚氏，还有他的家人，现在就居住在汤阴县。现在我们在这里对峙，他根本不会想到我们会对他的亲人下手。我们派人悄悄地把他的亲人抓来，逼迫他投降，他除了投降之外别无选择。这不就是活的吗？如果想要死的，我们就把他的亲人送到大金国去，他一定会忧伤而死。所以说，他的生死完全掌握在我们手里。"

　　金兀术听后非常高兴，立即派元帅薛礼花豹和牙将张兆奴率领五千士兵，去汤阴县捉拿岳飞的亲人。金兀术叮嘱他们，只许抓活的，不许伤人性命。薛礼花豹和张兆奴领命，领兵向汤阴县而去。

第三十二回

岳云投军

转眼间，岳飞的大儿子岳云已经长到十二岁，不仅相貌英俊潇洒，而且非常聪明。岳云十分好学，他找出父亲留下来的读书笔记和兵书细心研读，读书之余，他就练习武艺。

岳云还常带着家将去看相州节度使刘光世操练兵马，有时候也去郊外打猎。有一天，他瞒着姚氏和李氏，带着两名家将去城外散心。当时正值盛夏，倾盆大雨不期而至，他便带着家将去一座古庙避雨。在古庙里，他觉得有些困，就睡了一觉，并做了一个梦。在梦中，他看到两名将军在舞锤，他们的锤法非常高明，他看到后不禁大声叫好。那两名将军听到喝彩声后，就停了下来，问他是什么人。当得知他是岳飞的儿子后，他们便决定把锤法传授给他。岳云梦醒后回到家中，就让家将打造两柄银锤，每天都按照梦中两位将军传授他的锤法练习。

一年后，岳云已经十三岁了。有一天，姚氏突然对他说："云儿，你都长这么大了，相州节度使刘光世大人，在你父亲尚未做官时就非常照顾我们家，现在经常让你去他的军营接受训练，教给你很多知识，你应该去好好谢谢人家！"

岳云答道："我今天就带着礼物去向刘大人致谢。"说完后，他又来到母亲房中，把这件事说给母亲听，之后就带着四名家将进城了。他在路上暗暗想道："我父亲在外征战，我想去帮助他，却不知道他在哪里；这次去拜见刘大人，我正好去打听一下父亲的消息。"

他们主仆五人很快就来到了刘光世的军营。岳云见到刘光世后，非常客气地说："祖母让我来给刘大人问好！"

刘光世说："多谢老夫人。公子回家后，代我问候老夫人，并告诉她老人家，我改天再去拜访。"

岳云说："多谢大人！侄儿要问一下大人，我的父亲最近在什么地方？"

刘光世想起姚氏曾嘱咐他不要把岳飞的行踪告诉岳云，所以就随口回答说："你父亲自从进京后，就没有给我写过信，所以我不知道他是在京城，还是被派到其他地方征战去了。等我得到消息后，再告诉你吧！"

听到刘大人这样说，岳云便辞别了他，向门外走去。走到门口时，他的一名家将对守门人说："这面鼓怎么破了？"

那个守门人回答说："你不知道，你们家岳老爷在牛头山保护皇上，他派牛将军来催粮，牛将军是个急性子，他担心耽误了期限，就提起鞭子来击鼓，把这面鼓给打破了。"

岳云听到了这些话，得知父亲在牛头山。他心里十分高兴，出城回到了家里。

姚氏问他："你去见刘大人，他都说了什么话？"

岳云答道："刘大人说，我父亲在牛头山保护皇上，我不去帮忙，只知道在家里享乐。"

姚氏说："胡说！赶紧去书房读书！"她喝退了孙子，对李氏说："刘大人为什么要对孙儿说这些话啊！孙儿既然已经知道了他父亲在牛头山，很有可能会瞒着咱们去找他父亲，咱们一定要把他看好。"

李氏答道："娘说得对，咱们要好好看管他。"

第二天，家将突然来报告，说有大量金兵到来，要捉拿岳飞的家人。姚氏和李氏都非常惊慌，不知道该怎么办好。这时，岳云说："祖母，母亲，你们不用担心，有我在。"

姚氏说："你小小年纪，不知道天高地厚，怎么能说出这样的大话来？"

岳云说："祖母，您就放心吧，我不会让您失望的。"说着，他穿上

岳云大叫一声，说："先吃我一锤！"说着便举起双锤，向薛礼花豹头上打去。

铠甲，戴上头盔，提起双锤，带领一百多名家将，去路上阻拦金兵。

岳云看到金兵后，大声呵斥道："你们是不是去岳家庄？小将军在此，你们赶紧把你们的主帅叫来受死！"

薛礼花豹看到岳云只是一个孩子，便非常轻蔑地说："你是什么人？"

岳云回答说："我就是岳元帅的大公子岳云！你们为什么要到这里来送死？"

薛礼花豹说："我奉金国四太子之命来抓你们！"

岳云大叫一声，说："先吃我一锤！"说着便举起双锤，向薛礼花豹头上打去。

薛礼花豹没有提防，被岳云一锤打下马来。张兆奴大吃一惊，提着宣花斧向岳云头上砍去。岳云举锤架开宣花斧，一锤打向张兆奴的头顶。张兆奴躲避不及，脑袋被打得粉碎。那些金兵看到主帅被杀死，纷纷转身向后逃去。岳云追上前去，挥动双锤，打死了众多金兵。这时，刘光世节度使也率领人马赶到。原来，他听说金兵要捉岳飞的亲属，便立即率领兵马赶来救援。金兵遭到前后夹击，最后全部被杀死。

刘光世随后跟随岳云回家，给岳老夫人请安。他想到，如果不是岳云英勇，岳飞的家人恐怕已经被金兵抓走了，顿时感到非常自责。因此，他决定多派军队，更加小心地保护岳飞的家人。

刘光世离开后，岳云对姚氏说："祖母，我要去牛头山帮助父亲杀敌，希望您不要阻拦。"

姚氏看岳云年纪太小，不想让他去，便说："你再等几天，等我派人把你的衣服收拾好，我就派家将带你去。"

岳云早就想去牛头山帮助父亲了，他担心几天后姚氏仍不放他走，所以就留下一封信，悄悄地离开了岳家庄。第二天，家里的仆人发现岳云不见了，就把那封信拿给姚氏看。姚氏看过信后，知道孙子的心意已决，所以连忙派了几个家将，带着行李和盘缠，向牛头山方向追去。

走了十几里后，岳云发现自己的马由于过度劳累，已经掉膘了。他知道，去牛头山还有很长一段路要走，没有一匹好马，赶到那里需要很长一段时间。就在他为此事而苦恼时，他发现树林中拴着一匹赤兔宝马，那匹马的主人是与他年纪相仿的一个孩子，岳云为了得到那匹马，与那个孩子大战了数百个回合，直到天黑都没有分出胜负。后来，那个孩子回家了，岳飞无处可去，只好在树林里过夜。一个叫陈葵的员外从树林经过，看到了岳云。岳云把自己的身世和白天的经历讲了出来。陈葵听后，把岳云带到自己家中，还派人把那个孩子叫了过来。原来那孩子是他的外甥，名叫关铃，是梁山泊大刀关胜的后代。关铃十分佩服岳云的功夫，不但与岳云结拜，还把自己的赤兔宝马送给了岳云。

第二天，岳云辞别了陈葵和关铃，继续赶路。到了下午，他来到一座山前，不小心跌进强盗们挖下的陷阱。强盗们正要用钩子来捉岳云，只见岳云大吼一声，双腿用力在马肚子上一夹，那匹马一下子就从陷阱中跳了出来。岳云挥动双锤，挡住强盗们的钩子，拍马扬长而去。

原来，那伙强盗的首领正是山东节度使刘豫的儿子刘猊。金兀术中了

岳飞的反间计，派人将刘豫一家人处死，刘猊因为外出打猎逃过了劫难。此后，刘猊便带领家将落草为寇，做尽了坏事。刘猊非常喜欢岳云所骑的赤兔马，为了夺得那匹马，他就率领手下一伙强盗去追岳云。

岳云骑着赤兔马一路狂奔，傍晚时来到了巩家庄，并决定在那里借宿一晚。刘猊等人一路追来，追到了巩家庄。他想道："我早就想抢走巩家小姐做压寨夫人，现在既然来到了这里，就直接打进去吧！"于是就率领手下攻了进去。

巩家庄庄主巩致得知有强盗攻进庄来，慌忙组织家丁抵抗。岳云知道有强盗来捣乱，便提着双锤，前去支援。他看到强盗后，二话不说，抡起锤就打，一锤就把刘猊给打死了。那些强盗看到首领被打死，纷纷逃跑。

巩致非常感激岳云的救命之恩，当得知岳云就是岳飞的儿子后，他更加高兴了。他的夫人看到岳云长得一表人才，便打算把自己的女儿许配给岳云。岳云以婚姻大事须由父母做主为由，不肯答应。

巩致是一个十分精明的人，他就让岳云留下一件信物，等征求父母同意后再来迎娶自己的女儿。岳云把祖母让他压惊用的十二文金太平钱取出来，当作定情信物，并保证天下太平后就来迎娶巩小姐。

第二天，岳云向巩员外一家道别，继续向牛头山而去。

第三十三回

重　逢

　　岳飞在牛头山虽然多次击退金军的进攻，但他知道金军已将牛头山团团围住，山上的粮草总有吃完的一天，到那时，情况就会非常不利，所以他想尽快瓦解金国大军，保护高宗返回京城。

　　八月十五中秋节那天，住在牛头山玉虚宫内的高宗觉得心中烦闷，便让太师李纲陪他下山看月色解闷儿，陶进、诸葛英等人纷纷阻拦，但没有拦住。高宗和李纲一边看着山下金兵的军营，一边大骂金兀术。可没想到，金兀术和军师哈迷蚩就在他们附近。金兀术派哈迷蚩回营率领大军攻山，而他自己则去捉高宗。

　　高宗和李纲看到金兀术后，吓得魂飞魄散，连忙骑马向山上跑去。金兀术在后面紧紧追赶。张宪知道高宗遇险后，骑上岳飞的马就赶去救驾。他用枪刺伤了金兀术的耳朵，金兀术打不过他，只好向金兵大营逃去。张宪一路追赶，冲进金兵大营，杀死了很多金兵。

　　当天晚上，牛皋去高宠的坟前祭拜，他隐约听到打杀声，便提起双锏，骑上马向金兵大营冲去。金兀术得知牛皋来犯后，非常气愤地说："牛皋也来欺负我？"说着，他便骑马来迎战牛皋。看到金兀术后，牛皋心里一阵慌乱，这时，他隐约听到耳边有人说："牛大哥，小弟来帮你，你不必担心。"他放下心来，挥锏便向金兀术打去，打中了金兀术的肩膀。金兀术疼痛难忍，调转马头逃走了。那些金兵见状，迅速把牛皋包围起来。牛皋奋勇杀敌，杀得胳膊都快抬不起来了。

　　牛皋被金兵包围起来，马上就招架不住了。这时，岳云刚好赶到牛头山，他冲入金营，看到金兵举锤就打，打得金兵毫无还手之力。金兀术听说有一个小孩子冲入军营，提起斧子来与岳云交战。岳云武艺高强，一锤打在金兀术肚子上，把金兀术打得几乎从马上跌下去。金兀术见打不过岳云，只好逃走。岳云并没有追赶他，而是直接向前冲去，一路上杀死大量金兵。来到前营，他看到牛皋被金兵包围起来，便立即冲过去，将金兵打散。牛皋不知是岳云，举起铜就向岳云打去。岳云大喊道："牛叔叔，别动手，我是岳云！"牛皋这才认出岳云，两人一起杀出了金兵大营，回山去了。

　　牛皋来到岳飞的军帐，对岳飞说："小将得知侄儿杀入金兵大营，所以下山营救，现在侄儿正在营外。"岳飞下令让岳云进营相见。岳云进营后，跪下来向岳飞叩头。

　　岳飞问道："你不在家里好好读书，到这里来做什么？"

　　岳云便把金兵去家里抓人，他将金兵杀退这件事讲了出来。之后，他又把一路的遭遇详细地讲了一遍。岳飞听后，便命他去后营休息。

　　第二天，岳飞吩咐张保为岳云准备马匹和干粮，对岳云说："你去金门镇傅光总兵那里送信，让他马上发兵支援牛头山，保护皇上返回金陵。这是一件非常重要的事，一定不能耽误日期。还有，你路上要多加小心！"

　　岳云领命，骑上赤兔马，提起银锤，离开了军营。他想："此事十分紧急，为了节省时间，不如我从粘罕的军营杀出去。"想到这里，他骑马来到粘罕的军营前，大叫一声："小将军来闯营了。"说着，他挥舞双锤，冲进粘罕的军营。金兵上前抵挡，非死即伤。粘罕得知岳云来闯营后，立即拿起武器，骑上马来迎战。他看到岳云后，大叫道："小子休得猖狂！"随即举起流星锤向岳云打来。岳云左手举锤抵挡粘罕的锤，右手挥锤向粘罕打去，打在粘罕的左胳膊上。粘罕大叫道："不好！"忍着疼痛逃走了。岳云没有追赶，继续向前杀去，杀出了金兵大营，飞速赶往金门镇。

　　几天后，岳云赶到了金门镇，去衙门拜见总兵傅光，把书信呈上。傅总兵看到书信后，对岳云说："请公子在这里暂住一宿，明天再回去。我这就调兵遣将，去牛头山保护皇上。"

第二天一大早，傅总兵就送岳云上路，之后赶到教场整顿兵马。他突然听到营外有人吵闹，就派士兵出去查看。过了一会儿，那个士兵回来说："军营外有一个乞丐，他想进营来观看，我们拦他，他就乱打起来。"

傅总兵听后，下令将那名乞丐带进来。傅总兵看到他身材魁梧，面露凶光，就问道："你为何在军营外吵闹？"

乞丐回答说："小人不敢吵闹，只是想进来看看老爷任命哪个人做先锋。军士们阻拦小人，不让小人进来，小人便与他们争论起来。"

傅总兵便吩咐手下把他的大刀拿来，让那个乞丐展示一下武艺。乞丐接过刀后，飞快地舞动起来。傅总兵暗暗想道："我这把刀重五十多斤，他舞动起来仿佛没有重量一般，看来他有一身力气啊！"

乞丐舞完刀后，傅总兵非常高兴，问他叫什么名字。乞丐回答说："小人叫狄雷，是平西王狄青的后代。"

傅总兵听后非常高兴，说道："我看你武艺高强，就封你为先锋，领兵去牛头山救驾，等你立下战功，我另有封赏。"

狄雷领命，挑选好兵马后，就向牛头山而去。

第三十四回

将功赎罪

　　粘罕被岳云打伤后，回到军帐中，对众将说："岳飞的儿子居然这么厉害，实在让人想不到。前些天，薛礼花豹元帅领兵去捉拿岳飞的亲人，我估计他已经被岳飞的儿子杀死了。"就在这时，突然有士兵前来禀报，说二殿下完颜金弹子在营外等候。完颜金弹子是粘罕的二儿子，他虽然年纪轻轻，却武艺高强，异常勇猛。

　　粘罕非常高兴，立即让他进来，并领着他去拜见金兀术。完颜金弹子对金兀术说："四叔，你们来中原这么久了，为什么还没有捉住岳飞和高宗，导致皇上爷爷经常惦记？"

　　金兀术回答说，岳飞武艺高强，而且精通兵法，他手下的将士个个勇猛，所以才没有捉住他和赵构。

　　完颜金弹子非常不屑地说："四叔，现在离天黑还有一段时间呢，我去捉了那个岳飞，回去再喝酒吃饭吧！"

　　金兀术暗暗想道："他还不知道岳家军的厉害，让他出去见识一下也好。"于是命令完颜金弹子领兵去山前挑战。

　　岳飞得知有金国将领来挑战后，便询问众将道："哪位将军敢去迎战？"

　　他的话音未落，牛皋就答道："末将愿意前去！"

　　岳飞叮嘱说："千万不可大意！"

　　牛皋领命下山，来到完颜金弹子面前，大叫道："你是什么人，赶紧报上姓名！"

完颜金弹子回答说："我是大金国的二殿下完颜金弹子。"

牛皋说："我管你什么金弹子银弹子的，就是你是铁弹子，我也要把你打成肉弹子。"说着，他举铜向对方打去。

完颜金弹子使用一对铁锤。他用锤架开牛皋的铜，连续攻了三四锤，把牛皋的胳膊打得又酸又麻。牛皋知道自己不是对手，便骑马逃回山上了。他见了岳飞，说："那个金国将领是新来的，使用两柄铁锤，力大无穷，末将打不过他，只好回来了。"这时，探子来报，说完颜金弹子在山下要岳飞亲自出战。

岳飞便带领众将来到半山腰，看到完颜金弹子抢着两柄大锤，在阵前大喊大叫。岳飞问众将说："哪位将军愿意去迎战？"

余化龙说："末将愿意前去。"

余化龙骑马冲下山来，同完颜金弹子打了十几个回合，渐渐招架不住，只得骑马败走。

董先看到余化龙被完颜金弹子打败，一时气愤，便骑马下山，来战完颜金弹子。他与完颜金弹子只打了七八个回合，就被打得毫无还手之力，只好骑马回山。

何元庆又冲下山与完颜金弹子交战。完颜金弹子看到何元庆所用的兵器也是一对大锤，便想与他一较高下。他们各自挥舞大锤，打在一起，场面非常壮观。打了二十几个回合后，何元庆渐渐感到体力不支，招架不住完颜金弹子的进攻，只好向山上逃去。

金兀术得知完颜金弹子接连打败岳飞手下几名大将后非常高兴，他担心侄儿体力不支，便下令鸣金收兵。完颜金弹子回到军营，对金兀术说："四叔，我正要去捉拿岳飞，你为什么要收兵呢？"

金兀术回答说："侄儿，你远道而来，今天就回营休息吧，明天再去捉拿岳飞也不迟！对了，岳飞有一个儿子叫岳云，他年龄和你相仿，也使用一对大锤，你要想捉住岳飞，必须要先打败他。"完颜金弹子不服气地说："那我明天出战就先把岳云抓来。"

第二天，完颜金弹子又领兵来挑战。岳飞派张宪下山迎战。他们在山

下打了四十多个回合，张宪觉得自己打不过对方，只得退回山上，向岳飞复命。岳飞看到完颜金弹子武艺高强，手下众将无人能够打败他，只好高挂"免战牌"。

完颜金弹子想尽快活捉岳飞，所以命人大声咒骂，想以此逼迫岳飞出战。岳飞只能连续挂出七道"免战牌"。金兀术得知此事后，便派人叫完颜金弹子回营。完颜金弹子把打败张宪之事详细地讲了一遍，金兀术听后非常高兴。

岳云从金门镇回到牛头山，穿过粘罕的军营，来到半山腰上。他看到那里挂着七道"免战牌"，便暗暗想道："真是奇怪！我从金兵的军营进出，都没有遇到勇猛的将领阻拦，父亲为什么要挂'免战牌'呢？一定是哪个胆小怕事的人，瞒着父亲偷偷地挂在这里的！这样做不是让我们岳家丢人吗？"想到这里，他异常气愤，把"免战牌"打得粉碎。

岳云见到岳飞后，把傅总兵很快就会发兵来牛头山救援之事说了出来，他还说，他把半山腰悬挂的七面"免战牌"全部打碎了。

岳飞知道后正要责怪岳云，牛皋在一旁说道："完颜金弹子勇猛过人，没有人能打败他，因此元帅才下令悬挂'免战牌'。公子之所以打碎'免战牌'，是因为他年轻气盛，不懂得军法。我看不如让公子领兵与完颜金弹子交战，让他将功赎罪，如果公子击败了完颜金弹子，那么元帅就不要再追究他打碎'免战牌'之事了。"

岳飞觉得牛皋的话有道理，就让他带领岳云去与完颜金弹子交战。

牛皋领命，带领岳云走出大帐。这时，有探子报告，说完颜金弹子在山前讨战。牛皋便与岳云冲下山去。路上，牛皋说："侄儿，你听我说，过会儿你与完颜金弹子交战，如果能打败他自然是好，如果打不过他，你就从金兵的大营杀出去，逃回家去见你祖母，你父亲就不会为难你了。"岳云听后，点头称是。

岳云骑马冲下山，来到完颜金弹子面前。完颜金弹子大声叫道："你是什么人？赶快报上姓名！"

岳云说："我是岳元帅的儿子岳云！"

完颜金弹子说："来得正好，我正要抓你！"说着挥锤就向岳云打去。

岳飞传

完颜金弹子说："来得正好，我正要找你！"一说着挥锤就向岳云打去。岳云举锤相迎。他们互不相让，你来我往，转眼间就打了四十多个回合。

岳云举锤相迎。他们互不相让，你来我往，转眼间就打了四十多个回合。

岳云暗暗想道："这个家伙的确厉害，难怪父亲要挂'免战牌'呢！"

他们又打了四十多个回合，岳云逐渐感到有些力不从心了。牛皋看到后，心里非常着急。他知道凭自己的武艺，根本帮不上忙，于是只好学着金兀术的声音大叫道："千万不要把他放走！"

完颜金弹子以为金兀术在后面叫他，便回头看了一眼。岳云看准时机，一锤打在完颜金弹子的肩膀上。完颜金弹子疼痛难忍，从马上跌下来。岳云下马，拔出宝剑，砍下完颜金弹子的脑袋，回山向岳飞复命。岳飞看到岳云杀死了完颜金弹子，就饶恕了他。

完颜金弹子的副将只好把完颜金弹子的尸体抢了回去。粘罕看到后，痛哭不止。金兀术也非常伤心，他命木匠雕了一个木头脑袋，凑成一具完整的尸体，然后装进棺材里，派人送回金国安葬。

金兀术看到完颜金弹子被杀死，牛头山又久攻不下，便对军师哈迷蚩说："如果宋朝各路兵马赶来，我们该怎么办呢？"

哈迷蚩无奈地说："我已经没有什么好办法了，只有整顿兵马，与对方决一死战。"

金兀术听后沉默不语，苦苦思索应对宋朝各路援军的办法。

第三十五回

韩世忠大战黄天荡

    当岳飞在牛头山保驾时，两狼关总兵韩世忠在汝南征服了曹成、曹亮、解云、贺武等人的叛乱，收服了十万降兵，驻扎在汉阳。

    汉阳距离牛头山只有五六十里路。韩世忠知道高宗被困在牛头山，便打算去救驾，于是派自己十六岁的儿子韩彦直给岳飞送信。韩彦直带领亲兵走了二十多里路，遇到了被粘罕追杀的藕塘关总兵金节。金节劝他赶紧离开，说后面有金兵。过了一会儿，粘罕果然领兵赶到。韩彦直虽然年幼，但武艺高强，使用一杆虎头枪，异常勇猛。他看到粘罕后，举枪就向粘罕刺去。粘罕连忙举棍抵挡。韩彦直又连续攻出数枪，粘罕招架不住，转身就逃。韩彦直大叫一声，一枪将粘罕挑落马下，之后下马砍下粘罕的头颅。

    又走了一段路后，韩彦直来到牛头山下。他看到金兵军营连绵数十里，挡住了上山的道路，便毫不犹豫地冲了进去。金兵上前阻拦，不是被他打死，就是被打伤。不一会儿，他就杀出金兵大营，上了牛头山。

    见到岳飞后，韩彦直说："我奉家父之命来拜见元帅，没想到在路上遇到了金国元帅粘罕，他正在追杀藕塘关总兵金节。我用枪将他挑死，这是他的头颅。"说完他将粘罕的头颅呈上，又把韩世忠写的信交给岳飞。

    岳飞看过信后十分高兴，就带着他去见高宗。高宗看到奏章，得知韩彦直挑死粘罕，便下令韩世忠官复原职，封韩彦直和他的哥哥韩尚德为平虏将军。由于当时各种兵马已经纷纷到来，与金兵决战的兵力已经足够，

所以高宗就让韩世忠率领本部人马去夺取金陵。

韩彦直谢恩后，便准备下山。岳飞派岳云护送韩彦直离开。金兵看到打死完颜金弹子的岳云后无不畏惧，所以岳云和韩彦直毫不费力地冲出了金兵大营。他们二人意气相投，就结拜为兄弟。

岳云回到山上后，把他与韩彦直结拜之事告诉给岳飞。韩彦直回到汉阳把高宗的旨意传达给父亲。韩世忠听后，命令兵船向金陵进发。

岳飞看到各路勤王兵马已经到齐，便准备与金兀术决一死战。金兀术非常着急，便召集众位将领商议对策。这时，有探子报告说，宋朝各路人马共三十余万，就在距离金兵大营不远处安营扎寨。金兀术听后大吃一惊，急忙派四位将领去四方探路。那四位将领回来后报告说，东、南、西三个方向都有大量宋军把守，只有正北一条大路守军人少。金兀术听后，便下令说："与宋军交战，取胜就继续前进，如果无法取胜，就向正北方向退兵。"

决战那天，岳飞命令牛皋、汤怀、张宪、董先、何元庆、余化龙、岳云、张显等人为先锋，率领士兵向金兵大营杀去，各路总兵和节度使从旁边夹击。各路人马奋勇杀敌，直把金兵杀得鬼哭狼嚎、血流成河。

金兵溃败，金兀术只得率领剩余人马，匆忙地向北逃去。岳飞看到顺昌元帅刘琦和南斡（wò）元帅张浚的旗号后，就派人把他们请来，让他们保护高宗和众位大臣回京，他自己则亲自去追击金兵。

金兀术率领金兵逃到金门镇附近，遭到了狄雷的截杀，死伤大半。金兀术狼狈向北逃去，来到江口。他看到前面大江拦住了去路，后面岳飞的追兵很快就会到来，不知如何是好，便感慨道："老天要让我灭亡啊！我自从进入中原以前，从来没有吃过这样的败仗。如今大江在前，追兵在后，该怎么办呢？"

就在这时，军师哈迷蚩指向前方，说："主公快看！有船来了！"

金兀术仔细一看，看到那些船都打着金兵的旗号。哈迷蚩赶紧叫船驶向岸边，让金兀术上船。由于船少人多，所以很多金兵都无法上船。就在这时，岳飞的追兵赶到，那些上不去船的金兵只好跳江，结果大多被淹死，没被淹死的也被杀死。

岳飞看到金兀术坐船逃走了，立即派人寻找船只，以便捉拿金兀术。就在此时，探子来报告说："启禀元帅，韩世忠元帅已经攻下了金陵，他派水军扎营在郎复山下，金兀术已经无路可逃了。"岳飞想道："就把这个功劳让给韩元帅吧！"于是吩咐岳云率领三千兵马，前往天长关阻击金兵，自己则率领大军返回澶州去了。

从金陵逃出来的金国士兵与金兀术的人马汇合起来。金兀术看到韩世忠的兵马在长江北岸扎营，阻断了自己的退路，便下令清点人马和战船，结果只剩下几百条战船，四五万士兵。他不禁感慨道："我刚进入中原时，手下有几百名战将，数十万精兵。如今被岳飞杀得只剩下四五万人，大王兄和二殿下也被杀死，我怎么有脸回去见父王啊！"说完后，他就放声大哭起来。

金兀术向长江北岸望去，看到韩世忠的战船排列整齐，绵延十多里，便想道："我们只有五六百条战船，根本就冲不过去，该怎么办呢？"他非常苦恼，便与军师哈迷蚩商议。

哈迷蚩说："长江北岸都是宋军的战船，我们必须派人去探听对方的虚实，才能找出过江的方法。"

金兀术觉得有道理，便决定亲自前去。

韩世忠看到金兵驻扎在长江南岸，便对众将说："我推测那金兀术今晚一定会来探听我军的虚实。"于是，他派副将苏德带领一百名士兵埋伏在龙王庙里，又让韩彦直率领一百名士兵埋伏在龙王庙左侧，命韩尚德率领三百名士兵埋伏在长江南岸，切断金兀术的退路。各将领命而去，做好了准备，只等金兀术到来。

到了晚上，金兀术带着哈迷蚩和小元帅黄炳奴上岸，悄悄地骑马登上金山，来到龙王庙前。在他们身后，有数百名金兵跟随，以保护他们的安全。就在他们打算窥探宋军大营时，埋伏在金山塔顶上的苏德发现了他们，便发出信号。埋伏在庙里的士兵听到信号后，杀了出去。埋伏在龙王庙左侧的韩彦直也领兵杀出。金兀术等人大吃一惊，急忙调转马头，向山下逃去。韩彦直高声叫道："金兀术别跑！赶快下马投降！"金兀术等人听到喊声，逃得更快了。由于天黑路险，有一个人从马上摔了下来。韩彦

韩世忠看到金兵驻扎在长江南岸，便对众将说："我料那金兀术今晚一定会来探听我军的虚实。

直提起虎头枪，向他刺去。金兀术急忙举斧向韩彦直砍来，救了那个人，之后与韩彦直打在一起。

那些金兵急忙向山下逃去，跑到岸边，登上接应的船只，向黄天荡逃去。韩尚德率领几艘小船在后面追赶，却没有追上。

韩彦直与金兀术只打了七八个回合，就将金兀术擒住。宋军看到金兀术被擒，都非常高兴。韩彦直带着金兀术来到韩世忠的军帐，韩世忠仔细一看，才知道那个金兀术是黄炳奴假扮的，于是命人将他押下去。

韩世忠因为没有抓住金兀术而闷闷不乐。梁红玉看到后，说："将军根本没有必要烦恼。这次我们虽然没有抓住金兀术，不过，金兵粮草不足，坚持不了多久，金兀术一定急着返回金国。今天晚上，他一定会来偷袭。金人非常狡诈，我担心他兵分两路，一路从正面进攻，一路来劫我军大营。将军和两个孩子率领我军机动部队，在江面上截杀金兵。我坚守中军大营，防备他来偷袭。金兵如果来偷袭，我只领兵防守，不主动出击。我在大船的船楼上观察金兵的一举一动，并给你们发信号，告诉你们金兵的方位。你按照我指定的方位截杀金兵，一定会取得大胜。"

韩世忠觉得梁红玉的计策非常高明，就转忧为喜。

金兀术从金山逃回军营后，与军师哈迷蚩商议渡江的策略。哈迷蚩提议，当天晚上趁宋军疏于防备，连夜过江。金兀术觉得有道理，就传令下去，让金军做好准备。

夜里，三万金军驾着五百只战船，悄悄向宋军大营驶去。梁红玉收到消息后，就命人架起火炮和弓弩。金兵的战船接近宋军大营时，金兵便一齐呐喊起来。可是，宋军营中毫无动静。金兀术所坐的战船位于船队后方，他正感到奇怪时，只听一声炮响，宋军的火炮和弓箭一齐发射，把金兵的战船打得千疮百孔。

金兀术急忙命令战船向北进发。梁红玉在高处看清金兵的动向后，就派人给韩世忠发信号。韩世忠和两位公子率领机动部队赶上金兵的战船，杀死大量金兵。战斗从半夜持续到黎明时分，金兵已经无力继续招架了。金兀术被逼无奈，只得命船队退入黄天荡。

韩世忠看到后大喜："金兀术不知道黄天荡是一个死港，只能进不能出。我们只要堵住江口，金兵就会被困在那里，过不了几天，他们粮草耗尽，就只能等死了。"于是派韩彦直率领大军守在黄天荡的出口。

金兵惨败后，只剩下不到两万人，战船只剩下四百多条。金兀术不知道黄天荡的路，便向渔翁问路。渔翁说，黄天荡河面虽宽，却是一条死路，进出都只有一条路。金兀术这才知道已经无路可走，无奈之下，他给韩世忠写了一封信，请求韩忠世放他回国。

韩世忠派人回话，除非金国释放徽宗和钦宗，将汴梁还给大宋，才能够讲和，否则必然与金兀术决一死战。金兀术正在发愁，军师哈迷蚩建议张贴榜文，出重金招募有能力使他们逃出黄天荡的人。金兀术觉得这个办法可行，就派人写好榜文，张贴出去。

　　不久后，有一个秀才求见，说他可以帮金兵逃出黄天荡。金兀术听后，急忙请他进帐相见。那个秀才说："我不会领兵打仗，但可以帮你们从这里逃出去。"

　　金兀术欣喜地说："我如果能够逃离此地，返回大金国，一定会好好报答先生。"

　　秀才说："从这里一直向北走，走十多里就是老鹳河。多年之前，有一条河道通向那里，不过由于年代久远，河道便淤塞了。您可以命令士兵将泥沙挖开，把秦淮水引过来，使河道疏通，那样的话，你们就可以直接乘船去金陵了。"

　　金兀术听后非常高兴，立即下令按照秀才所说的方法去做。那些金兵都渴望尽快离开黄天荡，所以干起活来极其卖力，只用了一夜，就挖通了河道。金兀术率领金兵坐船来到老鹳河，从那里上岸，向金陵而去。

第三十六回

迁 都

韩世忠的水军在江口守候了十多天，发现金兵没有任何动静，进去查看才发现，原来金兵早已逃走了。韩世忠知道此事后，气得火冒三丈。

金兀术从金陵逃到了天长关。他看到四周没有宋军，不禁仰天大笑，并说："岳飞和韩世忠虽然善于用兵，但还是没我想得周到啊。如果他们在这里埋伏一支人马，我就逃不出去了。"

他话刚说完，突然一声炮响，三千人马一齐冲了出来。这支人马的首领是一名十三岁的小将，头上戴着紫金冠，身上穿着银色的铠甲，手提两柄银锤，骑着赤兔宝马。这小将正是岳云，他按照岳飞的指示，在这里伏击金兀术。

岳云对金兀术说："小将在这里已经等候很长时间了，你赶快下马投降吧！"

金兀术恼羞成怒，大叫："小杂种，你太欺负人了，我要与你决一死战。"随即举起金雀斧向岳云砍来。

岳云举起银锤，架住了金兀术的斧，拦腰将金兀术抓到自己的马上。这个时候，哈迷蚩命令金兵去抢天长关，那些金兵蜂拥而上[①]，与岳云手下的士兵打了起来。那三千名宋兵奋勇杀敌，杀死了大量金兵，最后只有三百六十名金兵逃了出去。金兀术率领数十万人马进入中原，此时只有这三百多人逃回了金国。

①［蜂拥而上］
形容人们一起向前涌来。

岳飞得知金兀术在长江内被韩世忠打败后逃入黄天荡，之后将老鹳河挖通，向金陵逃去，感到非常遗憾。没过多久，就有探子报告说，岳云擒获了金兀术。岳飞非常高兴，急忙下令将金兀术押进大帐。他看到金兀术时，才知道那根本不是金兀术，而是金兀术帐下元帅高太保假冒的。

这时韩世忠来见岳飞，要与岳飞一起去见高宗。

岳飞和韩世忠先后打败金兀术，迫使他狼狈地逃回金国。宋军的大胜极大地鼓舞了人心，高宗回到金陵后，命令岳飞和韩世忠班师回朝。韩世忠与岳飞约定一起班师回朝，他们率领大军从水陆和旱路赶到金陵。高宗宣召他们入朝，摆宴犒劳他们。

两天后，临安节度使苗傅和总兵刘正彦上书请求高宗迁都临安。高宗准奏，下令准备车辆，选择吉日迁都。朝中官员有的认为金陵城已经非常破旧了，应当迁都；有的认为金陵是六朝的首都，凭借长江天险，进可以攻，退可以守，所以不应当迁都。

太师李纲听说此事后，急忙进宫求见高宗，对高宗说："从古至今，那些重振国家雄风的皇帝，全都是在西北崛起的，所以关中是定都最合适的选择。如今以金陵为首都，虽然不是最佳选择，但仍然能够号令四方，从而将丢失的国土收回。如果把首都迁到临安，天下百姓就会认为我们畏惧金国，不再想收复失地，这是下下策。臣恳切请求陛下不要下旨迁都到临安，从而导致民心动摇。"

高宗回答说："老太师不知道，金陵被金兵占领后，大部分百姓已经离开，只剩下一座空城，无法一直坚守下去。临安交通便利，北临江淮地区，南接福建和广州，而且物产丰富，有利于休养生息。等到粮草充足，军队战斗力提高之后，再收复失地才是万全之策，爱卿又何必不让朕迁都呢？"

李纲知道高宗已经拿定了主意，十分失望，便请求高宗允许他告老还乡。高宗本来就是一个昏庸的君主，根本不想收复失地，只想着去富庶①的地方享乐，所以巴不得李纲早些离开朝

①［富庶］
特产丰富，人口多。

171

岳飞传

廷，免得他整天在自己耳边唠叨，所以马上就准奏了。李纲没有通知朝中大臣，连夜就返回老家去了。

岳飞听说高宗准备迁都后，入朝对高宗说："我们刚刚击败金国大军，陛下应该坚守金陵，选择英明的将领和英勇的士兵，守卫各处要塞；囤积粮草，将各地的兵马召集起来，长驱直入，攻下黄龙府，将徽宗和钦宗接回中原。您怎么能够把首都迁到临安，到那里苟且偷安①呢？况且，临安位于海边，位置偏僻，容易被敌人包围，非常不安全。苗傅和齐正彦都是奸臣，陛下不可轻易相信他们的花言巧语。微臣希望陛下再仔细思考一下迁都之事！"

高宗根本不想把徽宗和钦宗两位皇帝接回来，而且岳飞说他去临安苟且偷安让他感到很不高兴，于是，他不耐烦地回答说："金兵入侵中央，战争没完没了，百姓遭殃，将士们也都感到非常疲倦。现在金兵刚刚失败，我打算派使者去金国议和，让百姓得到喘息的机会，以后再图谋收复失地。这件事我已经决定了，你就不要再多说了！"

岳飞知道高宗贪生怕死，不想收复失地，只好叹息一声，请求高宗允许他回乡探望母亲。高宗担心岳飞手中握有太多的兵权对自己的统治不利，所以立即答应了他的请求。岳飞手下的将领们也都请求高宗准许他们还乡探望亲人，高宗赏赐给他们一些财物，把他们打发走了。

高宗担心韩世忠也来劝谏自己不要迁都，所以就派人传旨，封韩世忠为咸安郡王，让他留守镇江，不要到京城来。韩世忠接到圣旨后，就领兵离开了金陵。

李纲、岳飞、韩世忠等人离开朝廷后，再也没有人能阻止高宗迁都了。高宗选择好吉日，准备好车驾后，正式下达了迁都的命令，把首都迁到了临安。苗傅和刘正彦把高宗迎入新修建的宫殿里，高宗看到宫殿建造得富丽堂皇，便十分高兴，加封苗傅和刘正彦为左右都督。

① [苟且偷安]
不管以后，只顾眼前的安逸。

172

金兀术逃回金国后，被完颜阿骨打狠狠地骂了一顿，还险些被处斩。此后，他每时每刻都想着如何打败岳飞，报仇雪恨。哈迷蚩对他说："四太子此前之所以能领兵取得大胜，主要倚仗的是宋朝奸臣的力量。你喜欢忠臣，憎恨奸臣，将张邦昌等人杀死，怎么能够攻占中原地区呢？"

金兀术思考了一下，说："军师说得对，我第一次领兵攻打中原，的确多亏了那一群奸臣。现在我们去哪里寻找这样的奸臣呢？"

哈迷蚩回答说："我们这里就有一个。当初跟随徽宗、钦宗两位皇帝被捉来的共有五个大臣，秦桧（huì）是其中之一。我看这个秦桧就是一个奸臣，四太子可以派人把他找来，养在府里一年半载，给他一些恩惠，再把他送回宋朝，让他做我们的卧底。如此一来，您就可以轻松获得大宋江山了。"

金兀术觉得这个计策好，立即派人去打听秦桧的下落。找到秦桧和他的夫人王氏后，金兀术就把他们养在府里，给他们许多财物。

一年过后，金兀术看到秦桧夫妇已经对自己死心塌地，就决定将他们送回中原。他还让秦桧夫妇去五国城，向徽宗和钦宗讨要诏书，以便顺利入关。秦桧按照金兀术的指示，前往五国城讨得诏书。第二天，金兀术带领文武官员送秦桧夫妇回国。在他们临行前，金兀术说："你回到中原，如果得了富贵，千万不能忘了我！"

秦桧信誓旦旦地说："我们夫妻如果过上了好日子，一定会把大宋江山送给四太子。"

金兀术说："你敢对天发誓吗？"

秦桧听后，立即跪在地上发誓说："皇天在上，我秦桧如果忘记四太子的大恩大德，不把大宋江山送给四太子，就让我后背生疮而死。"

说完后，他们夫妇就告别了金兀术等人，向南而去。来到临安后，秦桧面见高宗，把徽宗和钦宗的诏书拿给高宗看。高宗看过诏书后非常高兴，因秦桧保护两位皇帝有功，封秦桧为礼部尚书，封王氏为二品夫人。秦桧谢过高宗就去礼部上任了。

第三十七回

计除奸臣

岳飞回家看望病重的母亲，韩世忠领兵镇守镇江后，已经年逾九旬的大元帅王渊执掌了朝廷的兵权。王渊忠君爱国，尽心竭力地保卫大宋江山。

一天，王渊召集各位将领，说："明天就是霜降了，朝中各位将领全都要去教场操练兵马。"第二天，各位将领都早早地赶到了教场，只有左都督苗傅和右都督刘正彦没有到。王元帅派人去请他们，派去的人回来说，他们都不在家，家人说他们陪同皇上去西山打猎了。

王元帅对此深信不疑，就率领各位将领操练兵马，操练结束后就骑马回府去了。走到众安桥时，王元帅看到苗傅和刘正彦两人喝得酩酊大醉[①]，骑着马带着家将迎面而来。他们两个人躲避不及，只好下马来见。王元帅非常气愤，大骂道："你们这两个大胆的混账！你们说陪皇上去西山打猎了，为什么会在这里？"随即吩咐左右将他们各打二十大板。

二人连忙下跪求饶。王元帅说："你们仗着天子宠爱，不把朝廷重臣放在眼里，我本应该狠狠地惩罚你们。不过，念在你们是初犯，我就不追究了。如果你们再敢无礼，我一定要禀告皇上，让他砍下你们的脑袋。"

苗傅和刘正彦被臭骂一顿后，都非常气愤，便商议如何报

①[酩酊(mǐng dǐng)大醉]

形容醉得非常厉害。酩酊：沉醉的样子。

174

复。苗傅说："王渊老匹夫，竟然在街上让我们出丑，实在可恶至极。现在岳飞已经退隐山林，韩世忠又去了镇江，朝廷之中已经没有人能让我们畏惧了。不如我们各自率领手下，将王渊那个老匹夫杀死，之后进宫捉住高宗，我们兄弟二人平分天下，共同享受荣华富贵。"

刘正彦听后说："好！我们今天晚上就召集人马，在王渊门前汇合。此事关系重大，千万不能走漏了消息。"商量好后，他们就分头去准备了。

当天夜里，苗傅和刘正彦领兵杀入王元帅的家里，王元帅毫无防备，一门近百口人全都被杀死，财物被抢劫一空。苗、刘二人又领兵冲入皇宫，杀死御林军后直接闯进了大殿。高宗得知他们二人领兵杀入皇宫后，吓得躲了起来。苗、刘二人在四处寻找高宗时，遇到了刘妃。刘妃是刘正彦的侄女，她说："王渊因为战功卓越，不把高宗放在眼里，引起了很多大臣的不满。高宗是一个无道的昏君，很难统治天下，你们的举动正符合我的心意。你们如果把高宗囚禁起来，各地勤王的兵马赶到，你们会被打得毫无还手之力。况且岳飞正在汤阴老家，他手下的将领个个本领高强，如果他们赶来，你们如何应对呢？依我看，你们不如把高宗留在皇宫里，逼迫他退位，让太子登基。岳飞听说新君继位后，一定会带着手下将领来朝贺。到那个时候，你们设计除掉岳飞等人，此后天下大事就全由你们做主了。"

苗傅和刘正彦听后，不由地叹道："好主意！"苗傅对刘正彦说："事成之后，我一定封她为皇后。"

刘正彦笑着说："侄女婿，不要讲闲话，先干正事吧！"

他们把从王家抢夺的财富分发给手下将士，写了一道伪诏书，说高宗主动退位，将皇位传给太子，并哄骗岳飞入朝。

尚书仆射朱胜非对苗、刘二人的行为感到不满，他写了一封信，派家人朱义火速赶往汤阴县，请岳飞赶来解救高宗。

岳飞回到汤阴老家后，就安排岳云与巩家庄的巩小姐完婚，一家人共享天伦之乐。可没过多久，岳母就因病去世了。岳飞办理好母亲的丧

岳飞传

一天，岳飞正与兄弟们在外打猎，朱义来拜见他，呈上朱胜非的书信。岳飞读过信后大吃一惊……

①[消瘦]
指身体变瘦。

事后，就在家中守孝。由于太过伤心，他茶饭不思，身体日渐消瘦①。好在有许多兄弟陪在身边，聊作安慰。

一天，岳飞正与兄弟们在外打猎，朱义来拜见他，呈上朱胜非的书信。岳飞读过信后大吃一惊，连忙回到家中，写好一封回信交给朱义，并说："你回去后让你家老爷按照信中所写去做。一定要小心，不能泄漏出去。"说完后，他命人取来二十两金子给朱义当路费。朱义收好回信和银子后就离开了。

岳飞又写了一封信，派牛皋和吉青给韩世忠送去，并交代他们几件事。牛皋和吉青火速赶到镇江，把岳飞的信交给韩世忠。韩世忠看过信后同样非常震惊，他让牛皋和吉青按照岳飞的计策

行事，自己马上领兵前往临安。

牛皋和吉青向韩世忠道别后，就火速赶往临安。来到临安城外，牛皋对吉青说："吉哥，我先行一步，你随后赶来。"他来到城下，大声叫道："我是岳元帅手下将领牛皋，有非常重要的事要拜见苗大人和刘大人。"

苗傅和刘正彦当时正在城上巡视，他们看到牛皋一人前来，就下令打开城门，放牛皋进来。牛皋来到他们面前，说："请求二位大人让你们的手下退下，我有话要说。"苗傅和刘正彦说，他们的手下对他们忠心耿耿，有什么话可以直接说。牛皋听后，非常神秘地说："岳元帅让我给两位大人捎话，我家元帅击退金兵，平定叛乱，立下无数大功，高宗不但不加以封赏，反而罢免他的官职，让他在家无所事事，而那些毫无功劳的人却在朝廷里作威作福①，享受荣华富贵；每当想起这些，我家元帅都会感到非常气愤。现在二位大人为什么不把高宗打入冷宫呢？太子还只是一个孩子，只有三四岁而已，根本做不了皇帝。你们为什么不平分天下呢？如果二位大人想这样做，我家元帅愿意帮忙。"

苗傅和刘正彦听后十分高兴，他们对牛皋说，如果岳飞愿意帮忙，他们就封岳飞为王。说完后，他们带着牛皋来到午门，商议如何给岳飞写信。这时，吉青来到城门外求见。

牛皋说："吉青是我的兄弟。他当年在牛头山保驾时立过大功，由于无法受到高宗的重用，便跑到太行山做了强盗。我希望他能跟随两位享受荣华富贵，所以特地写信给他，让他来投靠你们。"

苗傅和刘正彦听后，就下令打开城门，放吉青进来。吉青到午门下马，进入大殿拜见苗、刘二人。过了一会儿，有军士报称，韩世忠已经率领大队人马赶到城下。苗、刘二人听后惊慌失措，不知道该怎么办好。这时，又有军士报告称，尚书仆射朱胜非已经去给韩世忠开城门了。

苗傅和刘正彦大吃一惊，怒气冲冲地说："谁愿意去把朱胜

① [作威作福]

形容当权者滥用职权，横行霸道。

非抓回来？"

　　话音未落，牛皋高声答道："让我去。"说着，他伸出双手，一把将苗傅抓住。吉青也把刘正彦抓住。

　　苗、刘二人这才知道自己上了当。皇宫中的护卫军听说苗、刘二贼被抓，全都冲了出来，将二贼的手下全部杀死。韩世忠已经率领大军进城，将城中的局势稳定下来。牛皋和吉青把苗、刘二贼押解到韩世忠面前，韩世忠当即下令将他们斩首。

　　叛乱很快就被平定下来，被囚禁多日的高宗重新坐到了龙椅上。他降下圣旨，称："朕遭受苗傅和刘正彦的迫害，险些丢掉性命！韩世忠及时赶来救援，立下大功，加封为蕲（qí）王，仍然驻守镇江。牛皋和吉青擒获了反贼，朕封你们为左右都督，命你们留在朝中，负责保卫朕的安全。"

　　牛皋气愤地说："你这个皇帝，之所以会遭受这样的祸事，完全是因为你把我大哥的话当耳旁风。我本不该来救你，不过我大哥让我来，我又不得不来。现在那两个贼人已经被杀，我和吉哥还要回去向大哥复命，根本没有兴趣做官。"说完，他就走出皇宫，骑马回汤阴去了。韩世忠随后也领兵返回了镇江。

第三十八回

杨再兴归降

叛乱过后，高宗更加不思进取了，每天沉溺于酒色之中，完全忘记了父亲和兄长还被囚禁在大金国，也早把收复失地的事抛在了脑后。

高宗绍兴七年（1137年），朝廷接连收到告急文书，称山东九龙山杨再兴作乱，湖广太湖水寇戚方、罗纲、郝先谋反，洞庭湖杨幺杀死朝廷命官。高宗只好召集大臣商议。太师赵鼎说，只有岳飞能够担此重任。高宗此前曾派人召岳飞入朝做官，但遭到牛皋和吉青的阻拦，高宗担心岳飞不肯入朝，所以十分为难。魏皇后知道此事后，对高宗说："岳飞不看重名利，对国家却有赤诚忠心。臣妾绣了一对龙凤旗，上绣'精忠报国'四个字，陛下派人赐给岳飞，说不定他就会前来。"

岳飞接到圣旨和龙凤旗后，果然被打动，便召集众兄弟一起入朝拜见高宗。高宗非常高兴，命岳飞官复原职，领兵十万前去平定各地贼寇，并赐酒为岳飞壮行。岳飞领旨谢恩，命牛皋率领三千精兵为前锋，命岳云押运粮草，自己亲自率领大军，讨伐杨再兴。

牛皋领兵来到九龙山后，打算先抢下九龙山后再扎营，就命士兵在九龙山下呐喊。杨再兴得知牛皋来挑战，就率领手下来到山下，与牛皋交战。打了十几个回合后，牛皋招架不住，只好领兵而去，在距离九龙山三十里的地方扎营，等待岳飞大军到来。

几天后，岳飞率领大军赶到。牛皋出营迎接。岳飞问牛皋说："牛皋，你与敌人交过手吗？"

岳飞传

牛皋回答说："我与一个骑着白马使用银枪的人打了十五六个回合，打不过他，他也没有追击。"

岳飞又问："是不是杨再兴？"

牛皋不住地点头说："的确是他！"

岳飞大笑道："既然是他，你吃败仗也就不奇怪了。我明天亲自劝说他归降吧！"

第二天一大早，岳飞便率领众将挑战杨再兴。众将纷纷表示，不用岳飞亲自出马就能够将杨再兴击败。岳飞对他们说："今天我亲自出战，并不是要立功。杨再兴本领非凡，我要收降他，让他帮助匡扶社稷。我与他交手时，不管胜负，你们都不要上前帮助我，如果有人违抗我的命令，就按军法处理。"

说完后，他便来到九龙山下挑战，众位将领在后面观看。杨再兴得知岳飞来挑战后，便领兵下山，来到阵前。

岳飞看到杨再兴威风凛凛、神采奕奕，心中十分欣赏，上前说道："杨将军，我们一别数年，你最近可好？"

杨再兴听后说："岳飞，你不要胡说，我根本就没有见过你！"

岳飞说："我曾在汴梁的比武场与将军见过面，将军难道忘了吗？"

杨再兴仔细回想了一下，说："难道你就是枪挑小梁王的岳飞吗？"

岳飞答道："没错！我有些话要对将军说。将军武功高强，而且先祖满门忠烈，做强盗岂不是让祖宗蒙羞？将军如果肯归顺朝廷，为国家出力，消灭金国，将徽宗和钦宗两位皇帝解救出来，名垂青史，岂不更好？"

杨再兴笑着说："我杨再兴也是明白事理的人。当年徽宗任命蔡京①、童贯②等一群奸臣，大肆搜刮民脂民膏，修建宫殿；又听信谗言，与金人一起讨伐辽国，导致金兵入侵。后来，钦宗也懦弱无能，因此才被金人掳走。如果有一位奋发图强的皇帝，远离奸佞，任用贤臣，报仇雪恨并不难。可是，当今高宗皇帝毫无

大志，只贪图享乐，任用奸佞，将大好河山弄得支离破碎。他根本就不值得效忠。不如你跟我一起造反，先夺下宋朝江山，再收复失地。如果你不听我的话，恐怕将来你会后悔！"

岳飞说："将军这样说就不对了！作为臣子的，本来就应该为国尽忠。你在大宋出生，就是宋朝的臣子。况且你们杨家世代都是忠臣良将，你怎么能当反贼，让祖宗蒙羞呢？你如果不听从我的劝告，咱们只能决一死战了。"

杨再兴说："岳飞，既然你不听我的劝告，那也没什么好说的了，你放马过来吧！"

岳飞随即与杨再兴打了起来。他们打了三百多个回合，也没有分出胜负，一直打到天黑，他们约定第二天再战。

第二天岳云押解粮草回营，得知岳飞亲自出马与杨再兴交战，就骑马来到阵前观看。牛皋看到岳云后，便对他说："侄儿，你来得正是时候。赶紧上阵助你父亲一臂之力，抓住那个强盗，就万事大吉了！"

岳云不知道岳飞下达过禁止助战的命令，他催马来上阵，对岳飞说："父亲，您先休息一下，让我来擒拿这个反贼。"

杨再兴看到岳云前来助阵，就大叫道："岳飞，你是怎么当元帅的，连手下都管教不好？"说完就骑马回山寨去了。

岳飞回到军营后，恼羞成怒，就打了岳云四十军棍。

第二天，岳飞来到九龙山下，杨再兴早就在那里等他了。他们二话不说，上来就打，打了十几个回合后，岳飞假装失败，骑马向前逃去。杨再兴笑着说："今天你怎么不行了呢？"说完后，他就催马追赶岳飞。岳飞看准时机，调转马头，左手持枪向杨再兴刺去。杨再兴连忙举枪抵抗岳飞的枪，岳飞右手抽出银锏，在杨再兴的后背上轻轻一拨，就把杨再兴打落马下。

看到杨再兴落马后，岳飞也急忙下马，双手扶起杨再兴，说："本元帅得罪了将军，还望将军恕罪。如果将军不服气，可以继续与我交战。"

杨再兴非常羞愧地跪到地上说："元帅，小将既然败了，就情愿归降！"

岳飞传

岳飞听后十分高兴地说："将军如果愿意与我一起为大宋效力，我就与将军结为兄弟。"

杨再兴说："我心甘情愿地为元帅效劳，不敢有非分之想。"

在岳飞的坚持下，两人结为了兄弟。之后，杨再兴请求回山寨整顿人马，收拾粮草，岳飞答应下来，先回营去了。杨再兴收拾好人马和粮草后，就放火烧掉了山寨，来见岳飞。岳飞非常高兴，吩咐手下摆酒设宴。

第二天，岳飞下令班师回朝。一路上，各位将领及所有士兵都为打了胜仗而高兴。大军行至临安附近时，探子报告说，水寇戚方领兵攻打临安，临安的形势非常危急。岳飞派杨再兴率领三千士兵，立即去临安救援。

杨再兴领兵向临安冲去，在半路上遇到了戚方。他不等戚方的人马安营扎寨，就前去挑战。戚方武艺不及杨再兴，被杨再兴擒获。此后，杨再兴又擒获了戚方手下的罗纲和郝先，带着他们向岳飞报功。岳飞非常高兴

地说："贤弟一连擒获三名贼寇，实在可喜可贺。有你相助，扫平金国，恢复河山指日可待①！"

随后，岳飞命人带上戚方等三名贼寇，劝说他们为国效力。戚方等人是在被逼无奈的情况下才去太湖当水寇的，他们看到岳飞真心实意地招降，便决定投靠岳飞，为国效力。岳飞大喜，一面把人马驻扎在临安城外，一面把收服戚方等人之事上报朝廷。

高宗听说岳飞平定了杨再兴、戚方的叛乱并且将他们招降后也十分高兴，又派岳飞领兵去洞庭湖征剿杨幺。

①［指日可待］

很快就可以实现。指日：可以指出的日期。

第三十九回

赴　宴

　　岳飞接到去洞庭湖征剿水寇杨幺的命令后，便率领大军，向澶州而去。

　　来到澶州后，岳飞向澶州总兵高明打听杨幺的情况。张明告诉岳飞：杨幺在洞庭湖的君山上建造宫殿，自称为王；他的弟弟杨凡被称为"小霸王"，异常勇猛；他手下还有一名叫雷亨的元帅，雷亨有五个儿子，分别叫雷仁、雷义、雷礼、雷智、雷信，这五兄弟被称为"雷家五虎"；他手下还有军师屈原公、太尉花普方、长沙王罗延庆、澶州王钟孝、德州王崔庆、奇王钟义、西耳木寨西圣侯严奇、东耳木寨东圣侯王佐、水军元帅高老虎与高老龙、元帅伍尚志；除此之外，还有上千员战将，数十万士兵，大小船只不计其数。

　　岳飞听后感慨道："真是没有想到，只几年时间，杨幺便有如此大的势力了。"他把张明叫到面前，在张明耳边悄悄地说了几句话，张明听后就离开了。

　　第二天，岳飞派张保去东耳木寨给王佐送请帖。王佐看过请帖后，才知道岳飞邀请他去澶州赴宴。他让张保去耳房吃饭，自己拿着请帖去见杨幺，说："今天岳飞派人来给我送请帖，邀请我去澶州赴宴，臣不敢做主，特意来请求大王。"说完后就呈上岳飞的请帖。

　　杨幺看完请帖就询问军师屈原公："这件事该如何处理呢？"

　　屈原公答道："大王可以派东圣侯去澶州赴宴，等他回来时，臣自有计策。"

杨幺听后，便让王佐去赴宴。第二天，王佐来到潭州城下，岳飞率领众将来到城外迎接，并派人用八抬大轿将王佐抬进城。酒过数巡后，王佐劝说岳飞归降杨幺，岳飞以不谈公事、只叙旧情为由制止了他。酒足饭饱后，王佐起身告辞，岳飞又命人抬轿把他送出城。

王佐回去后，立即去见杨幺。杨幺问屈原公说："军师，现在你有什么计策？"

屈原公回答说："大王命王佐明天派人去请岳飞来赴宴，岳飞一定会来。我们派人在酒席上舞兵器取乐，趁岳飞不注意，砍下他的头颅。如果此计未能得手，就在四周埋伏四百名标枪手，王佐摔杯为号，命令他们一齐杀出，岳飞就算有天大的本领，也难以逃脱。东耳木寨的头门和二门两边都是军房，房里可以放置大量桌椅板凳。如果岳飞逃出来，就把桌椅板凳都抛出去，让他无路可逃。此外，派士兵站到屋顶上，不断地向下扔瓦片；再命令雷家五虎将率领五千名士兵，将岳飞的归路切断。"

杨幺听到非常高兴，就命令王佐按照这个计策去办。

第二天，王佐派家将王德去潭州给岳飞送请帖，邀请岳飞来赴宴。岳飞对王德说："你回去对你家老爷说，我明天一定去赴宴。"

牛皋得知岳飞要去赴宴，便问岳飞道："小将的俸银①还有吗？"

①〔俸银〕官员的工资。

岳飞答道："贤弟的俸银一直没有动，怎么会没有呢？为什么这样问？"

牛皋说："我要支五十两。"

岳飞问道："为什么？"

牛皋回答说："我准备一桌好酒好菜来请元帅，元帅不要去王佐那里。他没安好心，元帅前去，不是去白白送死吗？"

岳飞知道牛皋是为自己的安危着想，便安慰道："贤弟，我并不是贪图他的酒饭，只是有国家大事要商议。再者说，我既然答应了他，又怎么能不去赴约呢？"

牛皋说："元帅非去不可，就带着我一起去吧！"

岳飞道："好。"

第二天，岳飞命令杨再兴和岳云在路上接应，就带着牛皋、张保去赴宴。王佐得知岳飞到来，立即出寨迎接，把岳飞迎入大堂。喝过茶后，王佐吩咐摆酒，与岳飞坐下喝酒。

牛皋担心岳飞的安危，就让张保在外面看守马匹，自己走进大堂观看。岳飞向王佐介绍说："这是我的家将牛皋，他性格粗鲁，贤弟不要怪他。"王佐吩咐手下取酒肉点心给牛皋吃。牛皋吃完后，就站在岳飞身边。

岳飞对王佐说："为兄酒量很小，现在已经喝不下去了，所以要向贤弟告辞。"

王佐说："这怎么行！我还要给兄长敬酒呢！我手下有一个叫温奇的人，他的狼牙棒使得非常好，不如叫他上来，让他耍一回，为兄长助兴。"

岳飞说："那可太好了，就叫他上来吧！"

温奇上来后，便耍起了狼牙棒，有好几次都快要打到岳飞了。牛皋站在岳飞面前，手里拿着两条铁锏，大喝道："离远些！"温奇只得远向后退去。过了一会儿，他又来到岳飞面前，牛皋三番五次把他喝退。

温奇停了下来，说："你这个将军，总是让我向后退，我怎么耍得好呢？"

牛皋说："你一个人耍不好看，我与你一起耍。"说着，他走到温奇面前，用铁锏架住温奇的狼牙棒。温奇举起狼牙棒，向牛皋的脑袋打来，牛皋哪里肯吃亏，他架开狼牙棒，一锏就打死了温奇。

王佐看到温奇被打死，就把酒杯向地上一摔，然后转身向后跑。埋伏在四周的标枪手一齐杀出，将岳飞和牛皋包围起来。牛皋大叫道："元帅快走，我来断后！"岳飞连忙拔出宝剑，与牛皋一起向外杀出。来到二门后，张保大喊道："元帅！牛将军！赶快上马，让小人断后！"

岳飞和牛皋急忙骑马向前冲去。可是，前面有人不断地扔下桌椅板凳，把路堵死了，后面标枪手又追了上来。张保大喝一声，向标枪手冲去，夺过一杆标枪，接连挑死几个人。牛皋也打死十来个人，把那些标枪

手吓得站在原地。张保用标枪挑开地上的桌椅板凳，他们三人向前刚走不远，瓦片便从两边的屋顶上打下来。他们被打得鼻青脸肿，但为了逃命，只得向大门冲去。

好不容易冲出大门，他们又遇到了雷家五虎的阻拦。这个时候，杨再兴单枪匹马冲了过来，一枪就将雷仁刺死。雷义举起铁锤，向杨再兴打来。杨再兴举枪架开铁锤，一枪刺中雷义的心窝，将雷义刺死。岳飞等人与杨再兴会合，杨再兴护送着他们出了水寨。雷家三兄弟率领士兵在后面紧紧追赶。杨再兴异常气愤，调转马头，向对方冲去，用枪接连挑死了雷礼、雷智、雷信三兄弟，又杀死了很多士兵，然后才护送岳飞等人回澶州去了。

杨幺得知岳飞逃脱后非常懊恼，因为他非但没有杀掉岳飞，反而还赔上了雷家五虎的性命。他命王佐回营，再另想办法对付岳飞。

岳飞得知韩世忠率领十万水军在水口驻扎后，就带着张保去探望韩世忠。在回营的路上，他们遇到了杨幺的族弟杨钦。杨钦说，他的族兄杨幺造反，他不想全宗族的人都因此而丧命，所以打算去见岳飞。他还说，如果岳飞相信他，就在第二天来见他，他会帮岳飞灭掉杨幺。

岳飞答应下来，第二天派张保去见杨钦。杨钦得知岳飞没有到来后，就对张保说："我这里有一件物品，麻烦你当面献给岳元帅，千万不能让其他人知道。"说着，他从身边取出一个包裹得严严实实小册子，交给张保，再三叮嘱张保务必小心。张保收好小册子，回城见岳飞，把小册子呈上。岳飞看过之后顿时喜笑颜开。

第四十回

韩世忠大破藏金窟

第二天，岳飞带着那本小册子去见韩世忠，对韩世忠说："我要送给元帅一件功劳。"说着，他就把小册子递给了韩世忠。

韩世忠接过来仔细一看，才知道那是一幅标注得非常清晰的敌军地图。他非常高兴地说："岳元帅把这个功劳让给我，我应该怎样感谢你呢？"

岳飞答道："都是为国家出力，根本用不着感谢。"

韩世忠请岳飞分拨手下几位将领来帮忙，岳飞回营后就命令汤怀、牛皋、王贵、赵云、周青、梁兴、张显、吉青等人前往韩世忠的水寨。韩世忠命令大儿子韩尚德与曹成、曹亮等人看守水寨，自己率领二儿子韩彦直、牛皋等八名统制，以及五千兵马去了蛇盘山，在离山十几里的地方安营扎寨。

蛇盘山位于乱石高岭深处，不易辨认，山中有个藏金窟，是杨幺的老巢。杨幺的父亲杨枭（xiāo）带领三儿子杨宾、五儿子杨会、护山丞相邬（wū）天美、辅国元帅燕必达、镇国元帅燕必显、左卫将军管师彦、右卫将军沈铁肩及数万士兵守卫。杨钦把蛇盘山的道路画成小册子，献给岳飞，因此韩世忠才能够领兵来到山下。

杨枭得知宋军到来后，非常吃惊地说："宋军怎么来到这里呢？一定是我的儿子身边有了奸细。"说完后，他派燕必显和杨宾一起下山去捉拿宋将。

燕必显和杨宾带领士兵下山，来到宋军营前挑战。韩世忠派韩彦直

迎战，韩彦直将燕必显和杨宾生擒，押入军帐中。杨宾是一个贪生怕死的小人，连忙跪在地上，而燕必显却不肯下跪。韩世忠呵斥道："你这个反贼，现在已经被擒，为什么不下跪？"

燕必显回答说："我既然被擒，要杀就杀，我是不会向你下跪的。"

韩世忠不与他计较，只吩咐左右道："先把他们带到后营关押起来，等我破了藏金窟，抓住杨幺后，再把他们一起斩首。"左右领命，带领燕必显和杨宾向后营而去。

第二天，韩世忠给岳飞写了一封密信。岳飞看过信后，就派人到死囚牢中找来一个叫蔡勋的囚犯，让他冒充自己的侍卫王横。

蔡勋来到韩世忠的军营，韩世忠让他带领四个士兵押解杨宾去岳飞营中。蔡勋接到命令后，就将杨宾推进囚车，率领四个士兵向潭州赶去。

路上他们来到一个灵官庙，庙里的老道士带着蔡勋去后殿喝酒，只给那四名士兵端来一些米饭和蔬菜。四个士兵非常气愤，便商议将假王横杀死。杨宾在囚车内听到他们的谈话后，就对他们说："我看你们四个相貌不凡，怎么甘受那小人的气？不如跟我去投靠我家大王，我劝他封你们为殿前统制。"

那四人听后非常高兴，立即打开囚车，将杨宾放出来，之后去了后殿，将假王横杀死。杨宾非常感激他们的救命之恩，就带着他们去了藏金窟。杨幺得知自己的三儿子回来后非常高兴，他听说那四个士兵救了儿子的性命后，就把他们封为统制。他还对燕必达说："你的兄长现在被关押在韩世忠的大臣里，你悄悄地从后山去洞庭湖见大王，让他赶快发兵来擒韩世忠，只有这样，你的兄长才能够重获自由。"燕必达领命，骑马去了洞庭湖。

韩世忠得知四个士兵杀死假王横、与杨宾一起逃走后，就派人带上燕必显，并对他说："我看你相貌不凡，所以才没有下令将你押往潭州。你为什么不归顺朝廷，为国效力呢？"

燕必显说："我的弟弟燕必达现在是辅国大元帅，我的家人都在山上，我怎么能不顾他们的性命呢？"

韩世忠说："你倒也是条讲忠义的汉子。既然如此，我就放你回去吧！"他吩咐手下将燕必显的兵器和马匹奉还，让他回山。燕必显回到藏金窟后，杨幺担心他已经归顺韩世忠，所以下令将他斩首。杨会为燕必显求情，请求杨幺暂时将燕必显关押起来。杨幺就命人暂时将燕必显关进大牢。

杨幺看到援兵一直没到，就担心燕必达会归降宋军，便派杨宾带领四名统制去接应。韩世忠了解到蛇盘山的动向后，就写岳飞写了一封信，请求岳飞领兵阻击敌人湖口的救兵；又派王贵、汤怀、张显、牛皋领兵埋伏在蛇盘山半路。岳飞接到韩世忠的信后，派杨再兴、徐庆、金彪三人领兵在青云山下埋伏。

燕必达来到洞庭湖君山后，把杨幺的书信向杨幺呈上。杨幺得知蛇盘山被宋军围困后，立即派五千兵马赶去救援。钟义与燕必达率领援军渡过洞庭湖，刚抵达湖口的时候，遇到了杨宾及四名统制。两路人马汇合到一起，火速向蛇盘山而去。来到青云山下时，杨再兴率领伏兵杀出。钟义二话不说，举马就向杨再兴砍去。杨再兴提枪相应，双方交战了不到十个回合，杨再兴就生擒了钟义。杨宾看到形势不妙，打算逃命。四名统制一齐上来，把他抓住。杨再兴仔细一看，才发现那四个人原来是周青、吉青、赵云和梁兴。原来，韩世忠安排他们四人扮作士兵，杀死假王横，将杨宾释放，赢得杨宾的信任从而打入藏金窟内部。杨再兴命徐庆和金彪带着钟义和杨宾回城，他则领兵去援助韩世忠。

周青等四人骑马来到蛇盘山，对杨幺说："燕元帅果然有异心，他前往澶州城投靠岳飞去了。现在三大王与奇王领兵攻打韩世忠的军营，并点火发信号，大王现在领兵下山，韩世忠便无路可逃。"话还没说完，就听士兵来报告："山下大火熊熊燃烧，喊杀声冲天，可能是救兵到了。"杨幺不知是计，立即命令杨会领兵接应。

杨会等人领兵刚走下蛇盘山数里，就遭到了牛皋等四将的伏击。杨幺在山上得知杨会等人中了埋伏后，就亲自率领两千名士兵下山营救。

山下牛皋等人正与敌人杀得难分难解，杨再兴突然杀了进来，将杨幺活捉。杨会看到形势不妙，便打算冲出去。牛皋看到后，一铜打去，将杨会打下马来。一会儿，韩彦直冲入战阵，用枪将管师彦挑落马下。沈铁肩

正要逃命，被吉青一棒打在脑袋上，当场毙命。

韩世忠率军来到了蛇盘山下。燕必显的家将趁山中乱作一团，悄悄把燕必显放了出来。燕必显想投降，却有些犹豫。周青等人对他说："燕将军，你的弟弟已经去了澶州，现在杨幺已经被活捉，你不如投降大宋，保住你弟弟的性命。"

燕必显说："既然如此，不如把杨家人抓起来报功。"他就与周青等人一起将杨幺的家人抓住，并献出藏金窟。

韩世忠带领众将上山，把杨幺的家人装进囚车，一把火烧了山寨，领兵去见岳飞。岳飞下令将杨幺的家人及燕必显全部斩首，派人带着他们的人头去临安报捷。韩世忠看到事情已经了结，就领兵返回水口水寨。

杨幺得知宋军大破蛇盘山、家人全部被斩首后，痛哭不止。他决定与岳飞决战，为自己的亲人报仇。

高宗收到岳飞的奏章后，知道岳飞和韩世忠捣毁了杨幺的老巢，非常高兴。他派内臣^①田思忠带着三百坛御酒前往澶州，嘉奖将士们。御酒需要礼部加封，田思忠便带着御酒来到礼部侍郎秦桧的府中。秦桧因公务外出，不在府中。他的夫人王氏自从回到中原后，一直想要加害岳飞，她看到这是一个好机会，就派人往御酒里放了毒药。秦桧回到家里后，就把御酒加了封，交给田思忠。

田思忠带着御酒赶到澶州。岳飞与韩世忠一起接了圣旨。岳飞觉得三百坛御酒不够三军将士饮用，就一面派人把御酒送到教场，一面派人再去买些酒来，掺到一起。

牛皋听说高宗派人送来了御酒，就犯了酒瘾，想先偷偷地喝一些。他来到教场，打开一坛御酒，却觉得酒味不对。牛皋就让自己的车夫喝了一些。车夫喝完酒后，没过多久就中毒而死。牛皋大吃一惊，叫道："这个昏君，我们为他立下汗马功劳^②，他却用毒酒来害我们！"说完后，他就提起双铜，将所有的御酒坛子都打碎了。

① ［内臣］

古代皇宫中的官员，包括太监、护卫长官等。

② ［汗马功劳］

比喻征战劳苦，泛指大的功劳。汗马：战马由于过度劳累而出汗。

　　岳飞得知牛皋打碎了御酒，就责问他为什么这样做。牛皋回答说，御酒有毒。

　　岳飞根本不信，还命令左右将牛皋推出去斩首。韩世忠和田思忠连忙为牛皋求情，岳飞看在他们的面上，饶了牛皋死罪，把牛皋赶出了军营。牛皋骑马跑了几十里，来到碧云山，那里有一个叫鲍方的老道士，在老道士的劝说下，牛皋出家做了道士。

　　之后岳飞向田思忠打听御酒的来历，田思忠回答说，御酒是工部制造的，高宗命礼部加封，他派人把酒送到秦桧府上，秦桧因公外出，第二天才加封。岳飞听后，才觉得酒可能真的有问题，由于没有确凿证据，便只好对田思忠说："请大人先回京复命，等本元帅平定了洞庭湖的贼寇，回到京城后再追查此事。"

　　岳飞心中十分惦记牛皋，送走田思忠后，他就派人去寻找牛皋，可一直也没有找到。

第四十一回

火牛阵

　　自从岳飞和韩世忠捣毁藏金窟后，杨幺就一直想着要消灭岳飞和韩世忠。一天，他与军师屈原公商议对付岳飞的策略，屈原公说："微臣有一个计策。大王可以派王佐请岳飞来看君山，就说有小路可以绕到宫殿。岳飞如果前来，我们就派人放火，将他和王佐一起烧死。那样的话，我们就可以将内忧外患全部清除。如果王佐不肯去，我们就把他的家人囚禁起来，那样他就不得不去了。"

　　杨幺听后非常高兴，就叫来王佐商议。王佐却觉得岳飞不会轻易上当。杨幺认为王佐念及与岳飞的旧情，所以故意推托，就派人将王佐的家人囚禁起来，迫使王佐去请岳飞。

　　王佐被逼无奈，只好去潭州城请岳飞。见到岳飞后，他说："上次的事，完全是屈原公安排的，小弟根本就不知情。我今天前来，一是要向兄长请罪，二是要告诉兄长一件事。"他拿出洞庭湖的地图，说："今天夜里兄长与我一起上君山，洞庭湖中有一条直通宫殿的路，如果大哥摸清这条道路，就可以轻而易举地击败杨幺了。"

　　岳飞听后，立即表示愿意去探路。王佐走后，众将担心王佐不怀好意，所以纷纷劝阻岳飞不要前去。岳飞仍执意要去。他给韩世忠写了一封信，让韩世忠晚上去接应，然后就带着张保、岳云、张宪、杨虎一同前往东耳木寨。

　　王佐得知岳飞到来后，赶忙出来迎接，带着岳飞向君山而去。走到七里桥时，岳飞派杨虎守住那座桥。杨虎躲在石碑后面，过了一会儿，果然看到杨幺的水军元帅高老虎驾着小船向桥边而来。高老虎上岸后，就吩咐手下拆掉七里桥。杨虎悄悄地走到高老虎的身后，一鞭将他打死。他手下的士兵吓破了胆，立即四散而逃。

王佐带着岳飞等人登上君山。岳飞正在察看四周地形，突然火箭从四周一齐射来，落在事先准备好的柴草上，柴草瞬间燃烧起来。岳飞等人都被困在大火之中。他们只好冒着熊熊大火和滚滚浓烟，向山下冲去。由于烟雾太大，岳云把王佐当成了岳飞，一把抱起来就冲了出去。众人逃到水口时，遇到了杨虎。杨虎告诉他们，桥已经被拆，无法过去。众人正焦急万分，韩彦直驾船赶到，把他们送到断桥另一边。岳飞等人上岸后，来到了东耳木寨门前。

岳飞对王佐说："贤弟，我走了，请回去吧！"

王佐送走岳飞等人后，暗暗想道："我两次加害岳飞，可他并不追究；我为杨幺鞠躬尽瘁^①，他却囚禁我的家人要挟我，实在太可恶了。"

王佐向杨幺复命，说岳飞又逃脱了。杨幺释放了王佐的家人，因为没有烧死岳飞而闷闷不乐。就在这时，有人禀告说，德州王崔庆领兵赶到。杨幺听后非常高兴，就命令元帅伍尚志领兵攻打潭州城。

伍尚志领兵来到潭州城下。岳飞率领众将出城迎战。伍尚志骑着银鬃马，手拿方天画戟，大叫道："你就是岳飞？"

岳飞答道："没错！你是什么人？"

伍尚志说："我是通圣大王杨幺手下大元帅伍尚志。"

岳飞劝说他归顺朝廷，伍尚志哪里肯听，提起方天画戟，就向岳飞刺来。岳飞提起沥泉枪，与伍尚志交战。他们武艺相当，打了一百多个回合，也没有分出胜负。由于天很快就要黑了，他们只好收兵。

伍尚志回去后对杨幺说，对付岳飞只能智取。他提出，准

① [鞠躬尽瘁]

指勤勤恳恳，尽力竭力地效劳。鞠躬：弯着身子，引申为恭敬谨慎的样子。瘁：劳累。尽瘁：竭尽心力。

备三百头水牛，将锋利的匕首绑在牛角上，把沥青和松香①浇在牛尾巴上；与敌人交战时，把牛尾巴点着，牛疼痛难忍，一定会向前冲去。他还说，即使岳飞本领高强，也抵挡不住这"火牛阵"。杨幺听后非常高兴，立即下令准备三百头水牛，交给伍尚志。伍尚志带着水牛回营，做好了准备。

第二天，伍尚志带着水牛，来到潭州城下挑战。岳飞领兵出城迎战。双方尚未交战，伍尚志就下令将水牛的尾巴点着。那三百头水牛受惊后，发疯一般向岳飞阵中冲去。岳飞看到形势不妙，立即下令后退。不过，水牛跑得太快，很多士兵因来不及逃跑而被牛角上的利刃戳死。

第二天，伍尚志又领兵来挑战。岳飞无法破解"火牛阵"，只好高挂"免战牌"。伍尚志十分得意，回山对杨幺说："岳飞被我的'火牛阵'打败后，不敢出城与我交战。"杨幺听后很是高兴，还把自己的女儿许配给伍尚志。

当天夜里，伍志尚正准备休息，没想到新娘子却突然从胸前抽出一把刀，对伍尚志说："我并不是杨幺的女儿，你如果想要和我成亲，必须要请我哥哥做主；否则的话，我宁死不从。"

伍尚志非常吃惊地说："你哥哥是谁？"

公主便流泪说，她本姓姚，在她三岁那年，杨幺将她的家人全部杀死；杨幺看她可怜，就把她收留下来，并抚养成大；她的姑母就是岳飞的母亲姚氏，她希望表兄岳飞能杀死杨幺，为她报仇雪恨。她还劝说伍尚志投奔岳飞，为国效力。

伍尚志听后十分感慨地说："杨幺贪婪残暴，的确无法成就大业。你的表兄是我们的敌人，我无法去见他。不过，请娘子放心，既然你这样说了，我一定照办。"

几天后，杨幺看到岳飞不肯出战，就召集手下商议攻打潭州城。伍尚志说："岳飞不肯出战，我们一时之间也无法取胜。依我看，不如派人与他议和，暂时罢兵，等到有利的时机到来。"

伍尚志的话刚说完，军师余尚文就上前说道："臣有破潭

① [松香]

指松脂蒸馏后产生的一种透明、坚硬的物质，淡黄色或棕色，易燃烧。

岳飞传

州的计策。大王派人在七星山上搭一个台子，我登台作'五雷法'，召天将进入潭州城，砍掉岳飞的头颅。岳飞一死，其他人就如同一盘散沙①，成不了大事。"杨幺听后就立即命人搭台。

牛皋虽然在碧云山出家做了道士，但他生性好动，忍受不住寂寞。一天，他趁鲍方道长不注意，偷偷地下山来游玩。他坐在一个树林里休息，突然看到一头角上绑着锋利的匕首的水牛冲了过来。那头水牛是伍尚志的"火牛阵"逃脱出来的。牛皋每天吃素，早就吃得不耐烦了，于是把水牛抓住，将牛角上的匕首解下来，把牛杀死，生火烤起牛肉来吃。

牛皋回到山上后，鲍方道长让他下山帮助岳飞捉拿杨幺。牛皋说，他的兵器被收了起来，马被放走了，没有兵器和马匹，他根本无法上阵杀敌。鲍方道长就派人取来牛皋的兵器和马匹，命他下山。

牛皋下山走了没多久，就来到一座山前，看到一个人在台上作法。那个人就是杨幺的军师余尚文。余尚文念了半天咒语，突然看到一个黑脸大汉前来，还以为是自己的法术成功，召来了神将，就拍了一下令牌，大叫道："神将听令，我命你立即去潭州城，将岳飞的脑袋砍下来！"牛皋答应一声，举起铁锏向余尚文的脑袋打去，将他打死。牛皋砍下余尚文的脑袋，骑着马赶向潭州城。

牛皋见到岳飞后，把自己在路上偶遇余尚文作法，并将他打死之事详细地说了出来。岳飞看到牛皋回来了喜出望外，连问牛皋这段时间去了哪里。

牛皋不想说自己出家之事，便故意撒谎说："我一直在各处闲逛，无处安身，所以才会回到这里。"

第四十二回

结　义

　　王佐带着家人回到左耳木寨后，想起岳飞至仁至义[①]，就打算劝说西耳木寨的严奇与自己一起归顺岳飞。严奇认为杨幺并不是一个能成大事的人，而岳飞忠义无双、德才兼备，便有归顺之意。可是，他的儿子严成方却不赞成。严成方虽然只有十四岁，却异常勇猛，使一对八棱紫金锤，罕遇敌手。他对严奇说："孩儿听说岳飞的儿子岳云也使锤作武器，而且武艺超群。孩儿明天与他较量一番，如果他能打败孩儿，我们就归降；如果他打不过孩儿，就让岳飞赶紧撤军，否则休怪我不客气！"严奇听后，对王佐说："孩子的话也有道理，如果就这样去归降，岳飞一定会小看我们父子的。"

　　王佐去潭州城拜见岳飞。军士向岳飞报告时，牛皋在旁听了，生气地骂道："王佐这个混蛋，多次欺骗我们，我这就去宰了他，出一出心头的恶气。"说着，他就提起双锏要冲出去。岳飞连忙制止他，并对他说："贤弟，我两次险些遇害身亡，就是要让他归顺我。他虽然多次要加害于我，但我并不怪他。今天他来见我，一定是带来了好消息。就让他进来，看他说些什么吧！"牛皋只好作罢。

　　王佐见到岳飞后，跪在地上，说："我两次欺骗元帅，让元帅受惊，元帅非但不杀我，反而还宽恕我，实在让我感到羞愧。"

①［至仁至义］
　　指最大限度地为别人提供帮助或善意。至：最。

岳云追了十几里，看准时机，突然回马一锤，把严成方手中的锤震到地上，紧接着又一锤，把严成方打落在地。

岳飞说："贤弟，赶紧起来！你那样做也是逼不得已，我怎么会怪罪你呢？"

王佐惭愧地说："为了感谢元帅的大恩大德，我邀请西耳木寨的严奇一起来归顺。不过，他的儿子严成方却不同意他归降。严成方年纪虽小，却非常勇猛，他听说元帅的公子武艺高强，就想与公子比试一下。如果公子打败了他，他和他父亲就会来归顺。"

岳飞听后，说："原来如此，贤弟先回去，我明天就让小儿出城与严成方一较高下。"

第二天，岳飞命令岳云出城与严成方比武。可是，杨幺在水寨练兵，严成方无法脱身，王佐就派自己的儿子王成亮去通知岳云。王成亮来到营前，却被不知情的统制戚方一刀砍死。

岳云知道后埋怨戚方鲁莽，但已于事无补。岳飞只好派人把王成亮的脑袋送回去，一边去向岳飞请罪。

　　岳飞听后，说："王成亮是戚方杀死的，与你没有关系。"岳飞命士兵重打戚方三十军棍，之后派张保带着戚方去找王佐，向王佐说明事情原委。

　　王佐知道此事已经无法挽回，也就不再追究戚方的责任。他对张保说，严成方有事还没有回来，请岳云耐心等候。张保与戚方回营后，岳飞对戚方说："本元帅接受邀请参加金兰会、探君山，目的就是要收服王佐。眼看就要成功了，你却杀死王佐的儿子，险些坏了我的好事！多亏我派人将此事解释清楚，才不至于让此前的努力全都白费。好了，你先回营养伤吧！"说完后，他又让岳云出城等候严成方。

　　严成方骑马出营，迎接挑战。严成方恭敬地说："小弟听说公子武艺高强，今天特意前来领教。"说罢，两人挥舞双锤，打了起来，打了八十多个回合也没有分出胜负。岳云故意示弱，说："你的锤法果然厉害！"随即催马向前逃去。严成方大喊道："不要跑！我要不把你打下马，我就称不上英雄。"说着就拍马追去。

　　岳云逃了十几里，看准时机，突然回马一锤，把严成方手中的锤震到地上，紧接着又一锤，把严成方打落在地。严成方见自己落败，只好认输，表示愿意归降。

　　岳云把严成方扶起来，说："我早就听说了严公子的大名，今天相见，实在荣幸之至。公子如果愿意归降，共同为国效力，我情愿与公子结拜为兄弟，不知道公子是否愿意？"

　　严成方说："小弟也有这个想法。"

　　两个少年就跪在地上，发誓结为兄弟。结拜过后，他们就各自骑马回营去了。

　　严成方没有直接回西耳木寨，而是去了东耳木寨。他把与岳云结拜之事告诉给了王佐。王佐听后非常高兴，就与严在方一起去了西耳木寨，与严奇商议归降之事。

　　岳云回到潭州城，把与严成方结拜之事讲给岳飞听，岳飞也喜出望外。过了一会儿，有人报告说，杨幺手下的长沙王罗延庆来到城外挑战。杨再兴听到后，上前说道："小将是罗延庆最好的朋友，请元帅派我出战，让我劝说他归降。"岳飞听后，就派杨再兴出城。

杨再兴出城，来到阵前，大叫道："谁敢与我杨再兴交战？"

罗延庆骑马上前，看到杨再兴后，使了一个眼色，大叫道："罗延庆在此，来将不要放肆！"说着便提枪向杨再兴刺去。

杨再兴举枪相迎，与罗延庆打了起来。他们打了十几个回合，杨再兴故意露出破绽，诈败而逃，罗延庆在后面紧紧追赶。杨再兴骑马跑了四五里路，来到一个茂密的树林里。他看到四周无人，就停了下来，对罗延庆说："兄弟，很久不见，别来无恙啊？没想到，你竟然会投靠在杨幺麾下。兄弟何不跟我投降大宋，以后为国效力，建功立业呢？"

罗延庆说："小弟早有此意，不如等到岳元帅与杨幺交战时，我杀死贼人，作为见面礼吧！"

杨再兴听后非常高兴，但为了不露出破绽，他们仍骑马回到战场上，又打了几个回合。杨再兴故意不敌罗延庆，逃回潭州城内。罗延庆也不追赶，领兵回去了。

杨再兴回去拜见岳飞，将罗延庆归降、回到杨幺那里做内应之事讲了出来。岳飞大喜，给杨再兴记了一功。

第四十三回

大破五方阵

　　杨幺的军师屈原公创造了一个五方阵，各路人马到齐后，他就加紧演练，打算与岳飞决一死战。

　　岳飞知道此事后，就在夜晚带着张保出城，悄悄地去观察敌营动静。他们来到一个树林，岳飞爬到树上，向敌营望去。突然，有人射出一支箭，正好射中了岳飞的肋部。岳飞因为抱住了树枝，才没有摔到地上。张保看到岳飞中箭，立即上树把岳飞扶下来。他看到岳飞脸色惨白，就忙背着岳飞匆匆忙忙地返回了潭州城。

　　回到元帅府后，张保把岳飞放在床上。岳飞昏迷不醒，岳云非常担心，连忙将箭头拔出。顷刻一股黑血顺着箭头流了出来，众将这才知道原来箭头有毒，纷纷惊慌起来。这时牛皋突然想起鲍方道长曾送给他两粒仙丹，能够解毒。他急忙拿出一粒给岳飞服下，果然救了岳飞一命。

　　牛皋仔细看那箭头，说："元帅，这支箭不是敌军的箭，而是本营的将领所放啊。"

　　众将听后都很吃惊。可是，岳飞却将那支箭折断，不让众将再追究这件事。

　　众将回营后，岳飞来到后堂，岳云问道："父亲，我已经知道是谁害你了，你为什么不杀死他呢？"

岳飞传

　　岳飞说："孩子，你不知道，他怪我赏罚不明①，所以才会这样做。我用仁义来感化他，他一定会为自己的行为感到后悔的。"

　　杨幺手下的各路大军虽然已经到齐，但他并没有击败岳飞的把握，所以召集手下众将，商讨万全之策。屈原公上前说道："臣的五方阵已经演练得炉火纯青②。大王派王佐去引诱岳飞出兵，并让他切断岳飞的退路，派崔庆和崔安在左路，罗延庆和严成方在右路，二大王杨凡率领中路大军，从四面围攻岳飞大军。为了防止韩世忠赶来救援，大王派花普方率领水军攻打韩世忠。如此一来，岳飞就插翅难飞了。"

　　杨幺听后便吩咐屈原公去做准备。此前曾偷偷送给岳飞地图的杨钦站出来说："军师的计策非常高明，不过岳飞的手下个个智勇双全，千万不能轻视。臣愿意亲自去潭州城见岳飞，与他议和，如果他肯罢兵，那么双方就不用拼个你死我活，我们也可以节省大量钱财和粮食。"

　　杨幺深知岳家军不容易对付，所以说："御弟如果前去议和，那可实在太好了！岳飞如果肯退兵，我宁愿拿出一些财物送给他。"

　　这个时候，伍尚志站了出来，说："微臣愿意一同前往。"

　　杨幺说："驸马一起去的话，我就更加放心了。"

　　杨钦不知道伍尚志也打算归降岳飞，所以并不想带他一起去，可是，为了不引起杨幺的怀疑，也只得同意。

　　杨钦和伍尚志来到潭州城，进入帅府拜见岳飞。杨钦说："我家主公派我与伍尚志来讲和，如果元帅肯退兵，我家主公愿意送上粮草和财物，每年向大宋进贡，不知道元帅是否答应？"

　　岳飞说："本元帅很快就会平定洞庭湖，杨幺早晚都会被擒，他根本没有资格讲和。"说着，他便吩咐手下把杨钦和伍尚志囚禁到不同的地方。

　　到了深夜，岳飞派张保请杨钦到后营相见。岳飞对杨钦说："刚才冒犯了将军，希望将军原谅！"

杨钦当然知道岳飞是故意这样安排，便说道："小将此次前来，有要事相告。屈原公召集各路大军，摆下'五方阵'，在阵的前后左右都埋伏了兵马，希望元帅做好准备，找出破敌的方法。另外，我担心元帅大军到来，会伤及我的家人，希望元帅命令手下将领不要伤害他们。"

岳飞说："要不是将军献上地图，我军怎么能攻破蛇盘山呢？本元帅还打算上奏朝廷，请求朝廷封赏将军，自然也会保护你的家人。"说着，他交给杨钦一面小旗，并告诉杨钦，把旗插在门上，岳家军就不会进门。

送走杨钦后，岳飞派王横带伍尚志前来。岳飞知道伍尚志是一个人才，就好言相劝，希望他能够归降。伍尚志就把受到杨幺器重、与公主成亲之事说了一遍，还把公主对他讲的话说了出来。岳飞听后，急忙站起来说："如此说来，你就是我的妹夫了！"说完后，他就派人请岳云前来，让岳云拜见姑夫。之后，他又派家将请杨钦相见。

伍尚志听说要请杨钦，便非常吃惊地说："我在这里不方便与他相见。"

岳飞说："没事，他也有事才会到这里来的。"

过了一会儿，杨钦到来。他看到伍尚志后，显得有些不知所措。岳飞把此前的事详细地说了出来。他们听后，都大笑起来。

岳飞探明杨幺的虚实后，就与韩世忠约定，由水路和陆路发兵，联合围剿杨幺。他知道韩世忠手下将领不足，就调牛皋、杨虎、耿明初、耿明达、阮良五人前去助阵。

杨幺听说岳飞率领大军到来后，就派屈原公摆五方阵迎敌。岳飞知道五方阵非常厉害，因此对众将领说："屈原公调集各路兵马，摆下五方阵。该阵分为金、木、水、火、土五路，每一路都有埋伏，而且四周互相救应。各位将领一定要小心应对。"

众将纷纷表示一定奋勇杀敌。岳飞命令余化龙、周青、赵云三人率领三千兵马从正西杀入阵中，命令岳云、张显、王贵三人率领三千兵马从正北杀入阵中，命令张宪、张奎、郑怀三人率领三千人马从正东杀入阵中，命令何元庆、施全、吉青率领三千人马从正南杀入阵中，命令杨再兴、张用、张立率领三千人马从中央冲入阵中，将敌人的帅旗砍倒，他则亲自率领大军在后方接应。

就在岳飞率领大军准备从陆路进攻时，韩世忠按照约定，从水路杀来。杨幺收到消息后，急忙派杨钦守卫洞庭湖宫殿，命伍尚志保护他的家人，他与太尉花普方去迎战韩世忠的水军。

岳飞手下众将按照岳飞的指示，冲入五方阵中。阵中罗延庆、严成方虽然武艺高强，但他们早就想投降岳飞了，所以并没有出力，只有小霸王杨凡奋力抵抗。

此时，王佐和严奇将东耳木寨和西耳木寨献出，岳飞命令他们立即收拾寨中财物，躲进澶州城内。伍尚志派人引岳飞上山，岳飞领兵来到杨幺的水寨，放火将水寨烧毁。杨钦来接应岳飞大军，将叛军将领的家人全部杀死。

杨幺得知杨钦和伍尚志叛变后十分气愤，不过，他正领兵与韩世忠激战，根本无暇顾及。

岳飞将洞庭湖宫殿烧毁后，领兵来到岸上驻扎。这时，突然有探子报告说，金国四太子金兀术率领两百万大军来犯中原，马上就要到朱仙镇①了。岳飞听后大吃一惊，说："我还没有平定杨幺叛乱，现在金国大军又来进犯，这可怎么办呢？"思考了一会儿后，他就命令军政司②调集七队人马，等候命令，又给各路总兵和节度使发文书，让他们聚集到朱仙镇。

在五方阵内，何元庆、吉青、施全领兵从正南杀入，崔安领兵抵抗，被何元庆一锤打死。余化龙、周青、赵云领兵从正西杀入，崔庆领兵抵抗，被余化龙用枪刺死。岳云、张显、王贵领兵从正北杀入，又灭掉了敌将金飞虎。之后领兵向内杀去，三路兵马合在一起，将敌人杀得呼天抢地。

张宪、郑怀、张奎领兵从正东杀入，敌将周伦领兵抵抗。周伦挥舞双鞭，正要向张宪打去，被郑怀一棍打死。杨再兴领兵从中路杀入，遇到了三大王杨凡。杨再兴与杨凡武艺相当，他们打了很久也没有分出胜负。严成方看到杨再兴一时无法取胜，就大叫道："严成方来助你！"杨凡以为严成方是来帮助自己的，所

①[朱仙镇]
地名，位于现在的河南省开封市开封县县城西南部。

②[军政司]
管理军队里各种事务的官员。

204

以没有任何防备。严成方上前一锤将杨凡打下马，杨再兴赶过来，将他的头颅砍了下来。罗延庆看到杨凡已死，便杀死几员副将，大叫道："我已经归顺岳元帅了！你们不想死的，就与我一起归降。"阵中人马看到主帅已经被杀，便纷纷逃命去了。

屈原公收到五方阵已经被攻破、伍尚志与杨钦引岳飞大军烧毁宫殿、花普方投降、杨幺被韩世忠围困等消息后，知道大势已去，便拔剑自刎而死。

第四十四回

杨再兴小商河遇难

韩世忠的水军将杨幺打得毫无还手之力，杨幺看到形势不妙，就弃船跳逃命去了。杨虎和阮良等人一起追赶杨幺，并派探子报告岳飞，岳飞听后十分高兴。

不一会儿，杨再兴得胜回营。岳飞对他说："贤弟，你来得正是时候。刚才探子来报告说，金兀术率领二百万大军进犯中原，就要到达朱仙镇了。贤弟率领五千兵马作为第一队，火速前去朱仙镇救援。一路上千万小心。"杨再兴领命而去。

一会儿，岳云进营复命。岳飞把金兀术率领大军进犯之事讲了一遍，命岳云率领五千人马作为第二队去救援。此后，岳飞又命严成方、何元庆、余化龙各率领五千人马，赶往朱仙镇救援。

罗延庆来到军营见岳飞，跪在地上说："末将现在才来归降，希望元帅原谅！请元帅收留！"

岳飞连忙把他扶起来，说："我自从上次在汴梁见过将军后，一直非常思念将军。现在将军弃暗投明，我高兴还来不及，怎么会怪罪你呢？我本想与将军畅饮一番，不过，金国四太子金兀术率领大军进犯中原，很快就要到朱仙镇了。我已经派遣五路人马赶去救援，将军可率领五千士兵，作为第六队人马前去。将军立下战功后，我一定会奏明圣上，到时候圣上一定会重重封赏将军。"

罗延庆听后非常感动，他说："元帅待我恩重如山，我一定击退金

兵，报答元帅的大恩大德！"说完后，他就领兵向朱仙镇而去。

罗延庆走后，伍尚志进营拜见岳飞。岳飞让伍尚志去澶州城内与他表妹完婚，第二天率领五千兵马，作为第七队救援朱仙镇。伍尚志领命而去。

岳飞派牛皋去各地催粮，之后与韩世忠一起向朱仙镇进发。

杨再兴率领第一队人马，火速向朱仙镇赶去。当时是十一月份，天气非常寒冷，一场大雪不期而至。杨再兴率领五千士兵，马不停蹄地走了两个昼夜，来到了距离朱仙镇不远的地方。他看到漫山遍野都是金国的人马，就命令士兵在原地扎营，他则单枪匹马向金兵大营杀去。

金兀术上次被岳飞打败后，就一直想要报仇雪恨。这一次，他率领六十五万人马，号称二百万，向小商桥^①而来。杨再兴向金兵冲去，首先遇到了金兀术的第一队先锋雪里花南。杨再兴一枪就将雪里花南挑死，金兵见状，吓得不敢抵挡，纷纷向两边散开，让出一条道路。杨再兴纵马向前，很快就遇到了第二队先锋雪里花北的队伍。雪里花北迎上前去，与杨再兴交战，杨再兴一枪刺去，就把他刺死了。那些金兵吓破了胆，又给杨再兴让出一条路。杨再兴越战越勇，很快就来到了金兵第三队人马前。三队先锋雪里花东得知杨再兴连挑了前面两员将领，便提着刀上前迎战。他的刀还没有举起，杨再兴的枪就已经刺到了他的颈下，他招架不住，翻身落马而死。杀死雪里花东后，杨再兴向金兵杀去，金兵死伤无数，纷纷逃窜。第四队先锋雪里花西得知前面三队的情况后，骑马上前迎战杨再兴。他刚与杨再兴交手，就被杨再兴刺死。杨再兴单枪匹马，接连杀死四名金国大将。那四队金兵看到主将被杀死，争先恐后地逃命。

杨再兴看到金兵沿着大路向北逃去，想道："前面有一条小路，我不如从这条小路追去，赶到金兵的前面，截住他们，让他们无处可逃。"那条小路上有条小商河，河水虽然不深，里面却满是淤泥和烂草。由于天气寒冷，河水已经结冰。而且，河面

① [小商桥]

位于河南省漯河市临颍县与郾城区交界的小商河上。小商河为古时商王经此而得名，桥因河而取名，河因桥而出名。

岳飞传

杨再兴看到金兵沿着大路向北逃去，想道："前面有一条小路，我不如从这条小路追去，赶到金兵的前面，截住他们，让他们无处可逃。"

被厚厚的积雪覆盖起来，让人无法辨认。金兵知道这条小商河，所以全都沿着大路逃跑。杨再兴不知，只顾着催马追赶金兵，结果连人带马跌入河中。那些金兵看到后，便一齐向他射箭，将他射死。

　　岳云率领第二队人马赶到后，天已经快黑了，得知杨再兴被金兵射死之事后，懊悔自己没有及时赶到，他吩咐手下士兵安营扎寨，然后就骑马向金兵大营冲去，为杨再兴报仇。

　　岳云冲入金兵大营后，挥舞两把银锤，逢人便打，金兵死伤大片。岳云怀着满腔怒火，越战越勇，不断地向前冲杀。

　　岳云在金兵大营奋勇杀敌时，严成方率领第三队人马赶到了。他吩咐手下安营扎寨，自己催马向金营冲去。来到金营，他挥舞紫金锤，找到岳云后，与岳云一起向前冲杀。

　　金兀术命令各营元帅立即去迎战，并下令一定要将岳云和严成方活

捉。那些金国将领便领兵把岳云和严成方包围起来，不住地厮杀。

何元庆率领第四队人马赶到后，前面三队的士兵便对他说了杨再兴被射死、岳云和严成方闯入金兵大营为杨再兴报仇之事。何元庆听后，就命令手下士兵安营扎寨，然后一个人骑马向金营冲去。余化龙、罗延庆、伍尚志赶到后，也都单枪匹马向金营冲去。

岳云、严成方、何元庆、余化龙、罗延庆、伍尚志六个人被金兵团团围住，他们毫不畏惧，各自施展武艺，杀得金兵尸横遍野。金兵人多势众，把岳云等人团团包围起来。岳云等人奋力拼杀，杀了一层后又被包围起来，杀了一天一夜也没有冲出重围。

岳飞和韩世忠率领大军赶到，便下令放炮，岳云等人听到炮声，知是大军已到，便奋力向外杀去。岳云一马当先，何元庆、余化龙、罗延庆、伍尚志跟在后面，一齐向外冲去。岳云回头看到严成方还在与金兵厮杀，就带领着何元庆等人冲入金兵阵中。岳云来到严成方身边，大叫道："贤弟，赶紧跟我回营！"严成方打了一天一夜，已经打昏了头，根本分不清敌我了，举锤就向岳云打来。岳云一手挥舞银锤抵挡金兵，一手拉住严成方的左手。何无庆赶上来，拉住了严成方的右手，罗延庆抱住严成方的身体，向外冲去。余化龙和伍尚志一前一后，抵挡着不断冲上前来的金兵。经过一番殊死拼杀，他们终于冲出了金兵大营，来到军营向岳飞复命。

岳飞看到严成方身体虚弱，就让他去后营调理。罗延庆因为杨再兴被射死而异常悲痛，岳飞安慰道："贤弟，请不要再难过了！身为武将，能死在战场上也是一种荣耀。只不过他如此英雄，却没有受到朝廷的封赏。"随即吩咐手下准备祭祀用品，带领众将前往小商河祭奠。

岳云等人从金军大营离去后，金兀术看到军营里到处都是金兵的尸体，还有大量金兵受伤，便下令将尸体掩埋，让伤者去后营治疗。他对手下众将说："岳飞这么厉害，等宋军各路人马到齐，肯定又有一番大战。想那秦桧，当初曾对天发誓，回到大宋后一定暗中帮助我们，难道他忘了我的恩情，不肯为我出力吗？"军师哈迷蚩说："四太子放心，秦桧一定会帮助四太子的。四太子再耐心等待几天。"

几天后，宋朝各路节度使、各总兵共率领二十万大军赶到了朱仙镇。

岳飞传

高宗派钦差赏赐给岳飞一把"尚方宝剑"，凭此可以自行封赏立功的将领，对有罪者先斩后奏。岳飞送走钦差后，有探子报告说，赵太师因病去世，高宗封礼部尚书秦桧为太师。岳飞及各位节度使、总兵都派人送礼祝贺秦桧升迁。

第四十五回
宁死不降

　　秦桧被高宗提拔为太师后，便开始玩弄权术，提拔自己的亲信，打压异己。新科状元张九成去拜见他时，没有给他送礼。他异常恼火，就劝说高宗让张九成去岳飞的军营做参谋。

　　张九成奉旨来到岳飞的军营，岳飞请他进营，问道："状元都是非常有才华的人才能够考中的，你为什么不在朝廷里为皇上分忧，却来到这里当参谋呢？"

　　张九成回答说："天子大恩大德，让我高中状元。我出身贫寒，去拜见秦太师时没有带礼物，所以被派来当参谋。"

　　岳飞对众将们说："实在太过分了！那秦太师也是十年苦读，才一步步做到丞相的，他怎么能够收受贿赂，轻重贤良之才呢？"

　　众将听后也非常气愤。过了一会儿，圣旨到来，钦差进营让张九成接旨。张九成连忙跪下接旨。圣旨命张九成持信物前往五国城，到那里向被金人囚禁的徽宗和高宗问安。钦差读完圣旨后，又对岳飞说："皇上命岳元帅立即派张九成出发。"

　　送走钦差后，众将纷纷议论道："这根本不是皇上的旨意，一定是秦桧玩弄权术，故意陷害状元。"他们都非常气愤，还说朝廷中有这样的奸臣，忠臣就要遭殃了。

　　岳飞问张九成："状元打算什么时候出发？"

　　张九成答道："既然皇上下旨，我又怎敢拖延呢？我今天就能出发，

岳飞传

汤怀呵斥道："你们想得倒美！你汤老爷怎么会叫你们投降呢？我大哥岳元帅一定会命率领大军前来将你们这些金兵赶出中原……"

不过，在出发之前，我要写信通知我的老母亲和弟弟。"

岳飞听后，说："既然这样，你现在就可以写信，送信的事就交给我去办好了。"张九成知道此去凶多吉少，很可能再也无法见到母亲和弟弟了，想到这里，眼泪情不自禁地流了下来。写好信后，他把信和一个香囊①装在信封内，交给岳飞。岳元帅接过信，命一名家将把信送到常州张九成的家里。

张九成悲伤地说："请求元帅派一位将领送我去金军大营。"

岳飞说："理应如此。"随即对众将说："哪位将军愿意送状元去金营？"

岳飞的话音刚落，下面就有人答道："末将愿意前去。"

岳飞抬头一看，发现那个人是汤怀。岳飞知道此去非常凶险，所以非常悲伤地说："汤将军，千万小心！"

岳飞率领各节度使、总兵及手下众将把汤怀和张九成送到小

① [香囊]
盛香料的小囊，戴在身上或悬挂在帐前作为饰物。

商桥。张九成与岳飞等人道别后，汤怀说："各位大人，末将去了！"

岳飞带领众将回到营中，依然难以抑制难过之情。

汤怀护送张九成来到金兵大营。他冲着金兵大叫道："你们这群可恶的金兵听着，这位是我大宋新科状元张九成，他奉大宋皇帝之命，前往五国城问候徽宗和钦宗。你们赶紧去通报，让出道路，放我们过去！"

金兵听后，急忙进帐向金兀术报告。金兀术听后，感慨道："大宋有这样的忠臣，实在让人敬佩啊！"随即吩咐打开大营的门，让出一条路，并派一名将领率领五十名士兵护送他们前往五国城。

号令传下后，金兵各营都将哨卡打开，让出路来。张九成和汤怀一前一后横穿金营而过。两旁的金兵都夸奖他们是忠臣。金兀术看到后，也不住地赞叹。他看到汤怀有些眼熟，就问军师哈迷蚩说："走在后面的小将，是不是岳飞手下的汤怀？"

哈迷蚩回答说："的确是姓汤那小子！"

金兀术说："真是没有想到，中原竟会有这样不怕死的人。有这样的人，夺取大宋江山谈何容易！"说着，他吩咐手下将领道："把大营关闭，等汤怀回来时，你们一定要将他活捉，不能让他丢了性命。如果有人敢违抗我的命令，就斩首。"

汤怀护送张九成出了金兵大营，将张九成交给金国将领，并说："一路上你们一定要好好服侍！"说完后，他又依依不舍地对张九成说："张大人，末将只能送到这里了，你路上小心！"

张九成说："今天分别后，恐怕这辈子再也见不到将军了！"说着，他的眼泪就情不自禁地流了下来。

汤怀也流下泪来。看到张九成走远后，他把眼泪擦干，骑马返回金兵大营。金兵上前把他包围起来，并说："姓汤的！我们四太子派我们前来抓你，你今天别想回营去了！"

汤怀听后异常愤怒，大叫道："我早就把生死置之度外了。"说着就骑马冲上前去，与金兵交战。金兵大营长五十多里，而且汤怀的武艺并不出众，因此他单枪匹马根本不可能杀出去。

汤怀拼尽全力与金兵交战，但金兵实在太多，他感到越来越难以招架。他想道："看来我是冲不出去了！还不如一死了之。"

那些金兵说："姓汤的，还不投降！"

汤怀呵斥道："你们想得倒美！你汤老爷怎么会向你们投降呢？我大哥岳元帅一定会率领大军前来将你们这些金兵赶出中原，到时候杀进金国，将完颜阿骨打那个老贼活捉，将你们这些金兵全部杀光。"他大叫道："岳大哥，小弟这辈子再也看不到你了！"说着，他提起手中的枪，向自己的喉咙刺去，自杀而死。金兀术吩咐将汤怀的头颅挂在军营前，将尸体掩埋。

得知汤怀死讯，岳飞痛哭起来，说："我们从小一起学艺，比亲兄弟都要亲。你还没有得到朝廷的封赏，过上太平日子，却被金人所杀！"众将得知此事后，也都非常悲痛。岳飞派人准备祭祀用品，在军营前祭奠汤怀。

就在岳飞等人为汤怀以身殉国①而悲伤时，有一个年仅十六岁的孩子来到了金兵大营。他是金兀术的义子，名叫陆文龙，武艺出众，被称为"金国第一人"。

陆文龙进营参见金兀术后，便问道："父王率领大军来到中原已经有些日子了，为什么不领兵前往临安，将宋朝的皇帝捉住，反而在这里安营扎寨呢？"

金兀术回答说，他率领大军来到这里，宋军将领杨再兴接连杀死四位元帅，后来落入小商河，被乱箭射死；岳云、严成方等人来闯营，杀死大量士兵。他还说，宋军各路人马在对面扎下十二座大营，而且岳飞用兵如神，所以才难以前进。

陆文龙听后，说："现在离天黑还有一段时间，儿臣领兵去捉几个宋将，免得父王无聊。"

金兀术听后非常高兴，他说宋将非常厉害，叮嘱陆文龙多加小心。

① [以身殉国]
为了报效祖国而牺牲。殉：死。

第四十六回

王佐断臂

陆文龙领兵来到岳飞营前挑战。岳飞派呼天庆和呼天保两兄弟迎战。两兄弟来到阵前，见对方将领是个年仅十六七岁、威风凛凛的小将，都暗暗叫好。呼天保高声叫道："金将报上姓名！"

陆文龙说："我是大金国昌平王殿下陆文龙。你是什么人？"

呼天保答道："我是岳元帅帐下大将呼天保。你年纪轻轻，为什么要来送死呢？依我看，你立即回去，叫一个年长的前来，免得别人说我欺负小孩子。"

陆文龙听后，哈哈大笑起来，说："我听说你家岳元帅本领高强，所以来捉他。你们这些小兵，我根本没有放在心上。"

呼天保听后非常气愤，拍马向陆文龙冲去。陆文龙左手提枪挡住呼天保的刀，右手举枪向呼天保刺去，一下就刺死了呼天保。呼天庆又惊又怒，举刀就向陆文龙砍去。陆文龙举起双枪，抵挡住对方的攻势。双方打了不到十个回合，陆文龙就把呼天庆刺下马，然后再补一枪，呼天庆也随他哥哥去了。

陆文龙杀得兴起，对着宋营大叫道："宋营中有没有本领高强一些的人？赶紧出来与我交战，这样没本事的将领只能白白送死。"

岳飞得知呼天庆和呼天保被杀死后非常悲痛，他问众将道："有哪位将军愿意去捉拿那个金国将领？"

岳云、严成方、何元庆、张宪四人走上前来，说愿意一起上阵。岳飞知道陆文龙不好对付，便让他们四人使用"车轮战"，一个一个地与陆文龙交战。四人领命，领兵来到阵前。

岳云第一个上前，大叫道："谁是陆文龙？"

陆文龙答道："我就是！你是什么人？"

岳云说："我是大宋岳元帅的大公子岳云。你这个小将不要害怕，赶紧上来领教我的银锤吧！"

陆文龙说："这个名字倒是有点儿耳熟，我在金国的时候就听人提起过。不过，你今天遇到了我，恐怕就要丢掉小命了。"说着，他举起手中的枪，向岳云刺去。

岳云举锤相迎，与陆文龙打到了一起，转眼间就打了三十多个回合。严成方上前，冲着岳云喊道："大哥，你先休息一下，让我来对付他。"说着便举锤向陆文龙打去。他与陆文龙又打了三十几个回合。何元庆拍马上前，替下严成方，张宪也举枪来战。陆文龙挥舞双枪，左右抵挡，双方打得不可开交。

金兀术得知宋军四员将领先后出战后，说道："岳飞用'车轮战'来对付文龙，实在可恶，赶紧鸣金，叫文龙回来。"

陆文龙听到鸣金声后，架开张宪的枪，转身奔回营去了。

第二天，陆文龙又来到岳飞的军营前挑战。岳飞仍派岳云等四人出战。余化龙想见识一下陆文龙的武艺，就主动向岳飞请战。岳飞答应，派他与岳云等人一起上阵。

岳云等人来到阵前，仍然按照岳飞所布置的"车轮战"，先后与陆文龙交战。金兀术得知此事后，担心陆文龙的安危，就带领手下众将来到阵前观看。陆文龙与岳云等五人轮番交战，丝毫不落下风。双方各不相让，直杀到傍晚时分。宋军五将看到无法打败陆文龙，便一齐上前，与陆文龙交战。金兀术担心陆文龙吃亏，就率领手下将士一齐上前厮杀。双方混战在一起，直杀到天黑才收兵。

岳云等人回营后对岳飞说："这陆文龙实在厉害。"岳飞命人挂出"免战牌"，又安抚众将一番，回到后营苦苦思索破敌的计策。

统制王佐得知全营将士都在为无法破敌而苦恼，便寻思道："我自从

归降以来，没有立过任何功劳。我要想一个破敌的办法，既可以报答皇恩，也可以替岳元帅分忧，还能名垂青史①。"他苦苦思索，终于想起《春秋》里面"要离断臂刺庆忌②"那段故事。他打算像要离那样砍掉手臂，潜入金营，寻找合适的机会刺杀金兀术。想到这里，他就从腰间拔出宝剑，将右臂砍了下来。他手下的士兵看到后十分惊恐，忙问他为什么要这样做。王佐说："你们在营中好好看守，千万不要把这件事传出去。"

说完他就将砍下来的右臂包好，装在袖子里，悄悄去见岳飞。岳飞看到他浑身上下沾满了鲜血，惊问："贤弟，你怎么会弄成这个样子？"

王佐说："元帅，请不要惊慌。我看到元帅为金兵进犯中原、陆文龙武艺高强无人能敌而忧心，想到元帅对我的大恩大德，便想为元帅分忧，以报答元帅的恩情。我要仿效当年吴国'要离断臂刺庆忌'的故事，所以就把右臂砍了下来，特来请求兄长准许我前往金营。"

岳飞听后非常难过，眼泪不由自主地流了下来。他说："贤弟，我肯定能想出破敌的策略，你为什么要把手臂砍下来呢？现在赶紧回营请医官治疗吧！"

王佐说："大哥，我的手臂已经砍了下来，即便留在营里，也只是一个废人。如果大哥不让我去，我就死在这里。"

岳飞听后，大哭着说："既然贤弟已经决定了，那就放心去吧！你尽管放心，我一定会照顾好你的家人。"

王佐向岳飞道别后，就连夜出营，向金营赶去。他赶到金营时，天已经亮了。他对守营的金兵说："请帮我通传一下，就说宋朝将领王佐有事求见四太子。"

金兀术下令让王佐进营相见。当看到王佐面无血色，浑身上下沾满了鲜血后，金兀术问道："你是什么人？到这里来做什么？"

王佐回答说："小人本是洞庭湖杨幺手下大臣，被杨幺封为东圣侯。岳飞领兵打败了杨幺，致我国破家亡，只好归顺他，

① [名垂青史]

形容功业巨大，永远不会被人忘记。垂：流传。青史：史书。

② [要离断臂刺庆忌]

要离是春秋时期吴国著名的刺客。吴王阖闾（hé lú）登基后，庆忌逃到了卫国。庆忌是吴国的第一勇士，他在卫国招兵买马，打算杀掉阖闾。阖闾的大臣伍子胥推荐身材瘦弱的要离去卫国刺杀庆忌。要离自己砍掉右臂，取得庆忌的信任，找机会杀死了庆忌。

说着，他大哭起来，从袖子里取出右臂给金兀术看。金兀术听了气愤地说："这岳飞实在太过分了！"

做了他手下一名统制。如今四太子率领大军来到这里，陆文龙殿下武艺超群，打得岳飞手下将领无法招架。岳飞想不出击败殿下的办法，只好高挂'免战牌'。昨天晚上，他召集手下众将，一起商议对付殿下的办法。我对他说：'现在中原地区四分五裂，徽宗和钦宗两位君主遭到囚禁，高宗宠信奸臣，逼走贤臣，让人心寒。如今金国派遣二百万大军来到中原，宋军很难取胜，为了保住大家性命，我们不如跟金人讲和。'我好言相劝，岳飞不但不听，还说我打算卖国求荣，所以就命人砍掉了我的右臂，让我来向四太子报信，说他很快就会活捉四太子，踏平金国。"说着，他大哭起来，从袖子里取出右臂给金兀术看。

金兀术听了气愤地说："这岳飞实在太过分了！"他转过头对王

佐说："你因为我被他砍去手臂，遭受这样的痛苦，我就封你为'苦人儿'，让你一辈子衣食无忧。"

王佐听后心里暗暗高兴。

自从王佐走后，岳飞一直为他担忧，不断派人打探金营的动静，得知王佐的头颅没有挂在金营前，他才稍微放心一些。

王佐被封为"苦人儿"后，每天都在金兵各个营寨里走动，偷偷察看敌情。一天，他来到陆文龙的军营前，进营后，看到一个老妇人，他便向老妇人行礼。王佐听那老妇人说话是中原口音，便问道："老人家，您不是金国人吧？"

老妇人难过地说："我是河间府人。"

王佐问道："原来您是中原人啊！那您怎么到金国的？"

老妇人说道："听将军的口音，将军好像也是中原人？"

王佐回答自己是湖广人。

老妇人说："如此说来，咱们还是同乡呢！既是同乡，有些事说给你听也没关系，只是你千万要保守这个秘密。我是陆文龙的奶妈。陆文龙本来是潞安州陆登老爷的公子，他三岁时被四太子带到了金国。如今他已经十六岁了，我在金国待了整整十三年。"

王佐听后心里就开始想如何劝说陆文龙归降。

之后，王佐就有意无意地接近陆文龙，与他拉近关系。

第四十七回

曹宁杀父

完颜阿骨打在金国得知金兀术领兵在朱仙镇与岳飞大军对峙后，就派曹荣的儿子曹宁领兵前去帮助金兀术。曹宁领兵赶到朱仙镇，金兀术让他回营休息，他问起金兀术与岳飞交兵的情况。金兀术无奈地说："岳飞十分厉害，手下的兵将也非常英勇，要想取胜，实在困难。"

曹宁听后，很不服气地说："我这就去会一会岳飞。"说完后，他就领兵来到岳飞营前叫阵。

曹宁使一杆碗口粗细的铁枪，武艺比陆文龙还要高强。他看到岳飞的军营前挂着"免战牌"后，大叫道："我听说你们岳家军非常厉害，为什么不嫌害臊，挂出这面'免战牌'？现在曹将军来挑战，有本事的可以出来和我较量一番。"

守营士兵急忙进营向岳飞报告。徐庆和金彪非常气愤，便对岳飞说："我们自从来到元帅的帐下，还没有立过功，外面的金将实在狂妄，请求元帅让我们出战。"

岳飞只得答应下来。

徐庆和金彪领兵出营，来到阵前。徐庆上前大叫道："金国的将领，赶快报上姓名！"

曹宁说："我是大金国四太子帐下大将曹宁，你是什么人？"

徐庆答道："我是岳元帅帐下的统制徐庆。先吃我一刀！"随即举刀向曹宁砍去。

曹宁催马上前，几个回合就挑死了徐庆。金彪看到后，提起三尖刀向曹宁刺去。曹宁举枪架开对方的刀，调转马头而去，金彪在后面紧紧追赶。曹宁看准时机，回马一枪刺向金彪的心窝，金彪也被刺死。曹宁手下的士兵看到宋军将领已死，便一齐冲上前去，把宋军杀得大败而逃。曹宁砍下徐庆和金彪的头颅后，就领兵回营去报功了。

张宪得知徐庆和金彪被杀后，就请求岳飞让他出战。岳飞答应了，并叮嘱他一定要多加小心。张宪领兵来到金营前，指名要曹宁出战。曹宁知道后，就领兵来到阵前与曹宁交战。他们二人打了四十多个回合也没有分出胜负，由于天快黑了，只好各自领兵回营。

一夜过后，曹宁又来到阵前挑战。严成方被岳飞派去迎战。严成方领兵来到阵前，与曹宁交手。他们打了四十个回合，直到天黑才收兵。曹宁连续几天前去挑战，岳飞手下领将每次最多与他打个平手，根本无法击败他。岳飞无奈，只好再次挂出"免战牌"。

王佐得知曹宁逼得岳飞挂出"免战牌"后，心里十分焦急，觉得自己得做点什么了。一天，他看到陆文龙在军营内，就进营拜见。

王佐说，他要给陆文龙讲一段非常有意思的故事，但陆文龙必须将所有士兵都打发走。陆文龙让士兵离开后，王佐拿出一张图来，并说："殿下先看一下这幅图，看完之后我再给你讲。"

陆文龙将图打开，看到图上画着一位将军和一个妇女死在一座大堂上，一个小孩子在那个妇女的身边哭泣，边上还有很多金兵。陆文龙看过之后表示不明白。

王佐指着图说："这个故事发生在中原的潞安州。这个死去的将军，是节度使陆登；这个死去的妇人，是陆登的夫人谢氏。这个小孩子叫陆文龙。"

陆文龙吃惊地问道："你在胡说什么？"

王佐说："殿下先听我说！金国昌平王金兀术侵占了潞安州，陆文龙的父亲以身殉国，母亲也死了。金兀术看到陆文龙长得可爱，就带着他和他的奶妈回到金国，并认他作干儿子。这件事发生在十三年前，如今他已经长大成人。可是，他不想为父母报仇雪恨，却管仇人叫父亲，这实在让人难过！"

陆文龙听后说："你分明是在胡说！"

王佐说："我说的每一句话都是真的，如果你不信，进去问问你的奶妈就知道了。"

他的话还没有说完，陆文龙的奶妈就哭泣着走了进来，说："王将军的话都是真的。老爷和夫人死得实在太惨了！"说完后就放声大哭起来。

听完奶妈的讲述后，陆文龙泪流满面，他跪在地上说："我今天才知道父母的冤情，我发誓一定要为父母报仇。"说着，他又跪在王佐面前，说："感谢恩公把实情告诉我，请受我一拜，恩公的大恩大德，我永远都不会忘记。"说完后，他站起身，拔出剑，十分气愤地说："我现在就去杀了金兀术，然后跟随恩公一起返回大宋。"

王佐急忙拦住他，告诉他不可轻举妄动。

随后王佐向陆文龙问起曹宁的来历。

陆文龙答道："他是曹荣的儿子，在金国长大。"

王佐说："我看他倒也像一个忠厚耿直的人。请公子将他请来，我要试探他一下。"

陆文龙便派人请来了曹宁。陆文龙对曹宁说，王佐很会讲故事。曹宁有些好奇，就让王佐讲一个。王佐就把此前给陆文龙讲的故事又讲了一遍。

之后陆文龙问他说："曹将军知不知道你的祖父是哪里人？"

曹宁答道："我不知道。"

陆文龙说："他是宋朝人！"

曹宁疑惑地问道："殿下，你是怎么知道的？"

陆文龙说："王佐会把实情告诉给你。"

曹宁转向王佐，王佐说："你父亲受山东节度使刘豫的怂恿，投靠了大金国，被封为赵王。自从去了金国后，他就忘记了自己的祖宗，把国家的恩情也忘得一干二净。我刚才之所以讲这个故事，就是想要提醒你。"

曹宁无法相信这个事实，激动地说："你不要胡说八道。"

陆文龙为了让曹宁相信，就把王佐自断手臂，来到金营寻访，以及自

己悲惨的身世讲了出来。说完后，他又对曹宁说："我们之所以请将军前来商议，就是因为我们觉得将军身处金国，无法为国效力，实在太可惜了。"

曹宁听后，说："如果这些都是真的，那我现在就去投奔大宋。不过，我担心岳元帅不肯相信我。"

王佐说："这并不难。我现在就写一封信，将军带着去见岳元帅就行了。"

第二天，曹宁就带着信去见岳飞。他跪在岳飞面前，诚恳地说："末将曹宁甘愿归降，请元帅收留。"说着，他把王佐的信交给岳飞。

岳飞读过信后，非常高兴："我那贤弟自己砍下手臂，假装降金，立下这样大的功劳，他没有白受苦啊！"他把那封信藏好，对曹宁说："将军不忘家乡和祖宗，可以称得上是忠义勇敢之人，实在令人敬佩。"随即吩咐手下给曹宁换了衣服和铠甲。

曹宁归宋的消息很快就传到了金兵大营。金兀术又气又恼。这时，手下士兵报告，说赵王曹荣押送粮草到来。曹荣进帐后，金兀术二话不说，命令手下将他绑起来。曹荣还以为金兀术怪他没有及时把粮草送到，连忙求饶。

金兀术非常气愤地说："你儿子曹宁归宋，是不是受到你的指使？你们忘恩负义，还有什么好说的？赶紧给我拉出去斩首。"

曹荣这才知道儿子竟然归顺了大宋。他说："臣的确不知道曹宁会这样做！请求四太子开恩，让我去把他抓来，交给四太子处置。"

金兀术听后，便命人给曹荣松绑，让曹荣上阵擒拿曹宁。

曹荣领兵来到岳飞的军营前，指名要见曹宁。岳飞便让曹宁出营相见，叮嘱他见机行事，劝说曹荣尽快归降。曹宁听命，骑马出营。曹荣看到曹宁穿着宋军的军服，非常气恼地骂道："你这个逆子，竟敢如此无礼，见了父亲也不下马！"

曹宁答道："父亲，并不是孩儿无礼。如今我已经是宋朝将领，恕我无法下马参拜。父亲为什么不离开金国，重新回到宋朝？那样做的话，子孙后代都会感到荣幸。希望父亲好好考虑一下。"

曹荣听后更加气愤，他大骂道："畜生！竟然这样辱骂你的
父亲！"说着，他就举起大刀，向曹宁砍去。

曹荣异常愤怒，大叫道："可恶！难道你不顾及父母的养育之恩，甘
愿做出卖主求荣的事情来吗？赶紧跟我回去，向四太子请罪。"

曹宁说："我最近才得知，父亲你身为宋朝节度使，竟然背叛自己的
国家，投降金国。现在还帮金国入侵我们大宋，这种行为，与禽兽有什么
分别？如果你不归降，就请回去吧，不要再说了。"

曹荣听后更加气愤，他大骂道："畜生！竟然这样辱骂你的父亲！"
说着，他就举起大刀，向曹宁砍去。

曹宁一时气愤，挥舞长枪，一下子就把曹荣挑死了。他吩咐手下士兵
带着曹荣的尸体回营，向岳飞复命。

岳飞得知曹宁杀了自己的父亲后非常吃惊。他说："你父亲不愿意归

降，你回营就行了，怎么能够将他杀死呢？这实在是大逆不道①。本元帅不敢收留你这样的人！"

曹宁也知道自己做出这种大逆不道的事情，根本没脸活在世上，于是大叫道："曹宁没有早些遇到元帅，受到元帅的教诲，以至做出不忠不孝的事情来，无颜再活在世上。"说着，他就拔出腰间的佩刀，自杀而死。

岳飞虽然为失去一名英勇的将领而惋惜，但为了警示手下兵将，就命人把曹宁的头颅砍下来，挂在军营前一天，然后将他厚葬。曹荣是卖国求荣的奸臣，岳飞命人把他的头颅砍下来送到临安。

金兀术听说曹荣被曹宁所杀后，才知道曹宁归宋与曹荣没有关系。他认为，如果岳飞仍然收留曹宁这大逆不道的人，就有些不明事理了，根本算不上名将。就在这时，他的手下报告，说曹宁的头颅被挂在宋营前。金兀术听后，拍手叫道："这才是让人敬佩的元帅。"他又对手下众将说："大宋有这样的人，想夺大宋的天下就不那么容易了。"

① [大逆不道]

指行为违背某种观念或道德标准。逆：背叛；道：道德规范。

第四十八回

"连环马"

就在金兀术与手下众将议论曹宁之死这件事时，手下士兵报告说，完木陀赤和完木陀泽两位元帅带着"连环马"在营外等候召见。金兀术听后非常高兴，立即召他们进帐相见。不一会儿，完木陀赤和完木陀泽就来到军帐中。金兀术说："我们演习'连环马'已经好几年了，现在总算成功了。明天二位元帅就领兵去捉拿岳飞吧！"

第二天，完木陀赤和完木陀泽领兵来到岳飞的军营前挑战。岳飞得知金国将领在营外叫阵，就问众将有谁愿意出战。董先、贾俊、陶进、王信、王义五名将领都愿意出战。岳飞就派董先率领其余四位将领出营。

董先等人来到阵前，看到完木陀赤和完木陀泽长得凶神恶煞^①，十分吓人。董先催马向前，大叫道："金国小将，赶紧报上姓名。"

对方答道："我们是金国元帅完木陀赤、完木陀泽。四太子命我们来捉拿岳飞。你可是岳飞？"

董先怒骂道："混账东西，我们元帅怎么会与你们这样丑陋的恶贼交手？先吃你董爷爷一铲吧！"说着，他就举起月牙铲向对方打去。完木陀赤举起铁杆枪，与董先打了起来。打了几个回合后，完木陀泽看哥哥渐渐处于下风，便上前助战。陶进等人

226

看到完木陀泽上前帮忙，也都举起大刀去帮董先。双方七人展开
厮杀，场面十分壮观。不过，完木陀赤和完木陀泽两个人打不过
董先等五人，很快就骑马而逃，完木陀赤一边跑还一边大叫道：
"我们在前面布下了陷阱，你们千万不要追来。"

董先听后，非常气愤地说："我们才不怕呢！"他们五个
人率领五千兵马在后面紧紧追赶，一直追到金兵大营前。突然一
声炮响传来，完木陀赤和完木陀泽向左右分开，中间三千人马
便从金营中冲出。只见这群队伍马上披着驼皮铠甲，头上戴着铁
钩和铁环，每三十匹连在一起，排成一排；马上的士兵身上和脸
上都戴着牛皮做的护具，只有一对眼睛露在外面；共有一百排，
前面一排士兵拿着弓箭，后面一排士兵拿着长枪。董先等五名将
领及五千士兵被包围起来，面对着雨点般的箭和不断刺来的长
枪，毫无还手之力，除了几个士兵侥幸带伤逃出外，其他人全都
丧了命。

那几个逃出去的士兵回到军营，向岳飞报告："除了我们几
个人外，其余将士们全部战死了。"

岳飞急忙让他们讲清原委。那几个士兵就把敌人使用"连环
马"阵杀死五千人马之事详细地讲了出来。

岳飞听后，热泪盈眶地说："董将军他们死得太惨了！对
方使用的阵法叫'连环马'，以前呼延灼曾使用过。要想破解这
个阵法，只有徐宁[1]流传下来的'钩镰枪'。五位将军就这样丢
掉了性命，实在让人心痛！"说完后，他立即命人准备祭祀用
品，对着金营祭奠了五位将领及那些死去的士兵。为了破解"连
环马"，他派张显和孟邦杰各自带领三千名士兵去演练"钩镰
枪"，命张立和张用各自率领三千名士兵去演练"藤牌"。

金兵的"连环马"虽然让宋军吃了大亏，但金兀术仍然十分
烦恼。一天，他对军师哈迷蚩说："我有这么多兵马，却依然无
法侵入中原，只能在这里拖延。军师有什么好办法能让我军尽快
挺进中原吗？"

[1]〔徐宁〕

《水浒传》中的
人物，绰号"金枪将"，
其金枪法、钩镰枪法
天下无双。

227

哈迷蚩回答说："岳飞用兵如神，而且手下能将颇多，我们的确很难在短时间内打败他。我有一个计策，四太子可以派一名将领悄悄地渡过夹江，去攻打临安。岳飞得到消息后，一定会派兵赶去救援。我们派大军切断他的后路，让他前后无法兼顾。如此一来，我们就有胜算了。"金兀术觉得这个计策可行，就派鹘（hú）眼郎君率领五千士兵，悄悄地攻打临安。

鹘眼郎君领命，率领士兵出发，在半路上遇到了押送粮草向朱仙镇赶来的王俊。王俊是秦桧手下的走狗，因为奉承秦桧而被提拔为统制。秦桧为了给他创造立功的机会，就派他率领三千人马押送粮草到朱仙镇。

鹘眼郎君想要断绝岳飞的军粮，就领兵攻打王俊率领的部队。王俊打不过鹘眼郎君，只好逃跑。这时，负责催促粮草的牛皋领兵赶到，杀退了鹘眼郎君的军队，救了王俊。牛皋由于还要去其他地方催粮，就把自己押解的军粮交给王俊，让王俊一起交给岳飞，并让王俊把鹘眼郎君的头颅送到岳飞那里报功。王俊急于立功，便请求牛皋把杀死鹘眼郎君的功劳让给他。牛皋知道王俊是一个奸佞小人，十分厌恶，就把功劳让给他，想着等到回营后再向岳飞讲明此事，从而让王俊出丑。

王俊押解粮草来到岳飞的军营。他对岳飞说，在半路上遇到牛皋被金兵围困，便领兵杀死金兵将领鹘眼郎君，救了牛皋。岳飞仔细询问之后发现王俊冒功[①]，但由于他是秦桧的走狗，就没有揭穿他，还记了他的功劳。

①[冒功]
别人立下功绩，自己说是自己立下的。

孟邦杰、张显、张立和张用按照岳飞的指示，领兵操练阵法，很快就操练得十分纯熟。岳飞派他们去破阵，又派岳云、严成方、何元庆和张宪领兵在外围接应。

孟邦杰等四名将领来到金营前挑战。对方迎战的是完木陀赤和完木陀泽。双方交战后，完木陀赤和完木陀泽假装败退，逃回大营。孟邦杰等人在后面追赶。快追到金营前，三千"连环马"气势汹汹地冲了出来。张立看到后，就命令士兵用藤牌将四周遮

挡起来，敌人的弓箭和长枪顿时失去了作用。孟邦杰和张显领兵施展"钩镰枪"，接连钩倒了大量"连环马"。那些马都是连在一起的，只要其中几匹倒下，其余的也就无法行动了，并自相踩踏。就在"连环马"阵形大乱的时候，岳云等人领兵从左右两侧杀入，杀得金兵毫无还手之力。

金兀术期待着"连环马"再次取胜，却收到了"连环马"被破的消息。金兀术急得大哭。哈迷蚩安慰金兀术说："四太子，你就不要难过了！等我们的'铁浮陀'到来，就可以让岳家军全军覆没。"

金兀术听后说："但愿如此吧！"

牛皋催粮回到岳飞的军营后，就对岳飞说起解救王俊之事，还说将鹘眼郎君的头颅和粮草交给王俊带回，问岳飞是否收到。岳飞说："鹘眼郎君的头颅和粮草收到了，不过，王俊说他救了你，功劳应当归他。我已经把他的名字记在功劳簿上了。"

牛皋听后非常气愤，说："王俊竟然冒领我的功劳，实在可恶。"

王俊在旁边听到后，说："做人要讲良心。明明是我救了你的性命，你为什么要来抢我的功劳？"

牛皋说："我和你比武，如果你能打败我，我就把功劳让给你。"

就在他们争功时，喧闹声从营门前传了进来，原来是有几百名士兵在外面嚷着要退粮。岳飞派人叫来几个士后询问，才知道最近发给士兵的粮食分量不足，一斗只有七八升。岳飞派人叫来负责发粮令的钱自明问话，才知道这都是王俊捣的鬼。岳飞非常生气，命王俊将克扣的粮食如数补齐，并声色俱厉地说："王俊，你冒领别人的功劳，克扣军粮，本来应该把你斩首！不过，本元帅念在你是奉旨前来，就不杀你，只打你四十军棍，把你押回临安，交给秦丞相处置。"随即吩咐手下将王俊拉下去受罚。

牛皋上前说道："小将打败了金兵，救了他一命，这个可恶的奸贼竟敢冒领我的功劳；此外，他还克扣军粮，况且又是秦桧的党羽，元帅为什么不将他处死，反而把他押到奸臣那里去呢？"

岳飞无奈地说："他是秦桧派来的，秦桧现在当上了丞相，位高权重，我们尽量不与他结仇。"

第四十九回

大破金龙绞尾阵

自从"连环马"被岳飞破掉之后，金兀术便一直闷闷不乐。一天，有士兵报告说，"铁浮陀"到了。金兀术听后异常欣喜，急忙传令："先把'铁浮陀'推到一边，等天黑后推到宋军大营前，向宋营开炮。就算岳飞他们再厉害，也一定会被炸死。"随即吩咐准备火药等物，只等天黑后向宋营开炮。

陆文龙知道此事后，心里非常着急，赶忙去找王佐，并说："今天金国送来了'铁浮陀'，这种大炮非常厉害，金兵今天晚上就要炮轰宋营，这可怎么办呢？"

王佐说："必须暗中给宋营送信，让岳元帅做好准备。"

陆文龙说："那好，我就写一封信，用箭暗中射到宋营，让岳元帅知道此事。明天早上我和将军一起回到宋营，将军觉得如何？"

王佐听后就开始做准备。快到傍晚时，陆文龙骑马悄悄地离开金兵大营，来到宋军营前，大叫道："宋军听好了，我这里有一封机密书信，你们立即送给岳元帅。"说完后，他就用箭把书信射向宋军营中。

岳飞收到信后，打开一看，十分震惊。他忙下令让岳云和张宪领兵去埋伏，又传令各营虚设营帐，命各营将领带领本部人马去凤凰山躲避。

天黑后，金兵就悄悄地把"铁浮陀"推到宋军营前，向宋营发炮，顿时山崩地裂，烟雾弥漫。岳飞及各位将领在凤凰山上看到这番景象，无不庆幸逃过一劫。他们都说：多亏陆文龙及时送信，否则后果不堪设想；王佐断了一条手臂，却换回了数万人的性命。

岳云和张宪按照岳飞的吩咐，领兵埋伏在半路。金兵放完炮回营后，他们摸黑来到大炮前，用铁钉把火炮的火门钉死，又命令士兵把火炮全都推进小商河内。

岳飞重新领兵回营。过了不久，王佐、陆文龙等人就来了。他们受到了热烈欢迎，众将都感谢他们的救命之恩。岳飞让陆文龙和王佐回营休息，派人将陆文龙的奶妈送回潞安州。

金兀术在营前看到岳飞的军营被大炮轰得毫无亮光后，便非常高兴地对哈迷蚩说："这次终于大功告成了！"众将也都十分兴奋，纷纷向金兀术道贺。金兀术心情大好，吩咐士兵摆酒，与众将喝起来，一直喝到天亮。有士兵来报告说，陆文龙载着奶妈，与王佐一起投奔宋营去了。

金兀术听后又气又恼，无奈地说："算了，没想到我留下祸根，最后却害了自己。"他的怒气还没消，又有士兵报告说，岳飞的军营内又树起了旗帜。金兀术感到难以置信^①，立即出营观看。他看到岳飞的军营果然恢复如初，便充满了疑惑，只好传令马上整理"铁浮陀"，以便夜里再去炮轰宋营。

金兵发现"铁浮陀"都被推到小商河内后，向金兀术汇报。金兀术气得火冒三丈。过了一会儿，他叹了一口气，说："这岳飞竟然能够让手下将领自断手臂来骗我。曹宁肯定也是受到他的蛊惑^②，才导致父子二人丢掉了性命。如今连陆文龙也被他说服，投降了大宋。'铁浮陀'被毁，实在太可恨了！"

哈迷蚩看到金兀术情绪失控，赶紧上前安慰道："四太子，请不要担心。明天我摆下一个'金龙绞尾阵'，引诱岳飞来破阵，必定可以将他活捉。"

第二天哈迷蚩领命，从此加紧操练兵马。

十几天过后，岳飞看到金兵大营没什么动静，就在夜里带着张保悄悄地来到凤凰山边茂密的树林里，爬到一棵大树上观看金兵操练阵法。金兵近百万人马，摆成两条"长蛇阵"，这两个

①[难以置信]
事情发生得太突然，让人觉得太奇怪，从而无法相信。置：使得。信：相信。

②[蛊惑]
迷惑，使人心意迷惑。

金兀术感到难以置信，立即出营观看。他看到岳飞的军营果然恢复如初，便充满了疑惑……

阵势首尾相连，所以称为"金龙绞尾阵"。岳飞正在仔细观看，突然听到有一支箭向自己射来。他躲避不及，肩膀中箭。张保看到后，急忙上前把箭头拔出来，撕下一角战袍包住岳飞受伤的肩膀，扶着岳飞骑马回营。

回到军营后，岳飞拿出牛皋留下的丹药服下，并让张保悄悄地把戚方叫来。戚方进帐后，岳飞说道："戚方！我领兵去洞庭湖平定叛乱时，你违抗军令，我派人打了你几下，你却一直耿耿于怀①，想用箭把我射死。你这样心狠手辣，我实在无法留你。"说完岳飞就给后军都督张俊写了一封信，让戚方带着信去投靠张俊。戚方无话可说，只好带着信，连夜出营。没想到，他刚出营就遇上了巡夜的牛皋。牛皋见他夜里逃走，不由分说就

①[耿耿于怀]

记在心里，无法忘掉。耿耿：有心事的样子。

把他打死了。

又过了几天，哈迷蚩演练好了"金龙绞尾阵"。金兀术马上派人给岳飞下战书。岳飞回复第二天迎战，并请韩世忠、张信、刘绮三位元帅前来商议对策。最后商定，岳飞和张信领兵攻打左侧的"长蛇阵"，韩世忠和刘绮领兵攻打右边的"长蛇阵"，岳云、严成方、罗延庆、余化龙等人从中路杀进去。

第二天，双方展开了决战。岳云等人领兵从中路杀入"金龙绞尾阵"中，杀得金兵惨叫连连。金兵将领看到形势不利，连忙变阵，左右两条"长蛇阵"向中央围拢。这时，岳飞率领牛皋、王贵、张显、施全等将领杀入左边的"长蛇阵"，韩世忠率领韩尚德、韩彦直等将领杀入右边的"长蛇阵"。"金龙绞尾阵"是由两条"长蛇阵"演化而来，首尾呼应，像剪刀一样一层一层把入阵者包围起来。

宋军在阵中奋力拼杀，杀了一天一夜也没有杀出阵去。危急时刻，金门镇的先行官狄雷、岳飞手下将领孟邦杰的小舅子樊成及岳云的结拜兄弟关铃领兵前来助阵。他们领兵从"金蛇绞尾阵"的正中间冲了进去，直杀得金兵难以抵挡。

正在指挥台上看哈迷蚩指挥的金兀术收到消息后，立即骑马赶去支援。关铃迎上前去，与金兀术打在一起。狄雷和樊成也一起上前，助战关铃。金兀术以一敌三，很快就落入下风，只好落荒而逃。他担心关铃等人冲动阵势，只得绕阵而逃。关铃等人在后紧紧追赶，把"金龙绞尾阵"冲得支离破碎。

岳飞等四位元帅看到敌人的阵脚大乱，就指挥众将四处追杀。关铃杀得兴起，突然看到岳云，就大叫道："岳大哥，小弟来了！"说完就同岳云会合。狄雷杀入金兵阵中，看到了岳飞，高声叫道："岳元帅，小将狄雷来投奔元帅了。"岳飞说："将军奋勇杀敌，本元帅自有封赏！"狄雷听后，便更加勇猛地向金兵杀去。

宋军将士越战越勇，金兵渐渐站不住阵脚，只好仓促逃窜，金兵逃了二十多里，才甩掉追兵。金兵刚想休息一下，却又遇到刘绮的埋伏。刘绮早就领兵从小路赶到这里，钉下木桩，挡住金兵的路，并在两边埋伏了大批弓箭手。他一声令下，万箭齐发，又射死了大量金兵。

金兀术立即下令从左路逃跑，逃了十几里后，来到金牛岭前。那金牛岭山势陡峭，极难行走。金兀术上前观看，打算寻找其他道路。就在这时，后方又传来了宋军追兵的呐喊声，而且声音越来越近。金兀术心中暗暗叫苦："想当年我率领六十万大军入侵中原，如今兵败如山倒，我哪还有脸面对众将？还不如干脆死在这里吧！"想到这里，他大叫一声："天要亡我啊！"随即向一头向石壁撞去。不料，那石壁竟一声轰响，便倒了下去，闪开一条路来。金兀术见自己命不该绝，就立即招呼众将登上山岭。那些金兵蜂拥而上，反而把道路堵住了，只有五六千人爬上了山岭。宋军追兵随后赶到，把没有爬上山岭的金兵全部杀死。

金兀术在山岭上看到自己的士兵惨死，不禁痛哭起来。他对哈迷蚩说："这岳飞实在厉害，我进入中原时，手下有六十万人马，如今被他杀得只剩下这五六千人。我没脸回去见父王了，还是以死谢罪吧！"说着，他就拔出腰间的佩刀，打算自杀。

哈迷蚩赶紧抱住金兀术的双手，众将一齐上前，把金兀术手里的刀夺了下来。哈迷蚩说："打仗就有胜败，四太子何必这样做呢？四太子先回国去，我悄悄地潜入临安城，找到秦桧，让他找机会除掉岳飞，那样我们就可以夺得大宋天下了。"

金兀术听后就写了一封信，装在蜡丸内，交给了哈迷蚩，并叮嘱他一定要小心。哈迷蚩把蜡丸藏好，向金兀术道别后，就去了临安。

第五十回

奸臣弄权

　　哈迷蚩悄悄地潜入临安城后，便四处打听秦桧的消息。一天，他得到消息，说秦桧与夫人王氏在西湖上游玩，便向西湖赶去。来到西湖，他看到秦桧夫妇坐在一条船上，一边喝酒一边欣赏风景。他没有立即上前去见他们，而是在岸边不停地高声叫道："卖蜡丸了！卖蜡丸！"

　　王氏听到叫卖声后，就向岸边看去，看到了哈迷蚩。她赶忙对秦桧说："相公你看，那个人不是哈军师吗？"

　　秦桧看了一眼，说："的确是哈军师。"随即吩咐家人把哈迷蚩叫上船来。

　　哈迷蚩随秦桧的家人上船，跪在秦桧面前。秦桧问道："你的蜡丸能治我的心病吗？"

　　哈迷蚩回答说："我这蜡丸专治心病，而且里面还有妙方。不过，心病要早治，晚治的话，我的药丸就会失去功效。"

　　秦桧听后，就命哈迷蚩把蜡丸留下，让家人给他十两银子，把他打发走了。秦桧打开蜡丸，发现里面装的是金兀术给他写的信，信中责备他违背誓言，导致金国大败，并让他想办法除掉岳飞。

　　秦桧读过信后，把信递给王氏，并说："四太子让我除掉岳飞，我该怎么办呢？"

　　王氏非常歹毒，她让秦桧一边慢发粮草，一面召岳飞收兵，以后再找机会将岳飞父子害死。秦桧决定按照王氏的话去做。

他看到秦桧夫妇坐在一条船上，一边喝酒一边欣赏风景。

他没有立即上前去见他们，而是在岸边不停地高声叫道："卖蜡丸了！卖蜡丸！"

　　哈迷蚩把信送给秦桧后，就回营去见金兀术，说："我在西湖上见到了秦桧夫妇，并把蜡丸交给了他们。我估计秦桧一定会施展手段，帮助四太子铲除岳飞。我们先返回金国，再派人打探消息。"金兀术接受了哈迷蚩的建议，领兵出关去了。

　　岳飞大破"金龙绞尾阵"，打得金兀术落荒而逃后，就在金牛岭下安营扎寨，一面向朝廷报捷，一面催促粮草，打算领兵攻打金国。可是，他等了很久，也没有等到粮草。他正打算派人去催粮，忽然有圣旨到来。岳飞率领众将出营接旨，才知道高宗让他暂回朱仙镇休养，等到秋收之后再去攻打金国。

　　送走钦差后，岳飞回到军营。韩世忠说："大元帅率领十万兵马攻破金兵百万大军，实在不是一件容易的事情。现在眼看着就能平定金国，可朝廷却不发粮草，让元帅回到朱仙镇驻扎，这不是要毁了一件大功吗？这肯定是朝中奸臣弄权，不希望大将建功立业。元帅要好好考虑一下，千万不能轻易回去。"

岳飞说："我怎么能只想着立功，违背皇上的旨意呢？"

刘绮说："元帅这样说就不对了。古人说，将在外，君命有所不受。现在金兵士气低落，我军士气高涨，收复失地指日可待。依我看，元帅一面催粮，一面领兵攻打金国，灭亡金国后再去面见皇上，将功赎罪。"

岳飞说："我母亲在我的后背上刺了'精忠报国'四个大字，我一生只希望为国尽忠，如今皇上下达了旨意，我就要坚决服从，顾不上奸臣弄权了。"说完后，他就传令大军返回朱仙镇。

回到朱仙镇后，岳飞对岳云说："现在朝廷里奸臣玩弄权术，力主议和，皇上听信谗言，不想复国。现在你留在这里也没用，不如和张宪返回家中，看望你母亲，教兄弟们武艺。"岳云和张宪领命而去。

一天，岳飞正在和韩世忠等几位元帅商议军情，突然叫张保上前，对众元帅说："张保本来是李纲太师的家将，李太师让他追随我，以求将来能够有个好前程。他这么多年来一直跟随我南征北战，各位元帅也知道他的功劳。皇上曾赐我一个名册，让我随意任免官职，我打算任命张保为濠梁①总兵，不知道各位觉得怎么样？"

①〔濠（háo）梁〕地名，在今安徽凤阳县境内。

众元帅纷纷表示，张保立下了无数大功，完全可以出任濠梁总兵。

岳飞取来名册，填上张保的名字，然后交给张保，让他带领家人去赴任。

张保说："我愿意留下追随元帅，不愿去做官。"

岳飞便劝说道："男子汉一定要求取功名。你不要再说了，赶紧去赴任吧！"

张保见岳飞主意已定，只好向岳飞及众元帅道别，出营赴任去了。

张保走后，岳飞又把王横叫到面前，对他说："王横，我打算让你也去做个总兵，你觉得怎么样？"

王横赶忙叩头，说："我是一个粗人，不知什么总兵总将的，只想追随元帅。元帅如果非要叫我去做官，我情愿死在元帅面前。"

岳飞看到他的态度如此坚决，只好让他留在营中。

这时圣旨突然到来，让岳飞在朱仙镇驻扎，在那里种田养马；命令三位元帅和各位节度使领兵返回以前驻守的地方。岳飞等人领旨谢恩，之后便按照圣旨分头行动。

岳飞在朱仙镇练兵种田，专等高宗派他去征剿金国。可是，秦桧力主议和，经过几次谈判后终于与金国签订了和约。和约签订后，岳飞也就没有留在朱仙镇的必要了。因此，高宗下达圣旨，召岳飞领兵返回临安。

岳飞接到圣旨后，对手下众将说："皇上召我回临安，我必须回去。可是，朝廷里奸臣作乱，我担心此去九死一生①。因此，我决定把大军留在这里，一人回临安。如果皇上听信奸臣谗言，我可能就性命不保了。我死之后，兄弟们一定要齐心协力，击败金国，救回徽宗和钦宗。如果你们能够做到这一点，我就死而无憾了。"

① [九死一生]
　　形容十分危险。
九：表示极多。

众将听后，纷纷劝说岳飞不要回临安，岳飞说这是皇上的旨意，根本没有商量的余地。

这时又有钦差带着金牌来催促岳飞启程。岳飞接过金牌后，第二道金牌又到了。此后，朝廷又派人送来十道金牌。钦差说："皇上命元帅立即启程，如果再拖延，就是违抗圣旨了。"

岳飞把帅印交给牛皋和施全，让他们暂时执行中营，只带着四名家将及王横出发。众将不忍岳飞离去，全都出营跪在地上为岳飞送行。岳飞安慰了他们一番，就骑马离开了。朱仙镇的百姓听说岳飞要离开，全都跪在大街上，哭喊着让岳飞留下来。岳飞

也流下了眼泪，他对百姓们说："皇上连发十二道金牌，让我回到临安，我一定要走。不过你们放心，过不了多久我就会回来，到时候将金兵彻底消灭，你们也就不用再过提心吊胆①的生活了。"百姓们听后，只好让出一条路，让岳飞过去。

岳飞带领王横等人，一路上快马加鞭，来到了平江，遇到了锦衣卫指挥冯忠和冯孝，他们带领二十名侍卫来捉拿岳飞。冯忠和冯孝看到岳飞后，便打开圣旨宣读起来。圣旨称，岳飞身居显位，却不思为国尽忠，反而拒绝执行朝廷的命令，私自克扣军粮，纵容手下士兵抢夺百姓，因此派锦衣卫押解回京。

岳飞刚要领旨谢恩，王横怒发冲冠②，提着铁棍大叫道："我是岳元帅的侍卫王横。我跟随岳元帅多年，这些年里，元帅为国家立下了多少汗马功劳？别的不说，就说岳元帅带领我们在朱仙镇与二百万金兵厮杀，光这一点，朝廷就没有理由抓岳元帅。你们要敢动手，我手中的铁棍就不客气了。"

岳飞说道："王横，这是朝廷的命令，你不得无礼，如果你敢阻拦，就是让我落得一个不忠的骂名。算了，我不如自杀以表明心迹。"说着，他就拔出宝剑，打算自杀。四个家将看到后，赶紧上前紧紧抱住岳飞，把他手中的剑夺走。

王横跪在地上哭着说："元帅难道就这样让他们捉去？"

冯忠见状，就举刀向王横砍去。王横看到后，正打算站直来抵挡，却遭到岳飞的呵斥，只好重新跪在地上。冯忠一刀砍在王横头上，众侍卫一起上前，将王横砍死。四个家将见此，就捡起岳飞的宝剑及王横的铁棍，骑着岳飞的马逃走了。

岳飞看到王横被乱刀砍死，痛哭不已。他请求冯忠准备一口棺材，好好地将王横埋葬。冯忠答应下来，就命地方官办理此事，之后便把岳飞装进囚车，向临安而去。来到临安后，他们把岳飞囚禁在大理寺③监狱里。

① [提心吊胆]
形容非常害怕。提：提防，小心防备。吊：悬挂。

② [怒发冲冠]
指愤怒得头发直立，把帽子顶了起来。形容愤怒到了极点。

③ [大理寺]
官署名，负责审理刑事案件，相当于最高法庭。

第五十一回

张保探监

　　岳飞被关进大理寺的第二天，秦桧假传一道圣旨，命令大理寺正卿周三畏审问岳飞。周三畏接到圣旨后，就派人把岳飞带到大堂上审问。他问道："岳飞，你身居要职，为什么不思攻打金国，以报国恩，反而在圣旨下达后仍不发兵，而且还克扣军粮，你有什么话说？"

　　岳飞说："大人，我并没有按兵不动。我刚刚领兵打败上百万金兵，眼看着就要平定金国了，却突然接到圣旨，让我回到朱仙镇养马。关于这一点，韩世忠、张信、刘绮三位元帅都可以作证。"

　　周三畏又问道："那你为什么克扣军粮？"

　　岳飞说："岳飞一辈子都非常爱惜军士，所以打仗时他们才会拼尽全力。我克扣了什么人的军粮，请大人告诉我。"

　　周三畏说："你手下军官王俊的告状书就在这里，他说你克扣了他的口粮。"

　　岳飞说："我们共有三十万人马，在朱仙镇扎了十三座大营，为什么我只克扣了王俊的军粮？希望大人明察。"

　　周三畏暗暗想道："这明明就是秦桧这个奸贼要陷害岳飞，岳飞既然无罪，我又怎么能够屈打成招呢？"于是对岳飞说："请元帅暂时先回到狱中，等我把这件事告诉皇上，让皇上来决定。"

　　周三畏回到家里后，心情十分抑郁，叹息着说："岳元帅为国家立下无数功劳，如今却遭到秦桧这个奸贼的陷害。我只是大理寺正卿，受秦

桧的管制，如果让岳飞被冤死，我一辈子都会良心不安。但如果我不听秦桧的话，一定性命难保，真是进退两难。不如干脆弃官隐居起来，远离朝廷。"想到这里，他就悄悄地吩咐家人收拾行李。到了半夜，他就脱下官服，写了一封辞呈，带着家人逃离了临安城。

秦桧得知周三畏弃官而逃后十分恼火。他命令发下文书，通知各地捉拿周三畏。此外，他还吩咐家人悄悄地去把万俟①卨和罗禹节叫来。万俟卨和罗禹节是秦桧门下的走狗，他们听说秦桧叫他们，忙不迭地前来拜见。秦桧命他们审理岳飞的案件，并交代一定要严刑拷打，逼迫岳飞认罪，害死岳飞。

① [万俟（mò qí）] 复姓。

第二天，秦桧任命万俟卨为大理寺正卿，任命罗禹节为大理寺丞。他们赴任后，立即审问岳飞，罪名还是按兵不动和克扣军粮。岳飞极力辩解，还让王俊来对质。他们看岳飞不肯招认，就命人打了岳飞四十大板，把岳飞打得昏死过去。岳飞醒过来，仍然不肯招认，他们就对岳飞施加各种酷刑。

岳飞知道自己必死无疑，但他担心岳云和张宪得知自己被害死后，会为他报仇，所以就迷迷糊糊地说道："我死了也就算了，只是不希望岳云和张宪为我报仇，毁我一世忠名！"

万俟卨和罗禹节听后吓得直冒冷汗。这二人十分清楚岳云和张宪的本领，担心岳飞死后，他们为会岳飞报仇，所以就说谎话赢得岳飞的信任，让岳飞给岳云、张宪写信，让他们去临安为岳飞申冤。岳飞给岳云写了一封信，交给了万俟卨。

万俟卨和罗禹节拿信去见秦桧，对秦桧说，连续审问了岳飞好几天，施加了各种酷刑，但岳飞依然不肯招供。秦桧听后非常气愤。万俟卨和罗禹节就把岳飞昏迷时所说的话讲了出来，并说岳云和张宪本领高强，如果他们前来为岳飞报仇，秦桧及他们二人都难逃一死；又把骗取岳飞信任，让岳飞写信召岳云和张宪前来之事说了出来。秦桧听后非常高兴，就派人模仿岳飞的笔迹和口气，伪造了一封信，骗岳云和张宪立即来临安。

岳飞传

① [心神不宁]
形容心里又烦又乱。宁：安定。

张保担任濠梁总兵已经一年多了。一天他得到消息，说岳飞突然被圣旨召回临安。他心中疑惑，连续好几天都心神不宁①。他与夫人商议后，就辞去官职，悄悄带着家人和三四名家将来到汤阴县岳飞家中。岳夫人看到张保后说："张总兵来得正好。我在一个月前听说老爷被圣旨召回临安，前天突然又有人把大公子岳云和张将军叫了去。我这几天心神不宁，想麻烦张总兵去临安打探消息，不知道总兵是否愿意去？"

张保答道："就算夫人不让我去，我也一定会去的。"

第二天，张保向岳夫人及众人道别，就带着行李向临安而去。来到临安后，他四处打听岳飞的消息，却连续几天都打听不到任何消息。一天早上，他偶然从一座破庙前经过，听到庙里有人说话。他从门缝向里看去，看到两个乞丐正躺在草铺上聊天。其中一人说道："现在这世道，做官还不如我们乞丐自在。我们要到饭就吃，要不到饭就饿着，这个时候还可以自由自在地睡在这里。那岳元帅做了那么大的官，却还比不上我们呢！"另外一个说："赶紧别乱说了！要是被别人听见，你就没命了。"

张保听后，一脚把庙门踹开，冲进庙里。那两个乞丐看到他后，吓得站起来就想逃。张保忙对他们说："你们别害怕，我是岳元帅家派来打听消息的，你们既然知道岳元帅的消息，就请告诉我吧！"

那两个乞丐都是胆小怕事之人，哪里敢说。张保一怒之下，将他们拎起来，冲着其中一个大叫道："你要是不说，我现在就杀了你。"

那乞丐一边求饶，一边对张保说："秦桧陷害岳元帅，还派人去他家中把他的大公子岳云及手下将领张宪骗来，一起关押在大理寺监狱里。现在只要谁提一个'岳'字，就会被抓走，连性命都难保，因此我们不敢说。将军千万不要对别人说，是我们告诉你的啊！"

张保听后，给了乞丐一块银子，就离开了破庙。

张保来到岳飞的牢房，见岳飞被折磨得神形憔悴，便跪在地上，哭道："老爷，他们怎么把您弄成了这个样子？"

张保买了几件旧衣服穿在身上，又买了一个竹篮，准备了一些点心酒菜放在里面，来到大理寺门监狱门前，轻轻地叫道："里面的大人，小人有句话要说！"

狱卒听到喊声后，向张保走来，问道："你有什么话要说？"

张保低声说道："里面的岳元帅，曾经是我的主人，对我有恩。我今天特意准备些食物给他吃。我这里有一些银子，您买茶吃吧，请您行个方便！"说着，他就把三四两银子递到狱卒手中。

狱卒接过银子后，对张保说："岳元帅是秦丞相的眼中钉，秦丞相不时派人来了解情况。我现在放你进去，你不要大声说话，否则连我们也会受连累。"说着，他就开门放张保进去。

张保来到岳飞的牢房，见岳飞被折磨得神形憔悴，便跪在地上，哭道："老爷，他们怎么把您弄成了这个样子？"

岳飞看到张保平静地说："张保，你不在濠梁做官，来到这里做什么？"

张保答道："小人到这里来，就是想救老爷出去。"

岳飞大声说道："张保！你跟随我多年，难道还不知道我的性格吗？没有朝廷的圣旨，我是不会出去的。你也不要再说什么了。既然你是来送饭的，就把酒饭端上来吧！我不想辜负你一番心意。放下饭后，你就走吧！"

张保赶紧把酒饭端到岳飞面前。岳飞喝了一杯酒，就催促张保赶快离开。

张保走到岳云和张宪面前，说："你们也不想出去吗？"

岳云回答说："作为臣子，我要为朝廷尽忠；作为儿子，我要为父亲尽孝。父亲不出去，我们怎么能出去呢？"

张保看到他们态度坚决，便说："是小人说错话了。小人也敬两位一杯酒。"

岳云和张宪说："多谢你的好意。"

岳飞再次催促张保出去。张保说："小人还有话要说！"说着，他又跪到岳飞面前，说："老爷一向看得起张保，但我却不能服侍老爷一辈子。小人虽然愚蠢，但难道连王横都不如吗？今天看到老爷和公子受屈，我实在痛心。不如我先去阴间报到，等老爷到来后再服侍老爷吧！"说完他就向围墙上撞去，当即毙命。

岳飞见状大声叫道："好个张保！好个张保！"一会儿，他又放声大哭起来。在场的狱卒看到后，也都流下了眼泪。

岳飞哭过之后，请求狱官将张保的尸体好好安葬。狱官也十分佩服张保的气节，便叫家人将张保的尸体装进棺材，之后将棺材放在西湖边的螺蛳壳内。

第五十二回
风波亭

　　万俟卨和罗禹节两个奸贼用酷刑拷打岳飞父子及张宪，逼迫他们招供。两个月后，岳飞等人仍然没有招认。腊月二十九那天，秦桧和他的夫人王氏在火炉边喝酒，突然得到一张传单。传单是一个不怕死的百姓刘允升所写，写的是为岳飞父子申冤的理由。传单被分派到每一户百姓家里，并约定好了日期，一起上表请求皇帝饶恕岳飞。

　　秦桧看过传单后，脸色顿时变得非常难看。秦桧把传单递给王氏，并说："我假传圣旨，将岳飞父子关押在监狱里，派万俟卨和罗禹节两人施加酷刑，逼迫他们招认反叛的罪名，现在已经两个月了，岳飞等人依然没有招供。现在百姓都说岳飞是被冤枉的，要上万民书为岳飞求情。如果高宗知道了这件事，我可就有麻烦了。如果将岳飞释放，又无法向四太子交代，所以非常烦恼。"

　　就在这时，下人禀告说，万俟卨送来黄柑①给秦桧解酒。秦桧将黄柑收下。王氏问道："相公，你知道黄柑有什么用处吗？"

　　秦桧回答说："黄柑能够败火消毒，可以让丫鬟剥来下酒。"

　　王氏说："这黄柑就可以要了岳飞的命。"

　　秦桧不解地问道："夫人是什么意思？"

　　王氏说："相公把这黄柑掏空，写一封信放在里面，让人交给万俟卨，让他今天夜里就在风波亭将岳飞等人杀死。如此一

① [黄柑]

　　一种水果，又名肿皮柑、玛瑙柑、泡柑、皱皮柑，为橘橙的天然杂交种，分布于中国的湖南、湖北、四川、陕西汉中等地。

245

来，这件事就了结了。"

秦桧听后非常高兴，立即写了一封信，放进掏空的黄柑内，派人给万俟卨送去。

除夕夜晚，狱官倪完准备了酒席，先派人送到岳云和张宪的牢房里，又亲自带着来到岳飞的牢房，与岳飞喝酒聊天。岳飞喝酒时，听到外面有声音，就问狱官道："外面是什么声音？"

狱官站起身向外望去，答道："是下雨的声音。"

岳飞一惊，说道："果然下雨了！"

狱官说："下雨而已，大人为何吃惊？"

岳飞答道："我奉旨进京的路上，去金山拜访了道悦禅师。他说我这次到临安来，一定会有牢狱之灾，还多次劝我不要再做官了，让我跟随他一起修行。我一心想着为国效劳，没有听他的话。在我离开时，他对我说了几句偈语①，我一直也无法理解，今天下雨，就有些应验了。"

狱官问道："是什么偈语？"

岳飞说："前四句是'岁底不足，提防天哭。奉下两点，将人害毒。'今天是腊月二十九，正是'岁底不足'；外面又下雨了，正是'天哭'；'奉'字下面加两个点，不就是'秦'字吗？'将人害毒'，就是说他要害我了！后四句是'老柑藤挪，缠人奈何？切记切记，提防风波！'我还无法理解这四句是什么意思。算了，大人能借我纸和笔吗？"

狱官派人取来纸和笔。岳飞写好一封信，递到狱官手里，说："恩公请将这封信收下。如果我真的被害，希望你去一趟朱仙镇。我那军营之内，每个人都是英雄好汉，也是我的好兄弟。如果他们得知我被奸人所害，一定会为我报仇，从而损害我的名节。恩公将这封信交给他们，既可以保全我的名节，还可以解救朝廷。"

狱官说："如果您真的遭遇不测，我就带着家人回到家乡过隐逸的生活。我家乡离朱仙镇不远，到时候就把这封信给送

① [偈（jì）语]
佛经中的唱颂词。附缀于佛经的一些读后感或修行中得到的体悟写成的语句。

过去。"

两个人一边喝酒一边聊天，突然有狱卒到来，悄悄地在狱官耳边说了几句话。狱官听后脸色骤变。

狱官跪在地上，对岳飞说："皇上下达了圣旨。"

岳飞问道："我猜肯定是让我去死了？这是皇上的命令，我无话可说。不过，我担心岳云和张宪会抗旨，你去把他们给我叫过来。"

狱官答应下来，派人去请岳云和张宪。他们到来后，岳飞说："朝廷下达了圣旨，不知道是吉是凶。我们要绑起来接旨。"

岳云道："为什么要绑我们去接旨？难道皇上要杀我们？"

岳飞说："我们都是犯官，接旨当然要受绑了。"说着，他亲自动手，把岳云和张宪绑了起来，然后叫狱卒把自己绑起来，问道："在哪里接旨？"

狱官答道："在风波亭。"

岳飞听后，无奈地说："道悦和尚的偈语是'谨防风波'。我还以为是扬子江的风波，没想到这监狱中也有'风波亭'。真是没有想到，我们三人会死在这里。"

岳云和张宪说道："我们为国血战，立下汗马功劳，朝廷却要杀我们。我们为什么不打出去呢？"

岳飞呵斥道："胡说！自古忠臣在死亡面前都毫不畏惧。大丈夫当视死如归，有什么好怕的？我们就在地府里看着这群奸臣能猖狂到什么时候！"说着，他就迈开大步，向风波亭走去。

岳飞等三人来到风波亭上，两旁的狱卒二话不说，就拿起麻绳把他们给勒死了。当时岳飞只有三十九岁，岳云二十三岁，三个人死的时候，突然刮起了狂风，灯光都被狂风吹灭，黑雾笼罩天空，沙石乱舞。

狱官倪完看到岳飞父子惨死，大哭了一场，吩咐狱卒买来棺材，把岳飞等人的尸体从墙上吊出去，装进棺材里，做好记号，抬出城埋在西湖边的螺蛳壳内。倪完当天夜里就收拾行李，出城去了。

万俟卨知道岳飞等人已死，就与罗禹节一起去见秦桧，向秦桧报告此事。秦桧非常高兴。万俟卨和罗禹节还劝说秦桧假传圣旨，召岳飞的家属岳飞呵斥道："胡说！自古忠臣在死亡面前都毫不畏惧。大丈夫当视死如归，有什么好怕的？我们就在地府里看着这群奸臣能猖狂到什么时候！"说着，他就迈开大步，迎风渡亭走去。

来到临安，将他们一网打尽。秦桧觉得有道理，就命冯忠和冯孝第二天就去相州捉拿岳飞的家人。

自从张保走后，岳夫人更加担岳飞和岳云的安危。一天，她与儿媳妇、女儿银瓶小姐及张保的妻子洪氏正在谈论岳飞等人的安危，岳雷、岳霆、岳霖、岳震带着岳云的儿子岳申和岳甫一起过来。岳震说："母亲，今天是元宵节，为什么不叫家人把花灯挂上呢？"

岳夫人生气地说："你父亲及你哥哥、张将军现在都生死未卜，哪有什么心思看灯呢？"

岳震听后，就站到一边去了。岳雷走上前，说："请母亲不要担心。我明天就去临安找父亲，让他给您捎口信。"

岳夫人说："张总兵去了这么多天，都没有捎回任何消息，你这么小，去了有什么用？"

就在这时，家人岳安进来报告说，外面来了一个道士要面见岳夫人。岳夫人让岳雷去外面看看。

岳雷来到门口，看到一个道士，就问："师父从哪里来？"

道士也不答话，直接向里走，来到大厅上，行了一个礼，问岳雷说："你是什么人？"

岳雷答道："我是岳雷，岳飞是我的父亲。"

道士说："既然是岳元帅的儿子，我可以告诉你。我是大理寺正卿周三畏，由于秦桧指使我审问你父亲，并命我一定要处死他，所以我就辞官了。后来，秦桧又派万俟卨审问，施以各种极刑，但岳元帅一直不肯招认。我听说，有个叫张保的总兵在监狱中撞死了。去年腊月二十九，岳元帅父子及张宪全都在风波亭被害死了。"

岳飞的家人及洪氏在屏风后面听到这个消息，无不放声大哭。周三畏连忙劝阻道："里面的夫人们，你们先不要哭。我并不是来送信的，而是为了保住岳元帅的后代。你们赶紧收拾东西逃命去吧！不用多久，朝廷就会派人来捉拿你们。贫道告辞了！"

岳夫人听说周三畏要走，连忙带着众人一起走出来道谢。

周三畏说："夫人赶紧打发公子们逃到别的地方去，让岳家的香火得以延续下去。"说完后，他就离开了。

岳夫人带领儿媳妇把别人所欠的账目及家人的卖身契找出来，之后全部烧毁，又让所有家人赶紧离开。岳安、岳保、岳成、岳定四个老家人不愿离去，岳夫人就让他们留了下来。岳夫人又写了一封信，让岳雷去宁夏投奔留守宗方，之后便与家人留下来等候圣旨。

第五十三回

牛通千里追岳雷

牛皋娶了金氏后，金氏为牛皋生了一个儿子，取名为牛通。转眼间，牛通已经十五岁了。他浑身上下都非常黑，脸上长满了黄色的毛发，连头发也是黄色的，因此被称为"金毛太岁"。他虽然年纪不大，却身材魁梧，天生神力。

正月初十那天，金氏带着牛通给姨夫金总兵祝寿。喝过寿酒后，众人一起闲聊。金总兵说："我看牛通已经成大，武艺也还不错。我听说岳元帅奉旨去临安后，让牛皋掌管帅印。牛通应该去那里求取功名。不过，昨天有探子报告说，岳元帅被秦桧诬陷谋反，在去年腊月二十九那天被处死了。我也不知道这件事是真是假，就派人去打听了，等那个人回来后，就有确切的消息了。"

牛夫人听后大吃一惊，说道："如果岳元帅以谋反罪名被定罪，朝廷必然会杀他全家。我想叫牛通去相州，叫岳元帅的儿子到这里避难，不知道姐夫是否同意？"

金总兵说："我当然同意。等我派去打听消息的人回来，确认此事后，再派牛通去。"

牛夫人说："相州距离此地有八九百里，如果这件事是真的，朝廷一定会派人火速去捉拿岳元帅的家人，等到探子回来就晚了。"

这时，牛通上前说道："孩儿今天夜里就出发，如果没有此事，我就当去探望岳伯母；如果真有此事，我就把岳家的兄弟接到这里来。"

　　金总兵让牛通等到第二天再去，牛通救人心切，当天傍晚就收拾好行李，提着一条短棒出发了。他日夜兼程，很快就来到了汤阴县岳飞家中。他来到大厅，看到岳夫人一家都在，就上前拜见，表明身份。

　　岳夫人哭着说："贤侄，多谢你前来探望。奸臣把你伯父和你大哥害死在监狱里了！"

　　牛通说："伯母，请不要再伤心了。我母亲听说这件事后，心里十分挂念你们，所以特意派我前来，让我带兄弟去我们那里避难。大哥已经不在了，赶紧叫二兄弟与我一起走吧！等圣旨到来，想走也走不了了！"

　　岳夫人说："你二兄弟已经去宁夏投奔宗公子去了！"

　　牛通说："伯母，您怎么能让他去如此遥远的地方呢？他是什么时候走的？"

　　岳夫人答道："今天早上。"

　　牛通急匆匆地说："这也不要紧。我追上他后，就带他去藕塘关，再不回来了。"说完后，他就与岳夫人及众人道别，寻找岳雷去了。

　　牛通走后不久，钦差冯忠和冯孝就带领人马来到汤阴县，把岳府包围起来。岳安赶紧向岳夫人汇报。岳夫人正打算出门接旨，张保的儿子张英却拦住了她。张英虽然只有十三四岁，却长得非常魁梧，而且力气极大。他对岳夫人说："夫人先不要出去，让我先去问个明白。"

　　张英出门看到那些士兵正准备打进府来，便大吼一声："住手！"这一声犹如旱地惊雷，把众人吓得都停了下来。

　　冯忠问道："你是谁？"

　　张英答道："我是张保的儿子张英。我知道是奸臣派你们来捉拿岳元帅的家人，只是想问你们是文捉还是武捉？"

　　冯忠问道："什么是文捉？什么又是武捉？"

　　张英答道："如果是文捉，就一个进府宣读圣旨，准备车辆，等候我家夫人、小姐及所有家属动身；如果武捉，就是要给夫人、小姐戴上镣铐，装上囚车，那样的话，我定会先把你们这些毛贼打死，然后去临安面见皇上。采取哪种方式，由你们决定，有不要命的就过来吧！"说着他从

岳飞传

门旁取来一根二尺粗细的门闩①，往膝盖上一磕，门闩立即折为两段。

冯忠看到张英气势逼人，就满脸堆笑道："张管家请不要动怒。我们只是受公家指派，只要带着人去临安就行，与他们并无冤仇。请管家进去通知岳夫人一声，请她出来接旨，我们则派人到地方官那里准备车辆。"

张英听后丢下折成两段的门闩，进去请岳夫人接旨。岳夫人出来接了圣旨，就把家中的东西收拾好，把各个门锁好，一家老少三百多人一起向临安进发。汤阴县令派人用封条把岳府的府门封好。

二公子岳雷自从离开汤阴县后，一路上非常凄凉。一天，他来到七宝镇上，那里虽然不大，倒也很热闹。他走进一家客栈，随便叫了一些吃的，吃完后就走向柜台前，将银包打开，对店家说："店家，银子在这里，你只管拿吧！"门口正站着一个员外，他看到岳雷的举动便想道："这个年轻人一定很少出门，如果路近还好，路远的话，恐怕连性命都难保。"想到这里，他就主动走上前去，请岳雷到自己家里喝茶。

岳雷跟随员外来到一所大庄园内。那员外名叫韩起龙，他得知岳雷是汤阴人士后，便问岳雷是否知道岳飞家里的情况。原来，这韩起龙的父亲本是宗留守的偏将，因为贻误②战机而获罪，岳飞为他求情，宗留守才没有治罪；他死之后，叮嘱韩起龙不要忘记岳飞的大恩大德。韩起龙牢记父亲的遗言，在家里供着岳飞的长生牌位。岳雷知道后，就把岳飞被杀、母亲逼迫他去宁夏投奔宗留守等事说了出来。韩起龙邀请岳雷留在庄上居住，并与岳雷结为了兄弟。

牛通得知岳雷去了宁夏，便一路追赶，两三天都没有休息。一天他来到一个镇上，感到腹中饥饿，就走进一家酒店，拍着桌子要酒肉。吃完后，他背上行李，提起短棒就要往外走。店小二赶紧上前拦住，说："客官，您还没付钱呢！"

牛通走了没多久，就遭到了刚才那位员外的埋伏，并被用绳索捆起来，带到一个庄园。那个员外还派人拿藤条抽打牛通，打得牛通大叫不止。

牛通说："我因为急着追赶兄弟，忘了带银子。你先记在账上，等我回来再还你。"

店小二说："我又不认识你，怎么给你记账？你还是快把饭钱付了吧！"

牛通说："我就要回来再还你，你能够把我怎么样？不要把小爷我惹恼了，否则我把你这个店砸烂。"

店主人听到后，就走上前来，说："你这个人实在太不像话了，吃饭不给钱，还要撒野？赶紧把饭钱付了，否则我让你好看！"

牛通听后异常气愤，大骂道："我就不付饭钱，看你能把我怎么样？"

店主人被惹恼了，挥拳向牛通打去。牛通站在原地根本没有动，反而大笑着说："你的力气实在太小了，只够给我挠痒的。"

店主便招呼酒店里的帮工一起上前打牛通。牛通也不还手，那些人打在牛通身上，自己的手和脚反而打得生疼。

这时，一名员外带着二三十个家丁从酒店门口经过，也上来打牛通。牛通被打得有些生气了，把员外拦腰抱起来扔到大街上。员外爬起来，指着牛通大骂道："你不要狂妄！"说完后就被家丁搀着离开了。牛通背上行李，提起短棒离开了酒店。店主人不敢追，只好看着他离开。

牛通走了没多久，就遭到了刚才那位员外的埋伏，并被用绳索捆起来，带到一个庄园。那个员外还派人拿藤条抽打牛通，打得牛通大叫不止。牛通的叫声惊动了隔壁的一位员外，就是韩起龙。原来，抽打牛通的员外叫韩起凤，是韩起龙的弟弟。

韩起龙和岳雷去隔壁观看，韩起龙把岳雷介绍给韩起凤。牛通听后非常高兴，便把自己的身份说了出来，还把他去汤阴县等事告诉给岳雷，让岳雷与他一起去藕塘关。韩起龙说，他已经派人去汤阴县打听消息，等有消息后再做打算。岳雷和牛通只好暂时住在那里。

不久后，他们又结识了宁夏留守宗方的儿子宗良。宗良邀请岳雷去宁夏，牛通又让岳雷跟他去藕塘关，岳雷一时拿不定主意，韩起龙就让他们暂时先住在自己的庄园里。

第五十四回
栖霞寺埋忠骨

自从岳飞死后，大理寺狱官倪完十分悲痛。新年过后，他就带着家人逃出了临安，带着岳飞的遗书来到朱仙镇。

施全读过岳飞的遗书后，大哭起来，对牛皋说："牛兄弟，出大事了！元帅、公子及张将军全都被秦桧害死在监狱里了！"

牛皋听后，大叫道："来人，把这个送信的人拉出去杀了！"

施全说："他是元帅的恩人，你为什么要杀他？"

牛皋说："我不知道他是元帅的恩人，还以为是秦桧派他来送信，得罪了！"

施全询问岳飞被害的过程，倪完便把岳飞被害的经过一五一十①地讲了出来。施全、牛皋及众将领听后无不痛哭流涕。哭过之后，施全派人取来五百两银子送给倪完。倪完再三推辞，之后就带着家人回乡去了。

牛皋对众兄弟说："奸臣把大哥害死了，我们杀向临安，把奸贼碎尸万段，为大哥报仇！"众人都义愤填膺，便吩咐手下打造白色的盔甲，率领三军向临安杀去。朱仙镇的百姓听说岳飞被害后，都非常悲痛，准备酒肉犒赏三军，无不想为岳飞报仇。

牛皋等人率领大军很快就来到长江口，众兵将一起乘船渡江。船行到江心时，突然刮起了大风，云雾遮天蔽日，空中出现两面绣着"精忠报国"的大旗，岳飞站在云端，岳云和张宪一左

① [一五一十]

比喻叙述得十分完整，没有遗漏。

255

岳飞传

①［英灵］
指人死后的灵魂。

一右站在他身边。众人看到后，全都站在船头哭着说："大哥英灵①没有走远！兄弟们为大哥报仇雪恨，希望大哥保佑！"

岳飞在云端连摇了几次手，示意施全领兵回去，不要去报仇。牛皋报仇心切，命令士兵马上开船，士兵听到命令后，急忙摇船向前。这时，岳飞显得非常气愤，把袖子一甩，江上顿时掀起巨大的风浪，把三四条兵船打翻，其他的船都无法前进。

余化龙大叫道："大哥不让小弟们为你报仇，我们哪还有脸活在世上！"他大吼一声，拔剑自刎而死。

何元庆看到余化龙死了，也大叫道："余兄既然死去，小弟也不活了！"随即举起银锤击碎了自己的头颅。

牛皋看到他们自尽后，大哭一声，也纵身跳进了长江里。

众兵将纷纷说道："既然元帅不让我们报仇，我们就坐船上岸，返回家乡去吧！"

于是，战船调转船头，向岸边驶去。来到岸上，众兵将纷纷散去，只剩下施全、张显、王贵、赵云、吉青、梁兴、周青七名将领及三千八百名士兵。施全问那些士兵道："你们为什么不离开呢？"

②［没齿难忘］
一辈子也忘不了别人的恩情或关怀。齿：年龄。没齿：终身。

他们回答说："元帅的大恩大德，我们没齿难忘②。虽然元帅遭到奸臣陷害，但那奸臣也活不了多久。等到奸臣死后，我们要去元帅的坟前拜祭。现在我们希望追随将军做一番事业，所以不肯离去。"

施全说："现在我们连去哪里都不知道。"

吉青说："依我看，我们先驻扎在太行山，派人打听岳夫人及公子的消息，再图报仇。"

施全等人都觉得吉青的话很有道理，就率领三千八百名士兵去了太行山。

牛皋跳下长江后，被风浪卷到一个山脚下，听到有人在他耳边说："牛皋快醒过来！"牛皋醒了过来，嘴里吐出几口白沫，睁开双眼看到鲍方道长站在自己面前，一个拿着一套干衣服的小

道童站在道长身后。

鲍方道长说："牛皋，你命不该绝，赶快把身上的湿衣服脱下来，换上这套干衣服。"

牛皋哭着说："师父虽然救了我，可是我无法为大哥报仇，哪还有脸活在世上？"

鲍方道长说："你无须为岳飞悲伤。施全等人去了太行山，你去那里与他们会合，日后还需要报效国家。"说完后，一阵清风吹来，他就消失了。

牛皋休息了一会儿，就换上干衣服，向太行山而去。

冯忠和冯孝把岳家三百多口带到临安后，就去向秦桧复命。秦桧假传圣旨，将岳家人全部处斩。当时韩世忠与夫人梁红玉就在临安，他们得知此事后，都十分震惊。梁红玉就让韩世忠去法场救人，自己则带领二十名女将去相府找秦桧，要拉秦桧去高宗面前理论。秦桧看到梁红玉气势汹汹，便说已经在高宗面前为岳飞的家人说情，免除他们的死罪，改为发配云南了。梁红玉这才放下心来，骑马去驿站见岳夫人。

梁红玉对岳夫人说，她一定会尽力保全岳家，使岳家免于发配。岳夫人担心留在临安早晚会遭到奸臣陷害，不如去云南。不过，她想留在临安一个月，找到岳飞等人的尸体安葬。

梁红玉说："这件事并不难。不如写一张告示贴在驿站门前，如果有人知道尸体的下落并到这里来报信，就赏给他一百两银子；有人收藏尸体，就给他三百两银子。告示贴出去后，一定会有尸体的下落。"

岳夫人觉得这个办法非常好，就派人写了告示，贴了出去。当天夜里，梁红玉就陪岳夫人在驿站休息，她们很谈得来，便结为了姐妹。

第二天，驿卒开门看到有人写了字条贴在告示旁边，赶紧向岳夫人报告。岳夫人接过字条，看到上面写着："欲觅忠臣骨，螺蛳壳内寻。"

梁红玉说："这一定是仁义之人看到元帅为国尽忠，所以把他的尸体藏在什么螺蛳壳内。妹妹可以派人去找一找。"

岳夫人立刻派岳安等人四处查找。岳安听一个老人说，西湖上堆积着大量螺壳，就让岳夫人去那里找一找。岳夫人在梁红玉的陪伴下，带着

不久果然看到三口棺材，上面分别写着岳飞、岳云和张宪的名字。岳夫人吩咐家人搭起奠棚，摆上祭礼，全家人无不大哭。

家人来到西湖，果然看到一个地方堆积着许多螺蛳壳，岳夫人忙令家人扒开，发现里面有一口棺材，上面写着"濠梁总兵张保棺木"。

岳夫人说："张总兵的棺木既然在此，那老爷三人的棺木也一定在这里。"说完，她就命令家人继续往里扒。

不久果然看到三口棺材，上面分别写着岳飞、岳云和张宪的名字。岳夫人吩咐家人搭起奠棚，摆上祭礼，全家人无不大哭。

银瓶小姐想道："只恨我身为女子，无法为父亲和哥哥报仇，留在世上也没什么用，不如死了吧！"她见路边有一口井，就纵身跳了下去。岳夫人连忙叫家人把小姐捞上来，但银瓶小姐已经断气了。

岳夫人非常伤心，梁红玉也极其难过。百姓知道此事后，全都称赞小姐孝顺、忠烈。岳夫人哭过后，就派四个家人在棚内看守，又派人去寻找坟地，好将五口棺材埋藏。

两天后，岳安对岳夫人说："本城李财主在栖霞岭下有一块空坟地，他说大老爷一家都是忠臣孝子，所以情愿让出那块坟地。"岳夫人看后十分满意，就选择吉日，将岳飞等人的棺木安葬在了那里。

不久后，秦桧就派人来催促岳夫人出发去云南。岳夫人收拾好行李后，就带着家人上路了。梁红玉派四名家将护送，还亲自送到城外。

岳夫人走后，秦桧派冯忠率领三百士兵守在岳飞的坟前，如果有人前来祭拜，立即抓捕；又派冯孝领兵去汤阴抄岳飞的家；还派人四处张贴告示捉拿岳雷。

第五十五回

上　坟

　　韩起龙派去临安打听消息的家人回来了，他把知道的事情一一讲了出来。

　　岳雷听后伤心地大哭起来，晕倒在地。众赶紧用姜汤把他救醒。醒来后，他哭着说："父亲啊！你一生尽忠尽孝，为国为民，没有能够获得封赏，反而遭到奸臣陷害！一家人又被发配到云南！我什么时候才能为你报仇雪恨呢？"

　　众人听后无不伤悲。岳雷说："我打算去临安祭奠父亲，然后去云南探望母亲。"

　　韩起龙劝说岳雷不要去，因为秦桧派人在岳飞的坟前巡视，而且各地都贴着画有岳雷相貌的告示。宗良提议，他们五个人一起去。大家都觉得可行，就收拾行李，带着兵器向临安而去。

　　一天，他们五个人来到江都，从诸葛锦的帐篷前走过。诸葛锦是岳飞手下将领诸葛英的儿子。他的父亲给他托梦，让他帮助岳雷去岳飞的坟前祭拜，因此他就在路边搭个帐篷，写个招牌，表面上是给人相面，其实是在等候岳雷。

　　牛通看到诸葛锦的帐篷前围着很多人，就走上前去，大声说道："原来是个相面的！有什么新鲜的，怎么会有这么多人围在这里？"

　　岳雷听到后，就说："你们也去相一相吧！"说着，他就带领众人走进帐篷里。牛通看到帐篷里人太多，就大声喊道："你们这群可恶的家

260

韩起龙劝说岳雷不要去，因为秦桧派人在岳飞的坟前巡视，而且各地都贴着画有岳雷相貌的告示。

伙！要相就相，不相的为什么要挤在这里？"众人看到牛通粗鲁，纷纷离开了。

岳雷走到诸葛锦面前，把手伸出来，说："先生，给我看一下吧！"

诸葛锦抬头看了岳雷一眼，说："你绝对不是普通人！请跟我去我的住处吧，到那里我给你慢慢相。"

诸葛锦把岳雷等人带到了马王庙。大家都坐下后，诸葛锦对岳雷说："你是不是岳二公子？"

岳雷赶忙说道："先生认错人了，我姓张。"

诸葛锦说："我叫诸葛锦，我父亲诸葛英是岳元帅麾下旧将。我父亲给我托梦，让我帮助你去岳元帅坟前祭拜。"

岳雷听后非常高兴，问道："大哥从来也没有见过我，怎么会认得我呢？"

诸葛锦答道："我从家乡来到这里，看到一路上都贴着榜文，看你与榜文中的画像非常相似，所以就认得了。"

牛通说："既然有了军师，我们为什么不杀上临安，将昏君和奸臣杀掉，二兄弟当皇帝，我们都当大将军？"

岳雷急忙制止道："牛兄不要乱说！如果被别人听到，咱们就有麻烦了。"

当晚他们就在庙里住了一夜。第二天，他们六人离开马王庙，向临安而去。

走了一天，他们来到瓜洲^①，并在那里休息一夜。第二天，他们出了瓜洲城门，看到前面有一个金龙大王庙。诸葛锦说："我们先带着行李到庙里休息一下，麻烦一位兄弟去江口叫船，我们好一起过江。"

① [瓜洲]
地名，位于今天江苏省扬州市。

岳雷说："让小弟去吧，你们去庙里等我。"

岳雷一人来到江边，见一只船就停在岸边，就上前请求船主载他过江。船上有两个人，是当地的公差，得知岳雷的真实身份后，就把他押解到了知州衙门。知州叫王炳文，他听说抓住了岳雷后非常高兴，打算第二天就把岳雷押送临安。

牛通等人在庙里等了很久，岳雷也没有回来，众人都担心起来。韩起龙和韩起凤去江口寻找，才知道岳雷被抓进了州衙，第二天就会被押解到临安。牛通非常着急，打算夜里去劫牢。诸葛锦算了一卦，说有人自会救岳雷出牢，只需要在城边等候就行。众人也没有好办法，只好跟随他去了城边。没想到，岳雷真的在那里出现了。原来岳雷在牢里遇到了一个叫欧阳从善的人，那人十分仰慕岳飞，听说岳雷被抓后，就混入牢房里，寻找机会把岳雷救了出来。众人听后都非常感激，不住地道谢。

此后，岳雷等人渡过长江，来到北新关外。一家客栈的老板看到他们在路边张望，就把他们迎入客栈。他们在客栈里后屋的

一张桌子上供着的一个牌位，上面写着"都督大元帅岳公之灵位"，众人都很吃惊。

诸葛锦问店主人说："这里为什么会有岳公的牌位？"

店主人答道："你们都是外地人，所以告诉你们也没关系。我原本是大理寺的狱卒王德，岳元帅被奸臣害死，倪狱官看透了世事，返回家乡去了。我想来想去，觉得在监狱里做事，赚的都是黑心钱，早晚会遭到报应，就不干了，帮着兄弟在这里开了一个客栈。岳元帅是大英雄，所以我在这里设了牌位，早晚祭拜他。"

诸葛锦说："原来是一家人，请放心，我们绝对不会把这件事说出去。"他又指着岳雷说："他就是岳元帅的二公子，特意到这里来上坟。"

王德听后大惊，忙说："小人拜见岳公子了！你们尽管放心，我因为在衙门任职，所以认识很多人，不会有人来查。不过，秦丞相派人在岳公坟前巡察，白天去上坟很危险，只能半夜悄悄地去。"

第二天夜里，岳雷等人带着祭礼，悄悄来到栖霞岭岳飞的坟前。他们把祭礼摆好，岳雷与众兄弟们一一上前祭拜。

有人看见一群人祭拜岳飞，就偷偷告诉了领兵驻扎在昭庆寺的冯忠。他得知后便马上率领人马向栖霞岭赶去。诸葛锦等人见有官兵前来，立即向后山逃去，慌乱之中，岳雷与众人跑散了。

岳雷正在乌镇寻找众人，却不小心被当地巡检吕柏青抓住，关进了大牢。诸葛锦等人打听到消息后，就闯入大牢，将岳雷救了出来。后来，他们来到一座古庙，并在那里遇到了一个人。那个人仔细打量岳雷等人一番，然后对岳雷说："你就是岳二公子吧？"

岳雷担心他是坏人，就说道："我并不是什么岳二公子，我姓张。"

那个人说："二公子莫慌，我是岳元帅的家将王明。我们四个人一起陪元帅去临安，刚走到平江就被人抓了起来，王横被砍死，我们四个逃走了。我在这里遇到了我哥哥，所以就在这个庙里安身。那天上街听说吕巡检抓住了二公子，明天就要押赴临安，所以就召集众人，打算明天把二公子救出来。你的样子与大公子一模一样，而且与画像上的人也十分相似，不是二公子，还能是谁呢？"

岳雷听后十分难过，就把上坟被抓、被吕巡检关进大牢，诸葛锦等人把他救出来等事讲了出来。

王明说："二公子不必难过。秦桧派冯孝去你家里抄家，冯孝把你家的财物装了几船，今天夜里正好从这里经过。我们要想个办法，不能让你家的财物落入奸臣的手里。"

夜里，众人来到湖边。王明让小船上的渔人带上引火的物品，摇到冯忠的大船旁边，之后把引火的东西点着，扔到大船上。大船很快就烧着了，船上的人不是被大火烧死，就是跳入水中被湖水淹死，冯忠也被烧死。

王明等人回到庙里时，天已经快亮了。宗良问岳雷说："现在我们已经上了坟，冯忠和冯孝也已死了，二弟要去哪里呢？"

岳雷答道："我的家人都被流放到了云南，我打算去云南找他们。"

牛通听后，提议大家陪岳雷一同前去。诸葛锦说："我前些天听说，牛皋叔叔率领数千人马在太行山驻扎，官兵都不敢前去围剿。我们不如去太行山找牛叔叔，向他借兵去云南。"

牛通听后，气冲冲地说："这个老家伙！原来他仍然在那里做强盗啊！我一定要问问他，为什么不领兵为岳伯父报仇！"

众人商量好后，就各自睡下了。第二天一大早，岳雷等兄弟七人辞别了王明，向太行山而去。

第五十六回

岳霆打擂

岳雷等兄弟七人走了数天，来到太行山下。突然听到锣声大作，二三十个喽啰^①拦住了他们的去路，大叫道："赶快把买路钱拿出来！"

岳雷看到他们打算动手，赶紧上前说道："不要动手！我是岳雷，特意到这里投奔大王，麻烦你们通传一声。"

众喽啰听说是岳雷后，急忙上山向牛皋报告。

牛皋得知岳雷到来后非常高兴，忙与施全、王贵、张显、梁兴、吉青、周青、赵云等人下山迎接。岳雷见过牛皋等人后，就把家人被捉到临安，幸亏梁红玉相救，改为发配云南及自己与众兄弟到岳飞的坟前祭拜等事说了一遍。牛皋听后非常难过，痛哭不止。

牛通怒气冲冲地走上前，指着牛皋大骂道："牛皋！你不为岳伯父报仇雪恨，却在这里做了强盗，过得如此快活，让岳二哥受这么多委屈！现在还装腔作势^②地哭什么？"

牛皋看到牛通数落^③自己，并没有理会，问岳雷有什么打算。岳雷说："我打算去云南探望母亲，由于路途艰险，所以想向叔叔借几千人马，不知道叔叔是否同意？"

牛皋说："我们也正想去云南呢！"说着，他就吩咐准备酒宴，与岳雷等人开怀畅饮。后来，他又命令手下打造盔甲和兵

① ［喽啰］

　　古代指占据地盘的强盗的手下。

② ［装腔作势］

　　比喻故意做样子。

③ ［数落］

　　指责、批评。

器，让岳雷率领三千兵马前往云南，中军竖起一面写着"云南探母"四个大字的旗帜。

岳雷向牛皋等人辞行，与牛通、宗良、欧阳从善、诸葛锦、韩起龙、韩起凤领兵向云南进发。牛皋传令各地供应粮草，如果有地方违令，他就立即领兵征剿。那些地方官，要么害怕牛皋，要么佩服岳飞的忠义，因此都全力支持。

岳雷领兵一路急行，很快就来到了云南。他得知母亲与柴王母子居住在王府后，就安顿好人马，与众兄弟一起去拜见母亲。看到母亲、嫂子及各位兄弟后，岳雷非常高兴，把此前发生的事情详细讲了一遍，又把众兄弟一一介绍给母亲。岳雷没有看到三弟岳霆，就问道："我没有看到三弟，他去哪了？"

岳夫人答道："你走之后，我放心不下，就在一个月前让他去宁夏找你了。"

岳雷说："三弟年纪尚小，如果路上发生了什么不测，那可如何是好？"

柴王说："二兄弟尽管放心，我给了他一道护身批文，路上不会有人盘问的。"

岳雷听后才放下心来。当天，柴王派人准备酒席，与岳雷等人开怀畅饮，一直喝到后半夜。

岳霆带着柴王的护身批文，一路平安地赶到宁夏。来到宗方府中，岳霆跪在宗方面前，将岳夫人的信递上。宗方读过信后，连忙扶起岳霆，说："你哥哥并没有到这里来，我也放心不下他，所以特意让我儿子宗良前去寻找，直到现在也没有音信。前天有人报告说，你哥哥去临安给你父亲上坟，之后跟几个人去了云南。我已经派人去打听消息了，你先在我这里住几天，等打听消息的人回来后，再回去告知你母亲吧！"

岳霆说："多谢老伯父了！我也想去临安给父亲上坟，以尽孝心。"

宗方说："你要尽孝心我不拦着。不过，奸臣在临安，你不能去！要不这样，你假扮成我的儿子，我才能放心让你前去。"

第二天，宗方派四名家将陪同岳霆去临安，并叮嘱岳霆说，路上如果遇到盘问，就说是他的儿子。岳霆辞别宗方后，就带领四名家将上路了。

在一座山前，岳霆遇到了罗延庆的儿子罗鸿、吉青的儿子吉成亮，罗鸿和吉成亮都打算去临安给岳飞上坟。岳霆非常高兴，便与他们结为兄弟，一起向临安而去。

不久后，岳霆又遇到了王贵的儿子王英、余化龙的儿子余雷，他们也打算去临安给岳飞上坟，于是一起上路。几天后，他们来到武林门外，挑了一个干净的旅馆休息。店主人送来晚饭，问他们说："各位客官一定是到这里来打擂台①了？"

余雷说："我们都是贩卖杂货的商人，并不知道这里有什么擂台。麻烦店主给我们讲讲！"

店主人说："后军都督张俊的儿子张国乾（qián）十分喜爱武艺。几个月来，他请来两个老师，一个叫戚光祖，一个叫戚继祖，这兄弟二人本是岳元帅手下统制官戚方的儿子。张公子听说这两人武艺高强，就请他们来教自己武艺。如今他武艺学成，在昭庆寺前搭了一个擂台，要将天下英雄打遍。现在二十多天过去了，没有人一个人打得过他。你们来得正好，这样的热闹，也该去看一下。"

这时，店小二说有客人到了。客主人听后，连忙去招呼。过了一会儿，有三个人带着行李走了进来。他们问店主人说："擂台搭在哪里？"

店主人笑着答道："在昭庆寺前。你们要去看吗？"

那三个人说："我们是特意前来打擂台的。"

店主人说："客官如果能打败他，倒也能做官。"

三人中的一个说："我们可不想做官，只想打倒他，让大家看看。"

余雷看到这三个人仪表不凡，估计有些本事，就想会会他们。岳霆主动前去，一问才知道他们是伍尚志的儿子伍连，何元庆的儿子何立、郑怀的儿子郑世宝。岳霆十分高兴，把吉成亮、罗鸿、王英、余雷四人叫过来与他们相见。众人行过礼后，便商议去打擂台。

① ［擂（lèi）台］
旧时比武所搭的台子。

岳飞传

张国乾看到来打擂的是一个瘦弱的小孩子，根本没有放在心上，随便摆出个姿势迎战。岳霆抢上一步，向张国乾打去。

第二天，岳霆等八人吃过早饭后，走出旅馆，探清了去昭庆寺的路。回来后，岳霆吩咐店主人买来一些祭品和四个大筐，并把祭品装在筐内。店家人当天晚上又把东西准备妥当了。

又过了一天，八个人吃过早饭后，分头行动。罗鸿、王英、吉成亮带着四个家将抬着四筐祭品去栖霞岭边等候，岳霆、余雷、伍连、何凤、郑世宝一起去打擂台。

岳霆等五人来到昭庆寺前，看到那里挤满了看热闹的人，一座擂台高高地搭在寺门口。过了一会儿，张国乾带着戚光祖、戚继祖走上擂台。张国乾打了一套拳，之后就坐到了台边的座位上。戚光祖冲着台下高声说道："台下众人听着，张公子在这里摆下擂台已经二十多天了，并没有遇到敌手，三天过后，擂台就撤了。你们如果觉得自己本领高强，可以上台来与张公子比试，如果能够战胜张公子，张大老爷就会保奏做官。"

有几个人上台与张国乾比武，没几个回合就被张国乾打下台去。戚光祖非常嚣张地冲台下大叫道："还有人敢上台来吗？"他连叫了好几声，

268

都没有一人敢上。

伍连打算上台，岳霆拉住他的手，说："哥哥请等一下，先让小弟上去比试，如果小弟输了，哥哥再上去也不迟！"说着，他就走到擂台边，纵身跳上擂台。

张国乾看到来打擂的是一个瘦弱的小孩子，根本没有放在心上，随便摆出个姿势迎战。岳霆抢上一步，向张国乾打去。张国乾转身让过岳霆，回身攻出一拳。他们两个人一来一往，打了十几个回合。张国乾看出岳霆身手不凡，再也不敢大意了，挥出一拳，打向岳霆的胸口。岳霆向下一蹲，让过张国乾，来到了张国乾的身后，一手抓住左脚，一手抓住脖子，把张国乾扔下擂台。台下的众人看到后，无不为岳霆喝彩。张国乾被扔下擂台，还没有爬起来，伍连一脚踹在他的心口上，把他踹得口吐鲜血，不一会儿就气绝身亡。

戚光祖和戚继祖来抓岳霆，岳霆已经跳下了擂台。余雷挥舞一对大锤，将擂台打倒。张国乾的家将举着兵器，要来抓岳霆。岳霆从郑世宝手中接过腰刀，与他们厮杀起来。戚光祖和戚继祖也来帮忙，却被余雷和何凤打败，不知逃到哪里去了。

岳霆五人杀退张国乾的家将，赶到栖霞岭下，与罗鸿等人会合。他们八个人来到岳飞的坟前，摆上祭品，烧了纸钱，祭拜岳飞。之后，岳霆让宗方的四个家将回宁夏向宗方复命，自己与七个兄弟一起向云南而去。

张俊听说儿子被打死后，急忙派人追赶岳霆等人，又派人张贴布告，捉拿戚氏兄弟。

第五十七回
报　应

　　秦桧害死岳飞后，又打算除掉韩世忠、张信、刘绮等忠良。一天，他独自一个人在万花楼上写奏折，突然一阵阴风吹来，岳飞的魂魄在张保和王横的陪同下，来到万花楼，一锤将秦桧打倒，并大骂道："奸贼，你做尽了坏事，命不久矣，居然还在这里陷害忠良！"

　　秦桧看到岳飞，大叫道："饶命！"

　　秦桧的夫人王氏听到丈夫的叫声，赶忙叫家人何立前去观看。何立来到万花楼上，看到秦桧跌倒在地上，神志昏迷，嘴里不停地喊饶命。过了一会儿，秦桧清醒过来，何立扶着他下楼。

　　王氏问道："相公这是怎么了？"

　　秦桧答道："我刚才在楼上写奏折，岳飞的魂魄突然出现，还打了我一锤。"

　　何立说："小人刚才看到太师跌倒在地上，便说去灵隐寺上香，太师这才醒过来。"

　　秦桧听后，便让何立带着二百两银子去灵隐寺拜佛，并说："明天我就与夫人一起去灵隐寺上香。"

　　第二天，秦桧夫妻来到灵隐寺。来到大殿后，他们先向佛像跪拜，然后让僧人及家人回避，默默祈祷佛祖保佑他们夫妻二人长命百命，岳家父子不要再来纠缠。祈祷过后，他们就在住持①

①［住持］
　　主管一个寺院的和尚或一个道观的道士。

的带领下，在寺院里四处观赏。

在一面墙壁上，秦桧看到有人写了一首诗，墨迹都还未干。诗是这样写的："擒虎容易放虎难，无言终日倚栏杆。男儿两点恓惶①泪，流入胸襟透胆寒！"秦桧非常吃惊，暗暗想道："这首诗的第一句，是我在东窗下写给夫人看的，没有人知道，怎么会写在这里呢？实在太奇怪了！"

想到这里，秦桧便询问住持这首诗是何人所写。住持说："寺院里最近来了一个疯和尚，喜欢在各处乱写，可能是他写的。"秦桧便叫住持把那个疯和尚叫来。疯和尚来到秦桧面前，暗中指出秦桧受到金兀术的指使，陷害岳飞等事。秦桧和王氏听后脸色都变了。

施全在太行山上一直想着为岳飞报仇。一天，他以打探消息为由，辞别了牛皋，向临安而去。来到临安后，他悄悄去岳飞的坟前祭拜，之后打听到秦桧去了灵隐寺上香，回府时必然经过众安桥，就躲在桥下，打算杀死秦桧，为岳飞报仇。

秦桧离开灵隐寺后，一路上都在想："我与夫人所做的事情，为什么这个疯和尚全都知道呢？这实在是太奇怪了！"来到众安桥前，他所骑的马突然因受惊而跳起来，他赶紧勒住缰绳，那马便往后退了几步。施全看到秦桧就在面前，便举起刀向秦桧捅去。突然，他感到手臂又酸又麻，连手都抬不起来了。秦桧的家将连忙拔刀向他砍去，把他砍倒在地，将他捉住，带回丞相府。

秦桧虽然逃过一劫，但受到了很大的惊吓。他休息了片刻，就吩咐家将把施全押上来，问道："你是什么人？为什么要行刺我？是谁指使你的？"

施全大骂道："你这个陷害忠良的卖国贼！天下人无不想吃你的肉！我是岳元帅帐下大将施全，今天特地来刺杀你，为岳元帅报仇雪恨！今天你命不该绝，但总有被碎尸万段的一天！"

秦桧十分气愤，派人把施全押进大理寺监狱，并于第二天押

① [恓惶] 悲伤。

赴去阳市处斩。

自从施全下山之后，牛皋十分担心，便派两个喽啰下山打探消息。那两个喽啰探听到消息后，急忙回山向牛皋报告。牛皋听后异常愤怒，打算领兵去临安诛杀秦桧，为施全报仇。

王贵连忙劝阻道："岳大哥死后，我们领兵为他报仇，他的阴灵不让我们这样做。现在施大哥不听岳大哥的劝告，被秦桧所杀。我们不能再轻举妄动了。"

牛皋只得作罢，众人都十分伤心，王贵和张显由于过度悲伤，当天夜里生了一场大病，由于不肯服药，几天后相继因病去世了。牛皋便把他们二人安葬了。

不久，秦桧旧病复发，王夫人十分担心。一天，她对秦桧说："前些天我们去灵隐寺上香，那个疯和尚曾说'如果见到施全，必死无疑！'这施全一定是疯和尚的同党，受他的指使来行刺你的。"

秦桧觉得夫人的话非常有道理，便让何立率领家将去灵隐寺捉拿疯和尚。何立等人来到灵隐寺，却根本找不到那疯和尚的踪影。

岳霆等八人来到云南后，见到了岳夫人及众位兄弟，大家都安心了。柴王爷看到众位兄弟都是忠义之人，便提议结为异姓兄弟，大家无不同意。于是，柴王爷柴排福、韩起龙、韩起凤、诸葛锦、宗良、欧阳从善、牛通、汤英、施凤、罗鸿、吉成亮、王英、余雷、伍连、何凤、郑世宝、岳雷、岳霆、岳霖、岳震共二十位小英雄，便在香案前起誓，结为弟兄。他们每天练武习文，感情比亲兄弟还要融洽。不久后，岳家四公子岳霖被当地苗王李述甫招为附马。岳夫人经常去苗王府看望自己的儿媳妇云蛮公主，日子过得十分惬意①。

苗王李述甫的外甥黑蛮龙曾在朱仙镇与岳云结拜为兄弟，他得知岳飞和岳云被奸臣秦桧所害，便领兵杀向临安，打算杀死秦桧，为岳飞和岳云报仇。各地官员得知此事后，不但不加以阻

①［惬意］
　　心怀愉快或感到舒畅。

拦，反而送给他粮草。

张俊、万俟卨、罗禹节得知此事后非常惊慌，一同去丞相府见秦桧。秦桧的后背本来只是隐隐作痛，但他听说黑蛮龙领兵为岳家报仇后，背疮就裂开了，疼得他昏迷不醒。张俊等人看到秦桧病重，便自作主张，派人去云南假传圣旨，要求岳夫人写信劝说黑蛮龙退兵。

高宗得知秦桧病重后，亲自去丞相府探望。得知皇上到来，秦桧微微张开双眼，喘着气说："臣罪该万死，让皇上亲自来探望！臣被岳飞打了一锤，恐怕再也见不到皇上了！"说完后，他再次昏了过去。

岳夫人接到假圣旨后，立刻给黑蛮龙写了一封信，让他马上退兵。黑蛮龙接到信后，便领兵返回云南去了。张俊入朝对高宗说："微臣杀退了敌人，因追赶不及，让他们逃走了。"高宗听后十分高兴，加封张俊为镇

秦桧睁开双眼，看到张俊后大叫道："岳爷爷不要杀我！"

远大都督，并赏赐给他很多财物。

张俊退朝后，就去丞相府看望秦桧。他见秦桧脸色蜡黄，紧咬牙关，便问道："丞相的身体如何？这几天服药了吗？"

秦桧的养子答道："丞相服药已经没有任何效果了，只是每天不停地喊疼，还经常昏迷。"

张俊轻轻地对秦桧说道："丞相保重身体，我已经把黑蛮龙杀退了。"

秦桧睁开双眼，看到张俊后大叫道："岳爷爷不要杀我！"

张俊看到秦桧这样，知道他活不长了，便转身离开了。秦桧的养子把张俊送走后，来到秦桧的床前，看到秦桧的头摇了两下，似乎有话要说，却又说不出来。过了一会儿，秦桧突然把舌头伸出来，不停地吐血，没一会儿就断气了。

秦桧死后，王氏整天心神不宁。一天突然一阵阴风吹来，她看到牛头马面带领一群小鬼，带着披枷带锁的秦桧向她慢慢走来。小鬼举起铁锤向王氏背上打去，王氏痛苦地大叫一声，就摔倒在地上。丫鬟在门外听到动静，赶紧进来观看。她们看到王氏倒在地上，就立即把她扶起来。王氏嘴里不停地大叫："饶命！"过了一会儿，她的两只眼睛爆出眼眶，舌头伸出来两三寸，死在了床上。

第五十八回

金兀术再兴兵

金国皇帝完颜阿骨打死后，他的弟弟吴乞买登基为帝。吴乞买死后，又立粘罕的长子完颜亶（dǎn）为帝。金兀术因为没有当上皇帝而闷闷不乐。一天，他想道："现在岳飞已经死去，大宋已经没有人能够阻挡我了，这是抢夺宋室江山的最好时机！"于是，他入朝向新君请旨，便率领五十万大军，铺天盖地地向中原而来。

高宗得知金兵来犯，受到了惊吓，几天之后便一命呜呼^①。众大臣拥立高宗的侄子为帝，史称孝宗。

张信听说高宗去世，孝宗即位后，就来到临安朝贺。叩拜过孝宗后，张信启奏："陛下刚刚登基，如今金兵又来进犯，请问陛下有什么退兵的良策？"

孝宗年纪尚小，哪里有什么良策，便说："老元帅有何高见？"

张信说："只要陛下答应我提出的五件事，就一定可以击败金兵。第一，惩治奸臣，平复百姓的情绪；第二，派人修建岳王坟，建立祠堂；第三，赦免岳飞家人的罪，并派人去云南接他们回来，让岳雷继承岳飞的职位，领兵抵挡金兵；第四，去太行山招安牛皋等将领，让他们辅佐岳雷；第五，让那些被秦桧陷害的老臣官复原职。"

孝宗听后，急忙派人按照张信所说去做。张信领兵捉拿了

岳飞传

他想道："现在岳飞已经死去，大宋已经没有人能够阻挡我了，这是抢夺宋室江山的最好时机！"于是，他入朝向新君请旨，便率领五十万大军，铺天盖地地向中原而来。

万俟卨、罗禹节、张俊等人，把他们关进天牢；张九思在栖霞岭修造岳王祠；李文升前往太行山招安牛皋等人；孝宗派人去云南请岳家一门回朝，又下旨宣布，凡是因受岳飞父子一案牵连的在逃者一律免罪。

岳夫人接到圣旨后非常高兴，带领一家人返回临安。牛皋、吉青、周青、梁兴、赵云五人也都来到临安。众人来到皇宫，孝宗说："先帝误听了奸臣的逸言，导致忠臣受屈而死。朕封李氏为一品鄂国夫人，岳雷、岳霆、岳霖、岳震全都封侯；封牛皋、吉青等五人为灭虏将军，封宗良、韩起龙等为御前都统制。"众人领旨谢恩。

几天后，孝宗得到消息，说金兵已经快到朱仙镇了，形势十分危急。

孝宗便封岳雷为扫北大元帅、牛皋为监军都督、诸葛锦为军师，率领大军出征。岳雷等人领旨，率领二十万大军向朱仙镇进发。

来到朱仙镇后，岳雷传令安营扎寨。金兵探子向金兀术报告说："宋朝派岳飞的儿子岳雷率领二十万大军前来，目前大军已经驻扎在朱仙镇了。"

金兀术听后，说道："哼，那宋朝皇帝，竟然让小毛孩子来拒敌，看来他的江山坐不稳了。"

第二天，岳雷率领三千人马，来到金营前挑战。欧阳从善提着一对大斧，走上前，大叫道："赶紧派几个有本事的出来！"金兀术派土德龙出营迎战。双方互通姓名后，土德龙便挥舞着铁棍，向欧阳从善打来。欧阳从善举直双斧抵挡。双方打了十几个回合后，欧阳从善右手一斧子就将土德龙劈死了。

金兀术得知土德龙被杀后，又派土德虎、土德彪、土德豹三兄弟出战。土德虎等人领兵来到宋营前叫阵，岳雷派吉青、余雷、宗良三人领兵迎战。六个人厮杀在一起，土德彪手里的刀稍微松了一下，宗良看准时机，一棍将对方打下马来。宋军看到后，全都呐喊起来。土德虎心里一慌，被吉青的狼牙棒打在脑袋上，断气身亡。土德豹看到两个哥哥被杀死，赶紧逃回金营向金兀术报告。

金兀术听后非常气愤，便询问众将："谁愿意领兵向宋军挑战？"

大元帅粘得力主动请战，金兀术高兴地说："如果将军肯前去，一定能够成功！"

粘得力手提重达一百二十斤的紫金锤，骑着骆驼，来到宋营前挑战。岳雷派罗鸿与牛通二人出营迎战。

罗鸿与牛通领兵出营，来到阵前。牛通大叫道："你是何人？"

粘得力说："我是金国大元帅粘得力，你是什么人，竟然杀死我的先锋？"

牛通答道："老爷叫'金毛太岁'！你撞见太岁爷，就再也活不成了，先吃我一刀！"说着，他就举刀向粘得力砍去。

粘得力举起紫金锤招架，又向牛通打来一锤。牛通急忙举刀来挡，只听"咣当"一声，牛通的两条胳膊被震得发麻。粘得力又攻来一锤，牛通赶紧躲避，却掉下马来。罗鸿看到后，立即催马上来与粘得力交战，宋军士兵趁机将牛通救了回去。罗鸿与粘得力只打了几个回合，就因无法招架而败回。

岳雷在营中得知牛通与罗鸿不敌粘得力后，急忙派欧阳从善、余雷、郑世宝、宗良四将出营接应。宗良等人出营后，与粘得力厮杀在一起。粘得力毫不畏惧，挥舞紫金锤，奋力拼杀，而且越战越勇。四将难以抵挡，只好败回。粘得力看到天快黑了，就领兵回营，向金兀术报功。金兀术非常高兴，说："元帅今天辛苦了，先回营休息吧！"

第二天，粘得力领兵来到宋营前挑战。岳雷知道粘得力武艺强高，便派吉成亮、施凤、王英、余雷、伍连、岳霆、汤英、韩起龙、韩起凤、何凤十名将领出战。吉成亮等人来到阵前，把粘得力包围起来，与粘得力厮杀。

粘得力大叫道："你们还有多少人？干脆一起来吧，我一并将你们杀死！"说着，他就挥舞紫金锤与那十名将领交战。

金兀术得知宋军派出十名将领与粘得力交战后，急忙派孔彦舟、撒离罕、鹘眼郎君、孛（bèi）堇（jīn）哈哩四名将领前去助战。四人上阵后，宋军十名小将有些抵挡不住，只好败走回营。粘得力领兵追杀，宋营将士不断地放箭，迫使粘得力只好收兵。

第二天，岳雷召集众将商议对策。诸葛锦说："元帅不用担心，我推测很快就会有将领前来帮助我们了。"

不一会儿，有士兵进来报告说，粘得力又来叫阵。岳雷无计可施，吩咐道："先挂出'免战牌'，等我们定下退兵之计后，再与对方交战。"

牛皋听后，大叫道："你父亲当年领兵出征，从来没有打过败仗。今天你做了元帅，竟然连一个金国将领都降服不了，怎么能去平定金国呢？你真是丢了你父亲的脸了！让我出去擒拿此贼！"

说着，他就提着双锏，来到阵前，大喊道："你就是什么粘得力吗？"

粘得力说："既然知道我的大名，就应该赶紧逃跑！你是什么人，竟然如此大胆，不想活了吗？"

牛皋说："你竟然连牛皋爷爷都不认识，怎么做元帅的？先吃我一锏吧！"说着，他就举起铁锏向对方打去。

粘得力举起紫金锤，拨开牛皋的锏，一锤向牛皋的头上打来。牛皋架起双锏抵挡粘得力的锤，却没想到那一锤竟生生将他的虎口震开了。他知道自己不是粘得力的对手，只好骑马逃走。他想起自己在岳雷面前夸下海口，觉得没脸回营，只好向其他地方逃去。

粘得力喊在后面紧紧追赶，并喊道："姓牛的！看你逃到哪里！"

牛皋催马狂奔，但仍然难以摆脱粘得力，而且双方越来越近。就在这个时候，大刀关胜的儿子关铃及时出现了。关铃自从在朱仙镇与众人分别后，一直想要为岳飞报仇雪恨，可是由于势单力薄，只好作罢。后来他听说孝宗继位并赦免了岳飞的家人，他便邀请樊成、严成方、陆文龙、狄雷四人一起来朱仙镇。

关铃看到牛皋被粘得力追杀，就让过牛皋，举刀迎战粘得力。他们打了三十多个回合，也没有分出胜负。狄雷看到关铃无法战胜粘得力，就举起大锤上前帮忙。粘得力毫无畏惧，挥舞着紫金锤与他们交战。三个人打了十几个回合后，陆文龙拍马向前，举枪向粘得力刺去。粘得力急忙躲避，躲过了这一枪，却没想到这一枪刺到了他骑的骆驼的眼睛。粘得力从骆驼上摔了下来，樊成上前一枪就把他刺死了。

牛皋看到粘得力被杀非常高兴，便带着他们五人回营去见岳雷，并把他们杀死粘得力的过程详细地说了一遍。岳雷非常高兴，派人把粘得力的头颅挂在军营前以壮声势。

第五十九回

攻破牧羊城①

① [牧羊城]

位于今辽宁省旅
顺市。

金兀术得知粘得力被杀后，叹息道："真是没有想到，宋军这群小将，竟然比此前那些老将还要厉害，我怎么才能够抢夺中原呢？"

就是这时，士兵进营报告，说国师普风到来。金兀术非常高兴，急忙命人把普风请进帐中。普风进帐后，问金兀术说："四太子与宋军交战几次了？结果如何？"

金兀术叹了一口气，说："宋军这群小将比此前那些老将还要厉害，双方交战了几次，我方全都失败，我手下多名上将被杀死。这可怎么办呢？"

普风说："四太子不用担心。我明天出战，擒来几个宋将，让四太子出气！"

普风是一个妖僧，他使用妖术，接连打伤宋将，又摆出驼龙阵，让宋军难以应付。后来，诸葛锦用计破了驼龙阵，普风觉得没脸回去见金兀术，便回山修炼去了。

岳雷趁金兵大败，便领兵向金兵大营杀去。金兀术虽然兵多将广，但无法抵挡宋军从四面八方杀来，最后五十万大军一大半被杀死。金兀术率领残兵败将，向关外逃去。岳雷率领大军追击，过了界山，向牧羊城挺进。

牧羊城的守将叫完颜寿，他使用一把九耳连环刀，武艺十分

完颜寿率领戚氏兄弟出城迎战。来到阵前，完颜寿大叫道："宋将是什么人，竟然来攻我的城池？"

了得。他手下有两员副将，分别叫做戚光祖和戚继祖。戚氏兄弟是戚方的儿子，当年在临安被岳霆等人打败后，就归降了金国，做了完颜寿手下的副将。

欧阳从善、余雷、狄雷三人率领宋军第一队人马率先赶到牧羊城下，安营扎寨后，欧阳从善等人就领兵前来挑战。

完颜寿率领戚氏兄弟出城迎战。来到阵前，完颜寿大叫道："宋将是什么人，竟然来攻我的城池？"

欧阳从善答道："我是大宋扫北大元帅帐下先锋'五方太岁'！我家元帅派我来抢你这牧羊城。你是什么人，赶快报上名来，我好记到功劳簿上。"

完颜寿说："我是金国皇帝的王叔完颜寿。你如果及时退兵，我还可以让你多活几天；你如果不听劝告，我让你有来无回！"说着，他就举起九耳连环刀，向欧阳从善砍去。欧阳从善举起双斧相迎。双方打了二三十回合后，欧阳从善的手松了一下，完颜寿一刀将他斩落马下。

余雷和狄雷见欧阳从善被杀，立即催马上前，与完颜寿打在一起。宋军连忙抢回欧阳从善的尸体。余雷、狄雷与完颜寿打了几个回合，也打马回营去了。

第二天，牛通率领第二队人马赶到。得知欧阳从善被杀后，他怒不可遏，打算领兵强攻牧羊城。众人连忙劝他不要心急，等岳雷大军到来后再作计较。

完颜寿虽然首战告捷，但他知道宋军大队人马一到，牧羊城迟早会被攻破，所以急忙派人去黄龙府请救兵。金国皇帝得知此事后，急忙请金兀术商讨退敌之策。金兀术提出，立即调鹞（yào）关元帅西尔达领兵增援牧羊城，他则去万锦山千花洞请乌灵圣母助阵。

鹞关总兵西尔达接到命令后，立即领兵增援牧羊城。完颜寿把他迎入城内。

第二天，岳雷率领大军赶到，与前队人马会合，并派岳霆去牧羊城前挑战。西尔达领兵出城迎战。

二人打了三四十个回合，西尔达虽有万夫莫敌之勇，但武艺终究比岳霆差一些。岳霆手中的枪，不停地进攻，打得西尔达难以招架，手中的刀不觉一松。岳霆看准时机，一枪刺中了西尔达的肩膀。西尔达受伤跌到地上，岳霆上前再补一枪，将西尔枪挑死，之后下马，将西尔达的脑袋砍下来，宋军将士一齐向牧羊城冲杀过去。经过一番激战，宋军终于攻下了牧羊城。

第六十回

牛皋骂死金兀术

金兀术前往万锦山千花洞请乌灵圣母帮他抵挡宋军，乌灵圣母答应下来。他们在前往牧羊城的路上，遇到了从牧羊城逃出来的金兵，得知牧羊城已经被宋军占领。金兀术大吃一惊，乌灵圣母对他说："四太子不要担心，我在蜃（shèn）华江边摆下一阵，保证岳雷无法过江。"金兀术听后非常高兴，就领兵渡过蜃华江，在江边安营扎寨。

没过多久，岳雷率领大军赶到了离蜃华江五十里的地方，并在那里安营扎寨。

乌灵圣母在蜃华江边摆了一个"乌龙阵"，并让金兀术派人给岳雷送战书，约定第二天决战。

第二天，双方摆开阵势，准备决战。金兀术出阵，叫岳雷上前答话。金兀术说道："岳雷，我三次领兵进入中原，一路势如破竹，完全是因为你们宋朝皇帝昏庸，大臣奸佞。现在你们大宋皇帝既然安坐临安，我们应当各自守卫疆土，互不侵犯。如今你侵占我国城池，杀我国大将，实在欺人太甚！而且，你们大宋皇帝刚刚登基，还派大臣与我国讲和。你如果不趁此时退兵，享受功名，反而贪功冒进，等到失利时，一定会追悔莫及^①！"

岳雷说："金兀术！你无缘无故地侵犯大宋城池，掳走徽宗和钦宗，杀我大宋百姓，就连宋朝的小孩子，也想着要报仇

① ［追悔莫及］
后悔都晚了。

雪恨！我们岳家一向讲究忠义，更不能容忍你的行为！如果不把大金国踏平，怎么能够报二帝的仇呢？"

金兀术听后大骂道："小畜生！我好心好意劝你，希望两国和好，你却如此放肆！不要再说了，放马过来吧！"

岳雷刚要上前，关铃拦住他，说："元帅，让我去擒他！"随即举起大刀，向金兀术砍去。金兀术连忙举起金雀斧相迎。两人厮杀起来，打了十几个回合后，金兀术逐渐难以招架，便向阵中逃去。关铃骑马在后面紧紧追赶。突然一个老道姑走出来，大叫道："小子！不要放肆，我来了！"

关铃说："你是何方来的出家人？要在此管闲事？"

乌灵圣母说："我是万锦山千花洞的乌灵圣母。你们胆敢入侵我国，我特地来收服你们！"说着，她挥舞双刀，向关铃砍去。关铃举刀相迎。三四个回合后，乌灵圣母作法召来鱼鳞兵，只见他们从头到脚都包在用鲨鱼皮做的盔甲里，只有两只眼睛露在外面，手持大刀，不住地挥舞。关铃抵挡不住，只得骑马逃走。金兀术领兵向宋军杀去，杀得宋军落荒而逃。这一战，宋军损失了两三千人，此外还有大量士兵受伤。

第二天，岳雷率领所有兵马来到金营前，命牛皋出阵讨战。金兀术亲自出阵迎战。看到牛皋后，金兀术大叫道："你这个黑脸家伙！我今天一定要杀了你！"说着，他举起金雀斧，向牛皋砍去。牛皋举铜相迎。双方打了十几个回合后，关铃、陆文龙、严成方、狄雷、牛通、樊成一齐出阵，金国几员大将也出营与他们交战。双方混战在一起，宗良趁金兀术没有防备，一棍打在他的肩膀上，打得他险些落马。金兀术大叫一声，骑马向金营逃去。那些金国大将看到金兀术受伤，也都不想再战。关铃和狄雷各杀死一人，其余全都逃走了。

宋将乘胜追击，一直追到金营前。这时，乌灵圣母骑着黑牛、手提双刀，大叫道："宋将不得无礼！你们去叫岳雷来破我的阵吧！"

牛皋非常气愤，举铜向乌灵圣母打去。乌灵圣母招架了几个回合，便又故伎重演，召出鱼鳞兵。宋将知道鱼鳞兵的厉害，连忙纷纷后退。牛皋见无法破阵，就请来了当初自己的师傅鲍方道士，道士前来相助，破了乌灵圣母的"乌龙阵"，收服了乌灵圣母。

金兀术火冒三丈，调转马头，举起金雀斧，就向牛皋砍来。牛皋举起双锏迎战。

宋军将士看到"乌龙阵"被破，士气顿时高涨起来，奋勇地向金营杀去。金兵抵挡不住，只好纷纷逃窜。宋军追到蜃华江边，那些金兵急不可耐地上船，逃回了北岸。那些来不及上船的，全都被杀死。

牛皋在阵中厮杀，意外地遇到了正在召集残兵败将逃命的金兀术。金兀术看到牛皋后，立即回马逃走。牛皋十分兴奋地大叫道："金兀术，这下看你还往哪里逃？"随即催马追来。

金兀术火冒三丈，调转马头，举起金雀斧，就向牛皋砍来。牛皋举起双锏迎战。双方打了三四个回合后，金兀术由于左臂疼痛，只能使用右手与牛皋交战。牛皋单手抓住了金兀术的斧柄，随即把锏扔下，双手来夺金兀术的金雀斧。他用力一扯，把金兀术扯下马来，而他自己也因为失去平衡而落马，正好压在金兀术的身上。

金兵看到金兀术处境危险，打算上前营救。宋军迎上前去，与金兵厮杀。牛皋骑在金兀术身上，压得金兀术无法动弹，并大笑着说："金兀术，你也有今天！"

金兀术回过头来，两只眼睛死死瞪着牛皋，嘴里不断喷出鲜血，最后气绝身亡了。

牛皋见宿敌死在自己手上，哈哈大笑起来，谁知这一笑也耗尽了他的气数，牛皋就这样死在了金兀术的身上。

岳雷鸣金收兵后，陆文龙、伍连、关铃等人前来报功。不久牛通哭着前来，说他父亲杀死了金兀术，但两个人都死了。岳雷听后非常伤心，命令军士将牛皋厚葬。

几天后，岳雷率领大军渡过蠡华江，来到距黄龙府五十里处安营扎寨。金国无人能够击退宋军，只好向岳雷求和。岳雷对金国使者说："你们想要求和，必须立即将徽宗和钦宗送回大宋，此后每年都要向大宋进贡。如果不从，我立即率军踏平金国。"

金国使者说，徽宗和钦宗已经去世了，钦差张九成还活着。几天后，金国使者就把张九成及两位皇帝的棺材送出城，岳雷率领众将接回军营，让张九成与金国使者护送两位皇帝的棺材先回临安，他率领大军随后返回。

不久后，岳雷率领大军高奏凯歌，回到临安。孝宗命令大臣出城迎接。岳雷进城后，率领手下将领进宫面圣。孝宗激动地说："多亏元帅出力，朕才能报先帝之仇，迎回徽宗及钦宗的棺材，元帅为国家立下了汗马功劳！请元帅暂时先居住在城里，等候封赏。"岳雷谢恩后，就率领众将出朝等候圣旨了。

孝宗下令将秦桧的丞相府改造成王府，赐给岳雷居住，又派人在栖霞岭下修建岳王及各位忠臣的庙宇。

几天后，孝宗颁下圣旨，追赠岳飞为鄂国公，加封武穆王，赐谥号[1]忠武；封岳飞之妻李氏为鄂国夫人；追赠岳云为左武大夫安边将军忠烈侯；封岳云之妻巩氏为忠烈夫人；封岳雷为兵马大元帅平北公；封岳霆为智勇将军；封岳霖为仁勇将军；封岳震为信勇将军；封银瓶小姐为贞烈孝义仙姑；牛通、宗良、韩起龙、韩起凤、陆文龙等跟随岳雷出征的众将，都被封为总兵，诸葛锦被封为礼部侍郎。从此以后，岳家子孙繁盛，世代享尽尊荣。

[1] [谥（shì）号] 古代皇帝或大臣死后，评定其一生事迹与品德修养的称号。